Bauwelt Fundamente 118

Herausgegeben von Ulrich Conrads
unter Mitarbeit von Peter Neitzke

Beirat:
Gerd Albers
Hildegard Barz-Malfatti
Elisabeth Blum
Werner Durth
Eduard Führ
Werner Sewing
Thomas Sieverts
Jörn Walter

Thomas Sieverts

ZWISCHENSTADT

zwischen
Ort und Welt
Raum und Zeit
Stadt und Land

Bauverlag
Gütersloh · Berlin

Birkhäuser
Basel

Der Umschlag zeigt auf der Vorderseite die bebauten Flächen, Autobahnen und Bahntrassen des Sied-
lungsraums Rhein-Main, auf der Rückseite den entsprechenden Landschaftsraum: Höhenlinien, Wälder,
Flüsse. Aus dem Strukturkonzept für den „Regionalpark Rhein-Main", bearbeitet 1994 im Auftrag des
Umlandverbandes Frankfurt von Wolfgang Christ (Büro Media Stadt, Darmstadt).

Bibliographische Information der Deutschen Bibliothek
Die Deutsche Bibliothek verzeichnet diese Publikation in der Deutschen Nationalbibliographie;
detaillierte bibliographische Daten sind im Internet über http://dnb.ddb.de abrufbar.

Dieses Werk ist urheberrechtlich geschützt. Die dadurch begründeten Rechte, insbesondere die der
Übersetzung, des Nachdrucks, des Vortrags, der Entnahme von Abbildungen und Tabellen, der Funk-
sendung, der Mikroverfilmung oder der Vervielfältigung auf anderen Wegen und der Speicherung in
Datenverarbeitungsanlagen, bleiben, auch bei nur auszugsweiser Verwertung, vorbehalten. Eine Vervielfältigung dieses Werkes oder von Teilen dieses Werkes ist auch im Einzelfall nur in den Grenzen der
gesetzlichen Bestimmungen des Urheberrechtsgesetzes in der jeweils geltenden Fassung zulässig. Sie ist
grundsätzlich vergütungspflichtig. Zuwiderhandlungen unterliegen den Strafbestimmungen des
Urheberrechts.

1. Auflage 1997
2., durchgesehene und um ein Nachwort ergänzte Auflage 1998
3., verbesserte und um ein Nachwort ergänzte Auflage 1999
3., unveränderter Nachdruck der 3. Auflage 2008

Dieses Buch ist auch als E-Book (ISBN 978-3-0346-0973-9) erschienen.

Der Vertrieb über den Buchhandel erfolgt ausschließlich über den Birkhäuser Verlag.
© 2021 Birkhäuser Verlag GmbH, Basel, Postfach 44, 4009 Basel, Schweiz, ein Unternehmen von
Walter de Gruyter GmbH, Berlin/Boston;
und Bauverlag BV GmbH, Gütersloh, Berlin

bau ||| |verlag

Printed in Germany

ISBN: 978-3-7643-6393-2

9 8 7 6 5 4

www.birkhauser.ch

Inhalt

Vorwort

Dieser Versuch handelt von der Auflösung der kompakten historischen europäischen Stadt und von dem Umgang mit einer ganz anderen, weltweit sich ausbreitenden neuen Stadtform: Der verstädterten Landschaft oder der verlandschafteten Stadt. Ich nenne diese Form zur Vereinfachung *Zwischenstadt:* Es ist die Stadt zwischen den alten historischen Stadtkernen und der offenen Landschaft, zwischen dem Ort als Lebensraum und den Nicht-Orten der Raumüberwindung, zwischen den kleinen örtlichen Wirtschaftskreisläufen und der Abhängigkeit vom Weltmarkt.

Um von vornherein einem Mißverständnis vorzubeugen: Dieser Versuch ist kein Plädoyer für die Zersiedelung, für den *urban sprawl*. Ich hänge genau so an der Form und dem Wesen der historischen europäischen Stadt und an der historischen Kulturlandschaft wie die Kollegen, die sie auch heute noch heldenhaft als Muster für die Zukunft gegen alle Teufelskräfte der Auflösung verteidigen wollen. Wer hätte es nicht gern, wenn die Städte kompakt, die Dörfer intakt und die Landschaft heil gehalten werden könnten. Vielleicht ist es sogar gerechtfertigt, die alten Konventionen und Ziele weiter zu postulieren, in der Hoffnung, daß wenigstens einiges davon noch wirksam bleibt, obwohl die Wirklichkeit sich immer weiter von den Idealen entfernt. Mit der Infragestellung der Wirksamkeit von Konventionen, auf die sich die Zunft der Planer als Planungsprinzipien weitgehend geeinigt hat, wie z. B. das Prinzip der ,Dezentralen Konzentration', der ,Eingriffs- und Ausgleichsregelungen' und des ,Flächensparens durch hohe Baudichten' oder auch des Ordnungssystems der ,zentralen Orte' und der ,kleinteiligen Mischung', begibt man sich in eine unbequeme Position zwischen allen Lagern: Die Idealisten unter den Planern bezichtigen den Kritiker des Verrats an hehren Prinzipien – und das ist schmerzhaft; die Investoren und Technokraten aller Art könnten die Kritik zur Rechtfertigung ihres beschränkten Handelns verwenden – und das wäre gefährlich; und die Politiker könnten sich bemüßigt fühlen, der Raumplanung noch weniger Beachtung zu schenken als sie es bisher schon getan haben, anstatt die großen neuen politischen Gestaltungschancen zu sehen, die die Zwischenstadt bietet – und das wäre schlimm! Das Dilemma ist wohl unvermeidlich, denn das ,Goldene Zeitalter' eines aufgeklärten, mit ausreichend Mitteln ausgestatteten europäischen Staatsinterventionismus mit ,goldenem Zügel', in dem Stadtplanung sich trotz manchen Unbehagens zu Hause fühlen konnte und in dem, wenn nicht gerade Friede, so doch wenigstens Waffenstillstand zwischen Gebietskörperschaften und Kapital herrschte, ist vorbei. Manchmal komme ich mir in meiner Zunft der Architekten und Städtebauer so vor wie ein Zunftmeister am Anfang des 19. Jahrhunderts, der die alten Regeln und Gebräuche zwar noch halbwegs gegen den Merkantilismus halten konnte – wenn er auch schon schöne bunte Federn hatte lassen müssen – sie jetzt aber auch noch gegen den aufkommenden Kapitalismus zu verteidigen hat und dabei eine Niederlage nach der anderen erlebt, weil er die Kräfte der Zeit falsch einschätzt. Manchmal habe ich das frustrierende Gefühl, daß wir Städtebauer heute mit unseren Anstrengungen, den Typus der historischen europäischen Stadt auch als Muster für die Zukunft zu retten, lediglich das öffentliche Feigenblatt liefern für Entwicklungen, die in ganz andere Richtung und in einem völlig anderen Milieu ablaufen. Mit unserem meist nur an den Symptomen ansetzenden Ökologismus ist wenig auszurichten. Manchmal gewinne ich den Eindruck, daß unsere Zunft es wieder verlernt hat, politisch zu denken und zu unterscheiden zwischen gesellschaftlichen Veränderungen, Bewegungen und Kräften, die wir – ob uns das nun paßt oder nicht – als Voraussetzungen für Planung erkennen müssen, weil wir an ihnen kaum etwas ändern können, und solchen Entwicklungen, die wir beeinflussen und überformen können. Erst dann aber könnten wir uns mit Aussicht auf Wirkung ‚einmischen‘.

Die grundlegenden Veränderungen, die wir als Voraussetzungen akzeptieren müssen, sind bekannt, z. B.:

1. die weltweite Arbeitsteilung der Wirtschaft und die damit veränderte Stellung der Stadt im weltwirtschaftlichen Gefüge,
2. die Auflösung der kulturellen Bindekräfte der Stadt und die damit verbundene radikale kulturelle Pluralisierung der Stadtkultur,
3. die inzwischen fast vollständige Durchdringung der Natur durch Menschenwerk und der sich damit auflösende Gegensatz zwischen Stadt und Natur.

In ihrem Zusammenwirken führen diese Veränderungen, Bewegungen und Kräfte zu einer tiefgreifenden Transformation der Stadt, die die europäische Stadt zerstören kann, die aber – und das ist die Kernthese dieses Essays – auch neue Gestaltungsperspektiven eröffnet. Das Durchdenken dieser Veränderungen führt zu der Aufgabe, im Rahmen einer nicht mehr aufzuhaltenden Globalisierung im Zuge der Transformation neue Formen einer europäischen Stadt zu finden und zu entwickeln, in der die historische Stadt geschützt und als besonderer, weil, wenn einmal zerstört, nicht zu reproduzierender Stadtteil ‚aufgehoben' ist. Freilich wird sie im Interesse der Erhaltung ihrer historischen Wesenszüge bestimmte zentrale Aufgaben abgeben müssen und damit zu einem – wenn auch einzigartigen – Stadtteil unter anderen werden. Europa könnte so zu einer, je nach Ort besonderen, europäischen Ausprägung des globalen Stadtmusters einen eigenständigen Beitrag leisten. Dieser knüpft zwar an die großen Traditionen der europäischen Stadt an, aber nicht in einer defensiven, rückwärts gewandten Weise, sondern in offensiver Wahrnehmung der neuen großen Möglichkeiten, die neben allem Krisenhaften in der Globalisierung stecken. In dieser Aufgabe liegt – das ist meine Überzeugung – ein ebenso produktives wie dankbares Gestaltungsfeld für Politik und Städtebau, mag das auch heute fast utopisch erscheinen.

In Europa waren Stadtplanung und Städtebau Kinder der Krisen des Liberalismus im Zeitalter der Industriellen Revolution: Am Anfang stand die Reparatur der übelsten Nebenwirkungen: Die Bekämpfung von Cholera und Typhus, von Feuersbrünsten und der ärgsten Wohnungsnot. Die moderne Stadtplanung und Stadtbaukunst als Ansätze zur Zähmung und Kultivierung des Kapitalismus wurden erst viel später wirksam, waren aber schon in den frühen Utopie- und Reformvorstellungen perspektivisch angelegt. Städtebau steht für mich auch heute noch in dieser Tradition der europäischen Stadtplanung, als einer ständigen Anstrengung, die gefährdeten schwächeren Elemente der Stadt – Menschen, Natur und Kultur – zu schützen und sie in ihrem Eigenwert und ihrem Eigenwesen zu entwickeln. Die Wirkungsbedingungen für einen so verstandenen Städtebau haben sich seit der weltgeschichtlichen Wende von 1989 stark verändert: Wir stehen seit dieser Wende in einer neuerlichen nationenübergreifenden Expansion globaler Marktkräfte, die wiederum höchst abträgliche ökologische und gesellschaftliche Nebenwirkungen hat. Sollten wir, damit konfrontiert, nicht auch heute wieder darauf vertrauen, daß die Gesellschaft in der Lage sein wird, Gegenkräfte zu mobilisieren, die neuen Chancen zu erkennen und die uns heute gestellten, fast utopisch anmutenden perspektivischen Fragen zu beantworten? Zeigen sich nicht in den Debatten um den Kommunitarismus, um die notwendige neue Hinwendung auf das Gemeinwohl, und auch in den Diskussionen um ein neues Gleichgewicht von Konkurrenz und Kooperation, von Planung und Selbststeuerung, von Staat und intermediären Institutionen Ansätze zu einem neuen Verständnis von Stadtplanung? Diese Debatten stehen durchaus in einer europäischen Tradition. Der vorliegende Essay soll einen Beitrag zu dieser Debatte leisten. Er ist ein Plädoyer für die Wahrnehmung der Chancen der Zwischenstadt.

Das Thema ist nicht neu: Städtebau beschäftigt sich in der Regel – in historischer Perspektive betrachtet – mit wiederkehrenden Themen in einer langen Tradition von Ideen und Konzepten. Mit meinen Fragen knüpfe ich an eine europäische Debatte der Moderne unmittelbar nach dem Ersten Weltkrieg an, die sich hier in Berlin – wo dieses Buch entstanden ist – mit Bruno Taut und Hans Scharoun verbindet. „In seinem Werk *Die Auflösung der Städte* formuliert Taut die Perspektive einer humanen Globalisierung in pazifistischer Euphorie mit traumhaften Zeichungen erdumspannender Siedlungsbänder." (Durth)[1] Auch Hans Scharouns Begriff von Stadtlandschaft, wie er sich z. B. in seinem Plan für Berlin nach dem Zweiten Weltkrieg zeigt, steht in dieser Tradition. Es ließen sich noch viele Beispiele aus der Ideengeschichte des Städtebaus nennen, die mit einer Kritik der dichtgedrängten Stadt die Auflösung der Stadt fordern, vom Frühsozialisten Robert Owen mit seinen Kommunen, in denen Industrie- und Landarbeit verbunden werden sollten, über den Uramerikaner Frank Lloyd Wright mit *Broadacre City,* in der Landbesitz die Grundlage des Gemeinwesens darstellt, bis zum halb europäisch-halb amerikanischen Ludwig Hilberseimer mit seinen die amerikanische Prärie durchmessenden Siedlungsbändern. Historische Perspektiven sind jedoch nicht das Thema dieses Essays (einzelne, ausführliche Hinweise in den Anmerkungen). Das Gewicht liegt auf der Gegenwart und auf der Auseinandersetzung mit einer restaurativen Stadtauffassung, die seit einer Generation nicht nur in Berlin vorherrscht. Es wird darauf verzichtet, die Argumentationsstränge ideengeschichtlich zu fundieren, und die Argumentation beruft sich häufig weniger auf Basistexte als vielmehr auf deren fachliche Interpreten. Der Essay versteht sich nicht als abgeklärte Analyse *sine ira et studio,* sondern als Streitschrift und Aufforderung zum Handeln. Die fünf Kapitel betrachten die Zwischenstadt aus einer je anderen Perspektive. Beschreibung, Analyse und Handlungsvorschläge greifen ineinander, um die Handlungsbezogenheit des Gedankengangs anschaulich zu machen. Dabei werden Fragen nach den Bildern und nach der Lesbarkeit der Zwischenstadt wiederholt aufgegriffen.

Der Gedankengang dieses ‚Versuchs' ist folgendermaßen aufgebaut:
Im ersten Kapitel wird der Blick auf die Stadtfelder der Zwischenstadt freigelegt, eine kurze Charakterisierung der verstädterten Landschaft gegeben und der Mythos der Alten Stadt einer kritischen Analyse von fünf Schlüsselbegriffen unterworfen,

deren Bedeutung und Gebrauch sich gegenwärtig überwiegend am Mythos der Alten Stadt orientieren.

Im zweiten Kapitel wird auf der Grundlage dieser Kritik eine neue Perspektive auf die verstädterte Landschaft entwickelt. Diese Perspektive wird mit Thesen von Alain Touraine einer politischen Kritik unterzogen. Damit wird eine politische Position bestimmt, aus der heraus sieben Thesen zur Notwendigkeit einer Begreifbarkeit und Lesbarkeit der Zwischenstadt entwickelt werden. Im dritten Kapitel wird die verstädterte Landschaft als Lebensraum des Alltags betrachtet und von der entwickelten politischen Position aus kritisiert. Es wird eine Perspektive für einen durch das Prinzip ‚Kreislaufwirtschaft' geprägten Lebensraum entworfen, in dem ein Bewußtsein für Nachhaltigkeit gefördert werden muß.

Im vierten Kapitel geht es um die kulturelle und gestalterische Deutung der Zwischenstadt in ihrer Andersartigkeit gegenüber der vertrauten historischen Stadt und um die Bedeutung der Kulturpolitik für ihre Gestaltung. Im fünften Kapitel schließlich wird versucht, eine Perspektive für eine neue Form von Regionalplanung und Regionalpolitik zu skizzieren.

Dieser Essay ist im akademischen Jahr 1995/96 entstanden im anregenden Milieu des Wissenschaftskollegs zu Berlin, dem ich hiermit danken möchte für ein Stück einzigartiger Lebensqualität. Petra Sonnenberg hat mit Geduld und Sorgfalt die verschiedenen Formen meines handschriftlichen Manuskripts in den Computer übertragen und Korrektur gelesen. Ullrich Conrads hat als Lektor und Freund das Manuskript druckfertig gemacht. Wichtige Gesprächspartner für die Arbeit am Wissenschaftskolleg waren Susanne Hauser und Michael Mönninger, dieser gerade auch mit seinen gegensätzlichen Auffassungen. Werner Durth, der mit mir zusammen am Wissenschaftskolleg sein sollte, aber leider der Einladung nicht folgen konnte, hat mir als langjähriger Freund mit Literaturhinweisen zur Ideengeschichte und fundierter Kritik geholfen. Schade, daß wir nicht hier am Kolleg haben diskutieren können! Mit Sibylle Ebe habe ich das Manuskript auf Verständlichkeit und Praxisnähe diskutiert und bei Streifzügen durch die Zwischenstadt auf Anschaulichkeit überprüft. Hille v. Seggern, mit der mich ebenfalls viele Jahre anregender Gespräche verbinden, hat mit Fragen zu meinem Grundverständnis von Planung zur Klärung beigetragen, ebenso Ursula Stein. Hanns Adrian wäre für zwei Kapitel eigentlich als Mitverfasser zu nennen, wenn er dadurch nicht auch Verantwortung für den Rest des Buches hätte tragen müssen. Allen diesen Freunden und Kollegen möchte ich für konstruktive Kritik herzlich danken. Ohne aber die fünfjährigen Erfahrungen als einer der Direktoren der Internationalen Bauausstellung Emscher Park im Ruhrgebiet und ohne die anregenden Gespräche mit den Kollegen dort und vor allen mit dem Spiritus rector und Motor der IBA Emscher Park hätte diese Arbeit nicht entstehen können: Der Versuch ist deswegen auch ein Dank an Karl Ganser.

1 Lebensraum der Mehrheit der Menschheit – ein Raum ohne Namen und Anschauung

Seitdem Eisenbahn, Auto und Elektronik die mit der Muskelkraft von Mensch und Tier gesetzten räumlichen Grenzen gesprengt haben, dehnt sich die Stadt quasi entfesselt in ihr Umland aus. Ihre Ausdehnung und der Grad ihrer Diffusität folgt den jeweiligen Verkehrs- und Kommunikationstechnologien: Der Eisenbahn folgt eine sternförmig-lineare Ausdehnung, das Auto füllt die Fläche auf, und die Elektronik führt zu ,grenzenlosen' Erweiterungen. Aber dieser Entwicklung liegen nicht nur technische Erfindungen, sondern historisch tiefreichende Ursachen zugrunde. Die Kräfte, die die kompakte Stadt haben entstehen lassen und für 150 bis 200 Generationen zusammengehalten haben, waren schon vor den technischen Erfindungen endgültig an ihr Ende gekommen: die der Priesterkönige und Schwurgemeinschaften, Tempel und Kirchen, Mauern und Märkte, des Feudalismus und des Zunftwesens.

Vielleicht ist die kompakte Stadt auch nur ein Zwischenspiel in der Entwicklung des Zusammenlebens der Menschen: Nach evolutionstheoretischen Deutungen gehören die Menschen zu den geselligen, in lockeren Herden lebenden Primaten, die ein Leben in der lichten Savanne und am Rande von lichten Wäldern bevorzugen. Die kompakte, ummauerte Stadt wäre dann eine historisch bedingte Zwangsform, die sich nach Wegfall der Zwänge ,natürlicherweise' wieder auflösen würde.

Dem wird aus kulturhistorischer Sicht entgegengehalten, daß die kulturelle Entwicklung der Menschen in den letzten 5000 Jahren untrennbar mit der Entwicklung der kompakten Stadt verknüpft war. Deswegen gehöre sie zum Wesen des Menschen als Kulturwesen, und mit ihrer Auflösung sei auch die kulturelle Entwicklung der Menschen gefährdet.

Der Streit, ob der Fall von Wall und Graben gegen 1800 nun eine Befreiung oder ein Verlust an Eigenständigkeit und Sicherheit bedeute, ist so alt wie der Vorgang selbst und war offensichtlich damals schon unentschieden: Manche Bürger fühlten sich durch die Öffnung der Stadt zur freien Landschaft Ängsten ausgesetzt, andere begrüßten die Befreiung von Enge und Zwang. Goethe gehörte zu jenen, die die Öffnung der Stadt willkommen geheißen haben:

„Sogar größere Städte tragen jetzt ihre Wälle ab, die Gräben selbst fürstlicher Schlösser werden ausgefüllt, die Städte bilden nur große Flecken, und wenn man so auf Reisen das ansieht, sollte man glauben: der allgemeine Friede sei befestigt und das goldne Zeitalter vor der Türe. Niemand glaubt sich in einem Garten behaglich, der nicht einem freien Lande ähnlich sieht; an Kunst, an Zwang soll nichts erinnern, wir wollen völlig frei und unbedingt Atem schöpfen."[2]

Wie die Reaktion der Städter damals auch gewesen sein mag, es ist festzustellen, daß ‚Stadt' der Neuzeit auf der ganzen Welt in ihr Umland ausgreift und dabei eigene Formen einer verstädterten Landschaft oder einer verlandschafteten Stadt ausbildet.

Diese Siedlungsfelder nennen wir, einer uralten Tradition folgend, noch immer ‚Städte'! Oder wir bezeichnen sie mit so abstrakten Begriffen wie ‚Stadtagglomeration', ‚Verdichtungsraum', ‚verstädterte Landschaft' etc., weil wir merken, wie unangemessen der Begriff ‚Stadt' für diese Siedlungsfelder ist, ein Begriff, der ganz andere Assoziationen hervorruft. In Ermangelung eines besseren Begriffs wollen wir diese Gebilde, die aus ‚Feldern' unterschiedlicher Nutzungen, Bebauungsformen und Topographien bestehen, Zwischenstädte nennen: Sie breiten sich in großen Feldern aus, sie haben sowohl städtische wie landschaftliche Eigenschaften. Diese Zwischenstadt steht zwischen dem einzelnen, besonderen Ort als geographisch-historischem Ereignis und den überall ähnlichen Anlagen der weltwirtschaftlichen Arbeitsteilung, zwischen dem Raum als unmittelbarem Lebensfeld und der abstrakten, nur in Zeitverbrauch gemessenen Raumüberwindung, zwischen der auch als Mythos noch sehr wirksamen Alten Stadt und der ebenfalls noch tief in unseren Träumen verankerten Alten Kulturlandschaft.

Die Zwischenstadt als internationales Phänomen

Diese Zwischenstadt, die weder Stadt noch Land ist, aber Eigenschaften von beidem besitzt, hat weder einen passenden Namen, noch ist sie anschaulich. Trotz ihrer Namenlosigkeit ist sie überall auf der Welt zu finden: Mit der Globalisierung der arbeitsteiligen kapitalistisch-industriellen Produktionsweisen haben sich auch die dazugehörigen Lebensweisen und Siedlungsformen auf der ganzen Welt ausgebreitet. Zwischenstädte mit 20 bis 30 Millionen Einwohnern sind in Asien und Südamerika entstanden. Bei allen gewaltigen Unterschieden, abhängig vom ökonomischen Entwicklungsstand, von Kultur und Topographie, haben sie die gemeinsame Eigenschaft, daß sie kaum noch etwas mit den jeweiligen örtlichen vorindustriellen Stadttraditionen zu tun haben, sondern weit eher quer über alle Kulturen der ganzen Welt hin bestimmte gemeinsame Merkmale tragen: Eine auf den ersten Blick diffuse, ungeordnete Struktur ganz unterschiedlicher Stadtfelder mit einzelnen Inseln geometrisch-gestalthafter Muster, eine Struktur ohne eindeutige Mitte, dafür aber mit vielen mehr oder weniger stark funktional spezialisierten Bereichen, Netzen und Knoten.

Wir finden Zwischenstädte dieser Art besonders ausgeprägt in Bereichen, wo Städte über ihre in das Umland ausgreifende Ausdehnung zusammenwachsen zu einer Ansammlung von Stadtfeldern, am deutlichsten aber dort, wo die historischen, traditionellen stadtbildenden Kräfte gar nicht erst zur Wirkung kamen, wie z. B. im Ruhrgebiet, ebenso aber auch in den Metropolen der Dritten Welt. Das Verhältnis von offener Landschaft und besiedelter Fläche hat sich in der Zwischenstadt häufig schon umgekehrt: Die Landschaft ist vom umfassenden ,Grund' zur gefaßten ,Figur' geworden. Umgekehrt hat die Siedlungsfläche nach Größe und Offenheit eher den Charakter einer umfassenden Landschaft angenommen. Diese Zwischenstadt ist ein Lebensfeld, das man je nach Interesse und Blickrichtung eher als Stadt oder eher als Land lesen kann. Die Ursachen, die zu dieser diffusen Gestalt führen, sind jeweils zwar unterschiedlich, gemeinsam ist ihnen aber auf der ganzen Welt der Tatbestand, daß in jedem Fall die historischen stadtbildenden Kräfte und die durch sie gesetzten Begrenzungen an ihr Ende gekommen waren.

Die Zwischenstadt als Resultat unzähliger rationaler Einzelentscheidungen

Die diffuse Stadt wirkt insgesamt ,planlos', ist aber aus unzähligen – jeweils für sich genommen – rationalen Einzelentscheidungen entstanden. Ein typisches Beispiel aus einer alten Industrieregion: Eine Straße ist vorhanden, eine Fabrik wird gebaut, entweder weil landwirtschaftliche Produkte verarbeitet werden sollen oder weil Bodenschätze vorhanden sind, mit deren Verarbeitung ein wachsender Markt zu versorgen ist. Die Fabrik zieht Arbeiterwohnungen nach sich, denen Gärten zur Selbstversorgung und Existenzsicherung zugeordnet sind. Die Bevölkerung braucht

Schulen und Läden. Der wachsende Arbeits- und Verbrauchermarkt zieht weitere Einrichtungen nach, der gesellschaftliche Reichtum wächst, es entsteht eine Basis für Spezialisierung und Arbeitsteilung, weitere Verkehrswege und öffentliche Einrichtungen werden nötig, und so zeugt sich die Stadtentwicklung nach dem Prinzip ‚Ballung erzeugt Ballung‘ fort, ohne einem vorgeplanten Muster zu folgen.

Ein anderes Beispiel aus der Dritten Welt: Eine alte Stadt wirkt als Anziehungspunkt für Stadt-Wanderer, die aus den unterschiedlichsten Gründen – meist sind es mehrere – ihre Dörfer verlassen, z. B. aus Gründen der Überbevölkerung und mangelnder Ernährungsbasis, veranlaßt von Arbeitslosigkeit oder auch von einem Emanzipations-Wander-Drang. Diese Zuwanderer suchen einen Siedlungspunkt, an dem sie einerseits Zugang zu den ‚Segnungen‘ der Stadt haben, andererseits noch eine bescheidene ‚halbstädtische‘ Landwirtschaft betreiben können. Die Folge dieser jeweils in sich logischen Entscheidungen ist wiederum ein wenig strukturiertes, offenes Siedlungsfeld zwischen Stadt und Land, das sich mit eigenen Arbeitsplätzen und Versorgungseinrichtungen zu einer mehr oder weniger eigenständigen Zwischenstadt weiterentwickelt.

Strukturell vergleichbare Ergebnisse erzeugt das Siedlungsverhalten von Bauherren in unseren Städten: Auch diese suchen Grundstücke, die sie noch bezahlen können, von denen aus die Kernstadt noch gut erreichbar ist und die gleichzeitig Zugang zur Landschaft eröffnen. Die Folge solch multiplizierter, in sich schlüssiger Entscheidungen ist die ‚zersiedelte‘ Landschaft, die anfänglich fast ausschließlich bewohnt wird und, nach einer Zeit der Verdichtung und Konsolidierung, Arbeitsplätze und Konsumversorgung nach sich zieht. Erst dann entwickelt sie sich zu einer Zwischenstadt, die sich aus seiner ursprünglichen Abhängigkeit von der Ursprungsstadt löst, sich selbst versorgt und mit der Ursprungsstadt ein Verhältnis von Wechselwirkungen eingeht.

In Deutschland stellt sich diese Entwicklung in der statistischen Analyse wie folgt dar: Es sind nicht die kleinen Städte als die dafür von der Landesplanung vorgesehenen ‚zentralen Orte‘, die neue Bewohner anziehen, sondern die Landgemeinden. Aus der Prognose der Bundesforschungsanstalt für Landeskunde und Raumforschung ergibt sich, daß die Ränder der Ballungen aller Voraussicht nach bis zum Jahre 2010 um weitere 10 % zunehmen werden (gegenüber einem Kernwachstum von nur ca. 2 bis 4 %). „Es wird immer klarer, daß die Wohnumgebung immer entscheidender wird dafür, wo wir leben, und nicht mehr wie früher, die Nähe des Arbeitsplatzes.“[3] In den USA findet eine ähnliche Entwicklung in viel größerem Maßstab statt; Auslöser sind vielfach Autobahnerschließungen und große Shopping-Center sowie seit einigen Jahren auch große Bürokomplexe an Autobahnkreuzungen, die gleichzeitig Folgen von Siedlungstätigkeit sind und als Auslöser weiterer Siedlungstätigkeit wirken. Auch diese überaus weitläufigen Zwischenstädte haben sich längst von der Ursprungsstadt gelöst, ja, hier hat sich das Abhängigkeitsverhältnis häufig schon umgekehrt: Die verarmte Kernstadt findet inzwischen ihre Arbeitsplätze in der umgebenden Zwischenstadt.[4]

Selbst dort, wo die Planungen zusammenhängender großer Stadterweiterungen die Möglichkeiten einer starken Zentrierung bieten würden, haben auch diese neu geplanten städtebaulichen Figurationen den Charakter von eher gleichartigen, nur geringfügig zentrierend differenzierten Feldern, weil die Konfigurationen des Alltagslebens ebenfalls eher diffus und wechselnd sind.[5]

In der Abfolge der Entwicklung der Zwischenstadt zeigen sich international vergleichbare Stufen. „Nach einer Phase schneller Verstädterung, angeheizt durch Land-Stadt-Wanderungen, tritt meist eine Verlangsamungsphase in der Verstädterung ein, in der für das Wachstum überwiegend der Geburtenüberschuß verantwortlich ist. In noch späteren Phasen, wie sie sich in Westeuropa zeigen, verringert sich das jährliche Stadtwachstum auf unter 1 %, und die Einwanderungsrate steigt wieder: Dahinter verbergen sich auch die Folgen einer Überalterung in den Städten und das Auswandern von Familien mit kleinen Kindern und Wohlhabenden in die umgebenden attraktiven Kleinstädte und Dörfer.“[6]

Die anfängliche Freiheit der Standortwahl schränkt sich mit der Zeit immer mehr ein: Die Fläche füllt sich auf, neue Entwicklungen müssen einen immer enger werdenden Rahmen berücksichtigen. Irgendwann ist die Fläche besetzt, die Zwischenstadt ist ‚ausgewachsen‘, weitere Entwicklung kann und darf sich nur noch durch Verdichtung, Umnutzung und Erneuerung brachfallender Flächen verwirklichen:

Alte Bebauungen und Nutzungen werden überflüssig, sie werden umgedeutet, umgenutzt, umgebaut und letztlich beseitigt. Alles zusammengenommen ergibt einen scheinbar insgesamt planlosen Siedlungsteppich, der einem Palimpsest ähnlich ist, in dem alte, nicht mehr benötigte, ausgelöschte und ausgeschabte Schriftzüge und Bilder unter dem neuen Text durchschimmern: z. B. alte Parzellengrenzen, alte Gewässer und Reste wiederverwendeter Bauwerke.

Ob nun die Zwänge der Montanindustrie, wie z. B. im Ruhrgebiet, in den Midlands Großbritanniens oder in Wallonien, oder die Abwanderung vom überbevölkerten Lande, wie in Indien, Afrika und Südamerika, oder der Trend zur Anlage des Reichtums in privater Fläche einerseits und andererseits der Zwang zum noch bezahlbaren Wohnen auf preiswertem Land wie in den USA und Westeuropa – das Ergebnis ist jeweils, bei allen gewaltigen Unterschieden in den Ursachen, doch die diffuse Form der Zwischenstadt, die sich von der Kernstadt – wenn es denn noch eine gibt – löst und eine eigenartige Eigenständigkeit gewinnt.

Diese Eigenschaften verbinden den Großraum Tokio mit dem Ruhrgebiet, Sao Paulo mit Boswash – dem zu einem zusammenhängenden Stadtfeld zusammengewachsenen Bereich zwischen Boston und Washington in den USA – und Mexico City mit Bombay. Auch der Großraum Stuttgart oder das Rhein-Main-Gebiet können so charakterisiert werden. Wesentliche Unterschiede beruhen auf den unterschiedlichen Wohn- und Autodichten: Die Zwischenstädte in der Dritten Welt sind insgesamt noch dichter und kompakter als die aufgelösteren Formen in der industrialisierten Welt. Verglichen mit den riesigen, über 20 Millionen umfassenden Zwischenstädten in Asien und Südamerika müssen wir vielleicht die immer mehr zusammenwachsenden Verdichtungsräume in Deutschland als eine einzige ‚Zwischenstadt‘ betrachten.[7]

Was Karl Ganser über die Emscher Region sagt, gilt inzwischen für alle Städte auf der ganzen Welt, sobald sie über die Größe von kleinen Großstädten hinausgewachsen oder überhaupt erst in einer Zeit entstanden sind, in der die historischen stadtbildenden Kräfte nicht mehr wirksam waren.

Wie z. B. im Ruhrgebiet: „Dieses 800 qkm große Siedlungsband [...] ist im wesentlichen gebaut. Es ist eine ‚Zwischenstadt‘, die nicht unserem gewohnten Bild von Stadt und unserer Sehnsucht nach intakter Landschaft entspricht. Mit den schwachen Wachstumspotentialen der vor uns liegenden Zeit läßt sich diese Siedlungsstruktur nicht mehr umbauen. Man muß sie als gegeben annehmen und die versteckten Qualitäten herauspräparieren."[8] In allen Zwischenstädten haben sich kennzeichnende Muster der Durchdringung von Freiräumen und Bebauung herausgebildet. Ein weitgehend gemeinsames Merkmal, das konstitutiv für die Zwischenstadt ist, besteht in der fortgesetzten Suche nach der Realisierung des ‚Prinzips Tucholsky‘, der gleichzeitigen Sehnsucht nach Friedrichstraße und Ostsee, die er in seinem berühmten Gedicht beschreibt: Es ist die Suche nach der Vereinbarung der Gegensätze einer Teilhabe an menschlicher Gesellschaft, am Stadtleben, und der Teilhabe an der Natur. Es ist, anders ausgedrückt, die Sehnsucht nach der Verbindung von Hirtenromantik und Stadtkomfort.[9] Diese Suche nach der Auflösung des grundlegenden Paradoxes der Verbindung von städtischer Zentralität und Landschaftskontakt wurde ebenso von den Frühsozialisten Owen und Fourier wie von den Reformern Cerdá und Howard und den visionären Architekten Frank Lloyd Wright, Le Corbusier und Hilberseimer angestrebt.[10] Dieses wird aber auch von unzähligen Bauherren in der täglichen Praxis immer wieder betrieben und führt zu einer Maximierung der Randlänge zwischen Bebauung und Freiraum. Die auch ökologisch besonders interessanten Grenzbereiche, die so gut zu den ‚Primateneigenschaften‘ des Menschen passen, haben in den letzten Jahren das Interesse der ‚Fraktalforscher‘ gefunden, die versucht haben, diese Wachstumsprozesse der Stadt mathematisch abzubilden, mit durchaus zum Nachdenken anregenden Ergebnissen[11]: Sie zeigen, wie gleichartig Stadtwachstumsprozesse und die Verteilung der unterschiedlichen Siedlungsgrößen, zumindest auf der Makroebene der Stadtregion betrachtet, in großen Stadtagglomerationen auf der ganzen Welt ablaufen und wie ‚selbstähnlich‘ z. T. die Entwicklungen auf unterschiedlichen Maßstabsebenen in der feinmaschigen Durchdringung von Bebauung und Freiraum erscheinen. Das geschieht nahezu unabhängig vom politischen, kulturellen und sozio-ökonomischen Hintergrund.

In Deutschland werden die international gemeinsamen Entwicklungen durch die besondere Form der kommunalen Selbstverwaltung und ihren Umgang mit Wanderungsbewegungen in spezifischer Weise geprägt: „Die Entwicklungen werden vorangetrieben von Zuwanderung und Segregation, das aber sind Verursachungskomplexe, denen gegenüber die Stadtplanung machtlos ist. Zugleich sind das die Problembereiche, die von den Einwohnern selbst durch ihre Entscheidungen unter gegebenen Bedingungen verursacht wurden und von deren Folgen sie am unmittelbarsten betroffen sind. Das würde bedeuten, daß die Problemdefinitionen der Stadtentwicklung sinnvollerweise nicht darauf angelegt werden sollten, diese Tendenzen zu negieren, sondern sie vielmehr als Bedingungen der Problementwicklung vorauszusetzen.“

„Den Entwicklungen liegt darüber hinaus der Sachverhalt zugrunde, daß die Kommunen je ihren eigenen Vorteil suchen müssen. In ihrer Konkurrenz ist die Neigung begründet, die Vorteile ihrer peripheren Lage gegenüber den Siedlungszentren auszunutzen und Wohn- und Gewerbegebiete auszuweisen, die den Prozeß der Siedlungserweiterung samt seinen Folgen nur vorantreiben können. Auch demgegenüber bleibt die Stadtentwicklungsplanung machtlos – zumindest solange sie sich als ‚kommunale Entwicklungsplanung‘ begreift. Das wird sie nicht anders tun können, solange sich die Kommunen der *Agglomerationsgebiete* nicht zu *politischen Einheiten* (und nicht nur sektoralen Zweckverbänden) *zusammenschließen*. Dazu müßten sie aber ihre politische Existenz weitgehend aufgeben oder doch einschränken; das ist also nicht von ihnen zu erwarten.“[12] Aber nicht nur aufgrund der kommunalen Planungshoheit, sondern auch wegen der öffentlichen Armut sind der gemeindeübergreifenden Planung enge Grenzen gesetzt, denn mit dem Schrumpfen der öffentlichen Mittel für öffentlich geförderten Wohnungsbau, Infrastruktur und öffentliche Einrichtungen, verliert die Raumplanung auch noch eines ihrer letzten Instrumente einer wirkungsvollen, aktiven Beeinflussung der Raumentwicklung.

Zwischenstadt und Landschaft

Während auf der Makroebene der Zwischenstadt deutliche, wenn auch jeweils politisch und kulturell modifizierte internationale Vergleichbarkeiten zu beobachten sind, gibt es auf der Mikroebene der dreidimensionalen Bebauungsstrukturen kulturell und sozio-ökonomisch bedingte deutliche Unterschiede, die man zwischen die theoretischen Modelle aus den zwanziger und dreißiger Jahren einordnen kann: Zwischen der *Ville Radieuse* von Le Corbusier, bzw. der *Großstadtarchitektur* des frühen Hilberseimer einerseits und Wrights *Broadacre City* bzw. Hilberseimers spätere Diagramme für US-Städte andererseits. Die Korngröße und Dichte der Bebauungen der einzelnen Stadtfelder und der Grad ihrer mehr grob- oder mehr feinmaschigen Durchdringung mit Freiräumen und Landschaften bestimmen den jeweiligen Charakter der Zwischenstadt: Während die asiatischen Großstädte immer stärker zum Typ Hilberseimerscher ‚Großstadtarchitektur‘ tendieren und die amerikanischen Großstädte sich polarisieren zwischen ‚Großstadtarchitektur‘ und ‚Broadacre City‘, bilden die deutschen Großstädte meistens Mischformen aus den Typen ‚Ville Radieuse‘ und ‚Broadacre City‘. Die Zwischenstadt kann eine beliebige Vielfalt von Siedlungs- und Bebauungsformen entwickeln, solange sie insgesamt in ihrem Erschließungsnetz lesbar und vor allem wie ein ‚Archipel‘ in das ‚Meer‘ einer zusammenhängend erlebbaren Landschaft eingebettet bleibt: Die Landschaft muß zu dem eigentlichen Bindeelement der Zwischenstadt werden. An der Auffassung und Bewertung des Charakters dieser Art von Landschaft scheiden sich die Einstellungen zur Zwischenstadt: Wenn man den großen ‚Landschaftsverbrauch' – der ja eher eine ‚Landschaftstransformation' ist – als Argument gegen die Zwischenstadt nimmt, muß man sich vor Augen halten, daß nicht nur im Typus der ‚Gartenstadt', sondern genauso im Typus der kompakten Stadt der Freiraum immer als unverzichtbarer komplementärer Bestandteil jeglicher Art von Stadt zu betrachten ist, auch dort, wo sich sein Charakter von der existentiell erforderlichen Ernährungsbasis zur ökologischen Ausgleichsfläche und zum Erholungsraum gewandelt hat.

Selbst Städte mit sehr großer Einwohnerzahl, wie z. B. Shanghai oder Kalkutta, waren bis vor kurzem in ihrem Umfang dank sehr hoher Wohn- und Belegungsdichten immer noch so begrenzt, daß sie jeden Tag vom Lande aus mit Handkarren und Lastfahrrädern mit Frischwaren versorgt werden konnten. Die Stadtfläche von Mexico City (ca. 20 Millionen Einwohner) entspricht der von Berlin (3,5 Millionen Einwohner).[13] Im ‚Steinernen Berlin' des 19. Jahrhunderts lag in fast allen Stadtteilen die offene Landschaft mit den zu den zu kleinen Wohnungen gehörenden Kleingärten noch in Fuß- bzw. Radwegentfernung von den hochverdichteten Wohngebieten. In der die notwendigen Freiräume miteinbeziehenden Betrachtungsweise relativieren sich die augenscheinlich so außerordentlich unterschiedlichen Dichten verschiedener Städte und nähern sich, auf Gesamtstadtebene bzw. Stadtteilebene betrachtet, einander an: Selbst das für unsere Verhältnisse in den sechziger Jahren sehr dicht und hoch bebaute „Märkische Viertel" in Berlin hat eine durchaus mäßige Gesamtdichte, wenn man die unbedingt dazugehörenden Frei- und Erholungsflächen einrechnet.

Entwicklungsoffenheit gegen Anpassungsfähigkeit und Schonung der Ressourcen?

Für die Zwischenstadt unserer ‚reifen' Industriegesellschaften gelten besondere Bedingungen: nämlich einerseits geringe Aktivitätsdichten, andererseits große Zuordnungsfreiheiten. In der spät- und nachindustriellen Zwischenstadt sind dank der großen spezifischen Wohn- und Arbeitsplatzflächen pro Einwohner bzw. pro Arbeitsplatz die Belegungsdichten gering, die Baumasse ist im Verhältnis dazu groß: Rational und ökonomisch betrachtet, haben wir insgesamt schon zuviel Gebautes, das zudem nur für verhältnismäßig kurze Zeiten des Tages bzw. des Jahres genutzt wird. Hier stellt sich die Frage, ob wir uns auf Dauer die Belastungen aus Betrieb, Energieverbrauch, laufender Unterhaltung, Reparatur und Erneuerung werden leisten können und schon wegen dieser drückenden Überlast zu ökonomischeren Formen der Zwischenstadt kommen müssen. Die Zuordnungsmuster von Baumassen, Funktionen und Freiräumen können ja im Prinzip in weiten Grenzen frei gewählt werden, weil sich mit dem Rückgang der standortgebundenen Schwerindustrie und der Zunahme der Dienstleistungen die Standortbindungen gelockert haben, dank fast überall vorhandener guter Straßen und anstehender Verkabelungen. So können sich Funktionen und Strukturen einerseits entwickeln aus den unterschiedlichen natürlichen und kulturellen ‚Begabungen‘ einer Region heraus, andererseits aus unterschiedlichen sozioökonomischen Bedingungen (Preise, Belastungen) und sozio-kulturellen Ansprüchen (Lebensstile, Kaufkraft). Letztere wandeln sich tiefgreifend:

Verringerte Arbeitszeiten mit mehrtägigen ‚Blöcken‘ arbeitsfreier Zeit in der Woche, verkürzte Lebensarbeitszeiten in Form von ‚Frühruhestand‘ oder ‚Bildungsjahren‘ sowie die Verlagerung von Teilen der Arbeit in die Wohnung, relativieren die Reisezeiten zwischen Wohnen ‚in der Landschaft‘ und ‚Arbeit in der Stadt‘. Das wird eine weitere räumliche Trennung von Arbeitsstätten und Wohnstätten, von Ausnahmen bestimmter mittelständischer Dienstleister abgesehen, eher fördern als eine Nutzungsmischung:

Die skizzierten Entwicklungen tendieren insgesamt zu einer weiteren Ausweitung und Entmischung der Zwischenstadt. Dies könnte zur Folge haben, daß die daraus resultierenden Stadtstrukturen wegen ihres großen Transportaufwands und Ressourcenverbrauchs und wegen ihrer monofunktional einseitig festgelegten Nutzungen sich einem grundlegenden Strukturwandel nicht mehr anpassen können.

Die prinzipiell gewachsene Freiheit der Funktionszuordnungen in der Stadt würden – mit Unterstützung der Mikroelektronik – auch gemischte und verdichtete Stadtstrukturen erlauben, mit größerer Seßhaftigkeit unter Ausnützung aller Möglichkeiten der Telematik, Transportvorgänge zu minimieren. Die Zwischenstadt würde die Entwicklung auch derartiger Stadtstrukturen ermöglichen, dies würde aber einen anderen Lebensstil voraussetzen. Die Frage bleibt offen, ob und wie es uns gelingen könnte, unsere Städte heute schon auf einen solchen, nicht unwahrscheinlichen Strukturwandel des drastisch verringerten Ressourcenverbrauchs vorzubereiten.

Aus welchen Gründen auch immer, um die Jahrtausendwende wird schon etwa die Hälfte der Weltbevölkerung überwiegend in Zwischenstädten wohnen. Diese

Gebilde sind mit zum Teil 10 bis hin zu 30 Millionen Einwohnern häufig so groß, daß ihre Bewohner gar keine Chance haben, ihnen im Alltag zu entkommen. Deswegen müssen alle Lebensbedürfnisse, einschließlich der Produktion von Lebensmitteln in städtischer Gartenwirtschaft, innerhalb dieser Zwischenstädte gedeckt werden, die damit sowohl städtische als auch landschaftliche Aufgaben erfüllen müssen. Die Stadtfelder in der Zwischenstadt müssen ebenso allen ökologischen Erfordernissen einer stabilen Einfügung in den Naturhaushalt gewachsen sein, weil es außerhalb kaum noch ‚Ausgleichsräume' geben wird.

Das Schicksal der Zwischenstadt ist der Menschheit gemeinsam, kein Land hat auf diesem Gebiet einen ‚geborenen' Vorsprung, jede Kultur kann von der anderen lernen: Auf diesem Feld wird die Unterscheidung in Erste, Zweite und Dritte Welt immer schädlicher, und gerade wir Europäer müssen von der arroganten Rolle des Lehrenden herunter und uns in einen Dialog begeben, in dem wir bereit sind, von anderen Kulturen zu lernen.[14] Dies gilt insbesondere unter jenen ökonomischen und ökologischen Knappheitsbedingungen, auf die sich auch Europa entweder ‚freiwillig' oder unter Katastrophen gezwungenermaßen wird einstellen müssen, sobald es mit dem ihm ‚zustehenden' Teil an den Weltressourcen auskommen muß: Die Globalisierung der Wirtschaft verwandelt die Welt in ein System kommunizierender Röhren, und mit dem Arbeitsplatz- und Kapitalexport ist gleichzeitig unvermeidlich ein Armutsimport verbunden, der uns zwingen wird, unsere Lebensgewohnheiten drastisch zu ändern. Schon in absehbarer Zukunft werden die Grenzen zwischen Arm und Reich nicht mehr zwischen Nord und Süd, sondern quer durch alle Städte der Welt verlaufen, und Europa wird keine Ausnahme sein.

Trotz der weltweiten Verbreitung der Zwischenstadt stehen ihr als eine Gestaltungsaufgabe bis jetzt noch alle Kulturen ziemlich ratlos und ohne Konzept gegenüber. Dies hat mehrere Gründe:

- Die Zwischenstadt hat weder in der Vorstellung ihrer Bewohner noch als Feld der Politik eine eigenständige Identität.
- Die Aufgabe ist mit herkömmlichen Mitteln des Städtebaus und der Architektur nicht mehr lösbar, es müßten neue Wege beschritten werden, die aber noch unklar sind.
- Nicht zuletzt verstellt uns die Faszination des Mythos der Alten Stadt den Blick auf die Realität der Peripherie.

Die Siedlungsfläche von Ballungsräumen

Der internationale Vergleich der Ballungsräume zeigt charakteristische Unterschiede ebenso wie Gemeinsamkeiten. Ballungsräume in der Ersten Welt und in der Dritten Welt sind extrem unterschiedlich dicht belegt und damit im Vergleich von Einwohnerzahlen auch sehr unterschiedlich in der Ausdehnung. Die asiatischen Ballungsräume sind die kompaktesten, die nordamerikanischen die lockersten. Trotz dieser Unterschiede zeigen alle Ballungsräume die Tendenz des „Ausfransens", der Verflechtung mit der Landschaft.

Ballungsräume im internationalen Vergleich: Die Schwarzpläne sind mit freundlicher Genehmigung der Verfasser entnommen aus: Klaus Humpert, Sibylle Becker, Klaus Brenner: Entwicklung großstädtischer Agglomerationen.

In: Prozeß und Form „natürlicher Konstruktion", Hrsg. Klaus Teichmann und Joachim Wilke, Ernst und Sohn, Berlin 1996, S. 182.

Die Luftfotos verdanke ich Prof. Dr. Eckard Ribbeck, Städtebau-Institut Universität Stuttgart, und Prof. Dr. Kosta Mathey, Berlin.

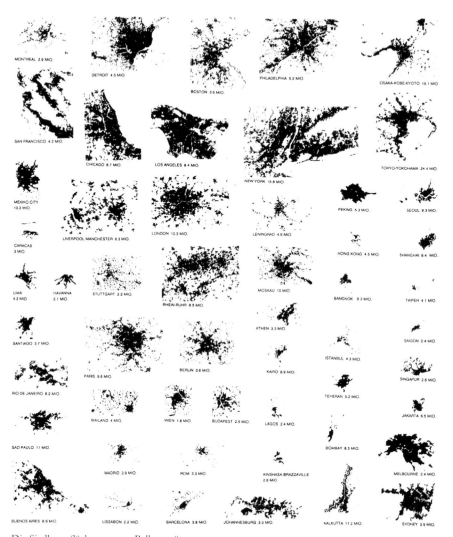

MONTREAL 2.9 MIO.

DETROIT 4.3 MIO.

BOSTON 3.6 MIO.

PHILADELPHIA 5.2 MIO.

OSAKA-KOBE-KYOTO 15.1 MIO.

SAN FRANCISCO 4.2 MIO.

CHICAGO 6.7 MIO.

LOS ANGELES 8.4 MIO.

NEW YORK 15.8 MIO.

TOKYO-YOKOHAMA 24.4 MIO.

MEXIKO CITY 13.3 MIO.

CARACAS 3 MIO.

LIVERPOOL MANCHESTER 6.3 MIO.

LONDON 10.3 MIO.

LENINGRAD 4.9 MIO.

PEKING 5.3 MIO.

SEOUL 9.3 MIO.

HONG KONG 4.5 MIO.

SHANGHAI 8.4 MIO.

LIMA 4.3 MIO.

HAVANNA 2.1 MIO.

STUTTGART 2.2 MIO.

RHEIN-RUHR 8.5 MIO.

MOSKAU 10 MIO.

BANGKOK 5.3 MIO.

TAIPEH 4.1 MIO.

ATHEN 3.3 MIO.

SANTIAGO 3.7 MIO.

SAIGON 2.4 MIO.

ISTANBUL 4.3 MIO.

BERLIN 3.8 MIO.

KAIRO 8.9 MIO.

SINGAPUR 2.6 MIO.

RIO DE JANEIRO 8.2 MIO.

PARIS 9.8 MIO.

TEHERAN 5.2 MIO.

JAKARTA 6.5 MIO.

MAILAND 4 MIO.

WIEN 1.8 MIO.

BUDAPEST 2.5 MIO.

LAGOS 2.4 MIO.

SAO PAULO 11 MIO.

BOMBAY 8.3 MIO.

MADRID 3.9 MIO.

ROM 3.3 MIO.

KINSHASA BRAZZAVILLE 2.8 MIO.

MELBOURNE 2.4 MIO.

BUENOS AIRES 8.9 MIO.

LISSABON 2.2 MIO.

BARCELONA 3.8 MIO.

JOHANNESBURG 3.3 MIO.

KALKUTTA 11.2 MIO.

SYDNEY 2.9 MIO.

Die Siedlungsflächen von 55 Ballungsräumen

Seite 26/27: Ausgreifende Besiedlung, Mexiko-Stadt

Izmir, Türkei

Die Verstellung des Blicks durch den Mythos der Alten Stadt

Angesichts der beklagten gewaltigen Flächenausdehnung der Stadt und ihres gegenwärtig immer weiteren Ausgreifens wird in vielen Ansätzen propagiert, die traditionelle und dichtgepackte europäische Stadt mit ihrer Nutzungsmischung, ihrer Parzellenstruktur und ihren von Gebäudewänden gebildeten öffentlichen Räumen zum unmittelbaren und alleinigen Vorbild für den heutigen Städtebau zu machen.[15] Hierfür werden gute Gründe angeführt: Die dichtgepackte Stadt ist energetisch wegen relativ geringer Oberfläche bei großem Bauvolumen sehr günstig. Sie optimiert die Nutzung der Siedlungsfläche insbesondere dann, wenn Nutzungen unterschiedlichen Tageslichtbedarfs und unterschiedlicher Empfindlichkeit vertikal auf einer Parzelle gemischt werden. Dichte und Mischung ermöglichen kurze Wege. Diese Mischung wiederum führt in Verbindung mit Dichte zu einer Belebung des öffentlichen Raums und zu einem reichhaltigen Erfahrungsfeld, insbesondere für Kinder. Nicht zuletzt führt dieser Stadttypus zu eindeutigen, kontrastreichen Abgrenzungen zwischen Stadt und Land.

Trotz all dieser einleuchtenden Vorteile können wir diesen Typus von Stadt oder Stadtteil heute nur noch ausnahmsweise neu produzieren: Zu tiefgreifend haben sich die gesellschaftlichen, wirtschaftlichen, kulturellen und politischen Voraussetzungen gewandelt.

Alle Versuche, denen ich selber bis vor kurzem noch angehangen habe, den Bild- und Strukturtypus der historischen europäischen Stadt mehr oder weniger direkt zum allgemeinen und verbindlichen Leitbild für Zukünftiges zu machen, sind meines Erachtens zum Scheitern verurteilt. Ja, ich gehe noch weiter: Es geht nicht nur darum, diesen Tatbestand kühl zur Kenntnis zu nehmen, sondern mit einem gehörigen Stück desillusionierender Trauerarbeit auch innerlich Abschied zu nehmen von diesem geliebten Bild, das wir im Boom des Städtetourismus immer wieder aufsuchen und das ja in der Tat in seiner kulturellen Vielschichtigkeit unerschöpflich ist: Wir sollten uns aber dessen bewußt sein, daß die Liebe zur Alten Stadt eine ziemlich neue Erscheinung ist; die Zeit ihrer Verdammung liegt erst eine Generation zurück!

Abschied, Trauerarbeit und historische Rückbesinnung bedeuten zugleich, sich für die Erhaltung und den Schutz dieser historischen und – wenn einmal zerstört – unwiederbringlichen Stadtgefüge verstärkt einzusetzen: Wo immer möglich, sollte man zumindest alles tun, die bestehende Alte Stadt in ihrer Struktur zu erhalten und zu schützen und dafür zu sorgen, daß sie nicht von Nutzungen, die ihr Gefüge sprengen, von innen ausgehöhlt, ja ausgeschabt wird, wie dies zur Zeit fast allerorten geschieht.

Ich erinnere mich noch meines Staunens und Schreckens, als wir bei einer Planungsstudie für ein mittelalterliches Stadtzentrum feststellten, daß die Inhaber von Geschäften in kleinen Altstadthäusern die Treppen im Erdgeschoß beseitigt hatten, um drei Quadratmeter mehr Geschäftsfläche und 1,5 Meter mehr Schaufensterbreite zu gewinnen: Die Obergeschosse waren nur noch über senkrechte Steigeisen vom Hinterhof aus erreichbar und standen leer, dekoriert mit Gardinen und Licht in Wechselschaltung, um ‚Leben‘ vorzutäuschen; weil sich eine Nutzung nicht mehr lohnte.[16] Zu dieser Beobachtung paßt es, daß schon vor einigen Jahren die Einzelhändler der ‚Zeil‘ – der umsatzträchtigsten Innenstadtstraße der Bundesrepublik – der Stadt Frankfurt angeboten haben, die Verantwortung für Gestaltung und Sicherheit für diese Straße zu übernehmen, einschließlich der Entlastung der Polizei vom Ordnungsdienst.[17] Gegen derartige Tendenzen einer Verödung der Innenstädte gilt es zu kämpfen!

Dort, wo sich besondere kulturelle, soziale und ökonomische Bedingungen herstellen lassen, sollte man auch mit zäher Energie neue Formen der dichten durchmischten Stadt fördern, wie z. B. bei der Wiedergründung der Unterneustadt Kassel.[18] Aber gerade hier zeigt sich: Es handelt sich um den Sonderfall eines verspäteten Wiederaufbaus einer Innenstadterweiterung auf altem Stadtgrund, ein Sonderfall, der sich nur wieder verallgemeinern ließe, wenn sich bestimmte Merkmale unserer Gesellschaft, wie z. B. private und persönliche Mobilität, Arbeitsteilung und Spezialisierung, der Wunsch nach Naturnähe und viel privatem Raum, in der breiten Bevölkerung geradezu fundamentalistisch umkehren würden.

In der Praxis helfen uns diese Ansätze deswegen auch nur ausnahmsweise weiter, im allgemeinen lassen sie uns im planerischen Umgang mit der Realität der Zwischenstadt – und das ist heute der bei weitem überwiegende Teil der Stadt – im Stich, ja, die einseitige Liebe zur historischen Stadt ist ein Hauptgrund dafür, das ungeliebte Suburbia als Aufgabe zu verdrängen.

Das übermächtige Bild der Alten Stadt, das inzwischen schon mehr einem ‚Abziehbild‘ gleicht, verstellt uns auf doppelte Weise den Blick auf die Wirklichkeit unserer heutigen Städte, in denen der historisch geprägte Stadtkern nur noch einen kleinen Bruchteil der Stadtfläche ausmacht. Die Macht des alten Bildes der Stadt wird in einem Gedankenexperiment schlagartig deutlich: Es gelingt uns nicht, eine uns bekannte Stadt, nicht einmal die eigene Heimatstadt, ohne historischen Kern vorzustellen, obwohl die besiedelte Fläche außerhalb des historischen Kerns mindestens zehnfach so groß ist.

Diese innerliche Fixierung auf die Alte Stadt fördert zuerst einmal Vorurteile bei der Betrachtung und Bewertung der Vorstädte, der Peripherie. Hier sprechen wir, ohne genau hinzusehen, von vornherein abwertend mit Begriffen wie z. B. Siedlungsbrei, krebsartigen Wucherungen, Zersiedlung, Landschaftsverbrauch und Siedlungswüste.

Dieser Wust von Vorurteilen, die sich ausnahmslos an der historischen Stadt orientieren, verstellt uns aber den Blick nicht nur auf den Bereich des suburbanen Raums der Zwischenstadt, sondern auch auf die gegenwärtige Realität der historischen Stadtkerne selber. Wenn sich der Blick nicht nur an der Hülle der alten historischen Fassaden festmacht, sondern – wie das Beispiel der beseitigten Treppen zeigt – etwas genauer dahinter schaut, dann stellt man fest, daß sich auch die Alte Stadt immer mehr den Einkaufszentren der Peripherie angleicht. Die Konkurrenz zu den Einkaufszentren auf der ‚grünen Wiese‘ und die hohen Mieten führen dazu, daß sich im wesentlichen nur noch Filialisten und Ladenketten sowie gewinnträchtige Dienstleistungen dort niederlassen. Damit werden der Alten Stadt zugleich mit dem Ausverkauf der bürgerlichen Kultur das Alltägliche des Wohnens, des Handwerks und des Krämers wie auch das Besondere, das Sperrige und Einmalige, das sie früher ausgezeichnet hat, immer mehr ausgetrieben. Die historische Stadt verwandelt sich mit Hilfe eigens dafür eingestellter City-Manager unter der Hand in ein ganz gewöhnliches Shopping-Center. Die Last der Alten Stadt, Identitätsträger der gesamten Stadt zu sein, wächst im gleichen Maße, wie sich das Gewichtsverhältnis zwischen Kern und Umland immer mehr in Richtung Umland verschiebt: Die Identitätsstruktur ‚Alte Stadt‘ wird überlastet und bricht zusammen.[19]

Deswegen dürfen wir unsere alten Stadtkerne nicht zu Tode lieben, indem wir sie mit pseudo-historischen Bauten vervollständigen und sie mit vermeintlich urbanen Aufgaben überfrachten, wie z. B. einer Förderung des Einzelhandels um fast jeden Preis. Dies führt zu einer Zerstörung der Alten Stadt. Will man die Alte Stadt schützen, muß man im Gegenteil das Wohnen mit allen Mitteln stärken und an anderer Stelle der Stadt neue Felder der Urbanität mit zentralen Aufgaben öffnen, um den Druck auf den historischen Stadtkern zu mildern. Solche neuen Felder von Urbanität sind eine Chance für die Zwischenstadt, ihre Eigenständigkeit gegenüber dem Zentrum der Alten Stadt zu entwickeln.

Wenn wir die ganze Stadt in ihrer Wirklichkeit erkennen und annehmen wollen – und das ist doch wohl die Mindestvoraussetzung für einen fürsorglichen Umgang mit ihr –, dann müssen wir alten Europäer uns durcharbeiten durch einen Satz von Begriffen, die aufgeladen sind mit schönen alten Bildern, und sie prüfen auf ihre heutige Gültigkeit. Wir müssen eine Menge rhetorisches Geröll wegräumen, um uns wieder einen Zugang zur Realität der Stadt zu verschaffen. Dabei geht es um einfache Dinge und Zusammenhänge, die wir aber meist vergessen oder verdrängen.

Die Prüfung der Begriffe

Die fünf Begriffe, die im folgenden auf ihre Tauglichkeit als Instrumente zum Begreifen und Bearbeiten der Stadt geprüft werden sollen, spielen in der gegenwärtigen planungstheoretischen und planungspolitischen Diskussion eine wichtige Rolle: *Urbanität, Zentralität, Dichte, Mischung und Ökologie.* In einem bestimmten, unmittelbar an der Alten Stadt orientierten Sinngehalt charakterisieren sie geradezu die ‚gute Stadt'! Alle diese Begriffe haben eine längere Ideengeschichte, auf die aber hier nur andeutungsweise verwiesen wird: Es geht hier um ihren aktuellen Gebrauch.

Diese fünf Schlüsselbegriffe sind aufeinander bezogen und verweisen im Diskussionszusammenhang aufeinander, doch es lohnt sich, sie gesondert zu betrachten, weil sie je bestimmte Aspekte der Diskussion akzentuieren.

Urbanität

Ein Schlüsselbegriff der Diskussion ist Urbanität: Der Begriff Urbanität wurde insbesondere von Edgar Salin als eine besondere Qualität der aufgeklärten, bürgerlichen Stadt herausgearbeitet und bezeichnete eine kulturell-gesellschaftliche Lebensform und nicht die Qualität einer besonderen städtebaulich-räumlichen Struktur. Mit Urbanität sollte eine tolerante, weltoffene Haltung ihrer Bewohner zueinander und den Fremden gegenüber gekennzeichnet werden.[20] Heute wird dieser Begriff häufig verengt auf das Bild der dichten Stadt des 19. Jahrhunderts, und infolgedessen wird ein allgemeiner Verlust an Urbanität beklagt und dementsprechend gefordert, die Stadtplanung habe für mehr Urbanität zu sorgen. Aber auch in dieser allgemeinen, verkürzt geführten Diskussion schwingt noch ein zwar etwas flacher und unscharfer, aber mit Anschauung gefüllter Begriff von gesellschaftlicher Urbanität mit: Urbanität bedeutet hier immer noch als Gegenbegriff von Provinzialität eine Atmosphäre der Weltläufigkeit, der Weltoffenheit und Toleranz, der geistigen Beweglichkeit und Neugier. Dieser gesellschaftliche Begriff verbindet sich aber in der Vorstellung zu eng mit dem Bild des geschäftigen Treibens auf Straßen, Plätzen und Märkten, mit diskussionsanregenden Kaffeehäusern, mit dem lockenden und unüberschaubaren Angebot vielfältiger Waren und Dienstleistungen und nicht eng genug mit einer bestimmten, weltoffenen Lebensform. Im Stadt*bild* wird das wesentliche Defizit empfunden. In Ermangelung eines solchen dichten und lebendigen Straßenlebens wird die ‚gebaute‘ Urbanität von geschlossenen Häuserwänden an Korridorstraßen, von Plätzen und Alleen häufig stellvertretend für die ‚gelebte‘ Urbanität gesehen.

Diese Art von Urbanität ist weitgehend historisch vorgeprägt. Ihr liegen nicht so sehr gesellschaftliche und politische Qualitäten als vielmehr ein idealisiertes Bild der bürgerlichen europäischen Stadt des späten 18. und frühen 19. Jahrhunderts zugrunde, festgehalten in Reisebeschreibungen und Romanen. Die frühen sozialwissenschaftlichen Studien von Simmel und anderen sahen diese Art von Urbanität aber auch durchaus kritisch.[21] Man mag die Verflachung des Begriffs Urbanität auf ein ‚Abziehbild‘ beklagen, dieses Bild entfaltet aber immer noch einen mächtigen Einfluß. Dieses Idealbild ist heute gereinigt von Bettlern und Dieben, von Pranger und Galgen, die die ‚Stimmung‘ des öffentlichen Raums mindestens ebenso geprägt haben wie das lustige Treiben auf Märkten und Plätzen – es ist das Bild einer ‚chemisch gereinigten‘ Urbanität.

Die in den Reisebeschreibungen des 18. und 19. Jahrhunderts festgehaltenen Straßenszenen führen uns eine Dichte des Straßenlebens vor Augen, die heute fast unvorstellbar ist und die wir in Mitteleuropa fast nur noch auf den großen Volksfesten, wie z. B. dem Oktoberfest in München, erleben. Wir erleben Urbanität in der Form dichten Straßenlebens natürlich auch in den Entwicklungsländern, und hier noch in ihrer vorindustriellen Ausprägung: Diese Art der Urbanität ist ein Kernbestandteil des boomenden Städtetourismus. Aber gerade daran wird schlagartig deutlich, daß die vorindustrielle Form der Urbanität eben auch als Ausdruck eines bestimmten historischen sozio-ökonomischen Zustands, um nicht zu sagen von Rückständigkeit, zu lesen ist. Keiner von uns Mitteleuropäern würde es in einer solchen Lebensform längere Zeit aushalten!

Einen vergnüglich zu lesenden Eindruck von der Härte des Lebens unter den Bedingungen von urbaner Dichte und Nutzungsmischung in meiner Heimatstadt Hamburg im 17. Jahrhundert – und viel anders hat es auch zu Beginn des 19. Jahrhunderts noch nicht ausgesehen – vermittelt eine Beschreibung im „Elbschwanenbüchlein" des lokalen Barockdichters und „kaiserlichen Pfalzgrafen" zu Wedel, Johann Rist (1606–1667): „Als ich mich während dieses letzten Kriegswesens eine Zeit lang in der weltberühmten Stadt Hamburg aufhalten mußte, da erfuhr ich rechtschaffen den großen Unterschied des Stadt- und Landlebens. Ich wohnte in einer der fürnehmsten Gassen, welche auch wohl die rechte und gemeinste Heerstraße in der ganzen Stadt heißen mag. Da war ein ewiges Reiten und Fahren mit Karren und Wagen, frühe und späte, und dieweil dieselben einander oft begegneten und wegen der Enge der Gassen neben einander nicht alsobald fortkommen konnten, so fluchten die Fuhrleute so lästerlich, daß ich, der ich mein Wesen so recht an der Gasse hatte, oft gedachte, es würden die Giebel der Häuser herunterstürzen und solche Gotteslästerer daniederschlagen und zermalmen. In dem Hause, da ich wohnete, welches gar groß und weitläufig war, ward dazumal Zucker gekocht, welches viel Wesens gab, sonderlich, wenn die Knechte, sowohl Nachts als Tags, den Zucker die Stiegen bald hinauf, bald herunter schleppten, welches ein unaufhörliches Gepolter machte. Mein nächster Nachbar zur rechten Hand war ein Goldschmied, zur linken Hand aber ein Kupferschmied, und ließ jener dazumal in seinem Hause eben bauen. Was nun die Zimmerleute den ganzen Tag über für ein Gerase hatten, ist leicht zu erachten, aber das Hämmern und Klopfen, welches bald die Goldschmiede, bald die Kupferschmiede von dem frühen Morgen an bis auf den späten Abend trieben, sollte einen schier töricht gemacht haben. Gleich mir gegenüber wohnte ein Sporenmacher, der kritzelte und kratzelte mir den Kopf bisweilen so krank, daß ich ihm oft wünschte, er möge mit allen seinen Feilen zu Augsburg auf dem Markte sitzen, und, was für mich das Allerärgste war, so mußte ich wegen eines schweren Schadens am Schenkel, den ich durch einen unversehenen Fall bekommen hatte, mehrenteils, und zwar mit unglaublichen Schmerzen, sowohl Tags als Nachts, das Bett hüten, daß ich also in vielen Wochen kein einziges Mal aus dem Hause kommen konnte. Dahero, als ich mich endlich aus der Stadt wiedrum nach meinem Flecken begab, da dauchte mich, daß ich, obgleich ich daselbst alles verwüstet, zerrissen und ausgeplündert fand, aus der Hölle in den Himmel gekommen sei, gar so verdrießlich war mir das unruhige Stadtleben gewesen."[22]

So kann das Leben in den schönen, romantischen Zielen des Städtetourismus in der Dritten Welt heute, und auch das so lebendige Straßen- und Kneipenleben in den europäischen Städten des 19. Jahrhunderts als Kehrseite beengter Wohn- und Arbeitsverhältnisse gelesen werden: Wer von uns würde schon gerne – wie unsere Vorfahren – aus einer zu engen und überbelegten Wohnung auf die Straße als einzigen Freiraum und in die Kneipe als verlängertes Wohnzimmer flüchten müssen? Umgekehrt ausgedrückt: Der beklagte Verlust an Urbanität der skizzierten Art in unseren mitteleuropäischen Städten ist auch unmittelbare Folge stark verbesserter Wohnverhältnisse, aber auch von Arbeitsbedingungen, die es uns erlauben, zahlreiche, früher auf den öffentlichen bzw. halböffentlichen Raum angewiesene Tätigkeiten in unseren Wohnungen bzw. Büros und Werkstätten selbst auszuführen. Verlust an Urbanität geht bei uns einher mit der Befreiung von enger, einschneidender Sozialkontrolle und mit dem Gewinn größerer individueller Freiheits- und Entfaltungsspielräume. Der Verlust ist somit Teil der Emanzipation aus wirtschaftlichen, gesellschaftlichen und natürlichen Zwängen. Diese Befreiung hat ihren ökologischen und sozialen Preis, von dem wir nicht genau wissen, wie lange er noch zu bezahlen ist. Die Befreiung aus den alten historischen Zwängen hat bis heute zu einer fortlaufenden räumlichen ‚Verdünnung‘ der sozialen Aktivitäten geführt: Die spezifische Wohn- und Arbeitsfläche pro Stadtbewohner hat sich im Verlauf einer Generation mindestens verdoppelt; allein die spezifische Wohnfläche hat in den letzten Jahrzehnten pro Jahr um mindestens einen halben Quadratmeter zugenommen, und die Automatisierung der Produktion hat die Fläche pro Beschäftigten zum Teil vervielfacht. Wachsender Wohlstand wird – nach Befriedigung der elementaren Basisbedürfnisse – offensichtlich zu einem guten Teil in privat verfügbarer Fläche angelegt. Wenn wir aber die heutigen Wohn- und Arbeitsdichten vergleichen mit dem heute idealisierten Zustand im 19. Jahrhundert, können wir gut und gerne davon ausgehen, daß die damaligen Wohn- und Arbeitsdichten vier- bis fünfmal so hoch waren. (Und damit an die gegenwärtigen Dichten von Städten der Dritten Welt herankommen.) Diese ‚Verdünnung‘ der spontanen bzw. spontan möglichen Sozialkontakte wird auch schlaglichtartig in der Beobachtung deutlich, daß die Wahrscheinlichkeit, daß Kinder heute auf der Straße Gleichaltrige zum spontanen Spielen finden können, meist so gering ist, daß sie andere Formen des Sichtreffens und Miteinanderspielens finden müssen: Sie telefonieren sich zusammen.

Deswegen hat sich auch die gesellschaftliche Bedeutung des öffentlichen Raums als Klammer der Menschen untereinander heute so abgeschwächt. Der öffentliche

Raum wird eigentlich kaum noch existentiell benötigt: Als (politischer) Versammlungsort und Ort der Vergewisserung von Solidarität ist er nur noch gelegentlich etwa für Demonstrationen erforderlich – und hierfür freilich auch unersetzlich. Aber alle anderen früher im öffentlichen Raum beheimateten Aktivitäten sind ausgewandert: In die größer und komfortabler gewordenen Wohnungen und Arbeitsstätten, in die gesamtgesellschaftlichen Institutionen, in die spezialisierten Einrichtungen der Klubs und Freizeiteinrichtungen, in die Läden und Kaufhäuser. Die früher überlebensnotwendige, gegenseitige nachbarschaftliche Hilfsbereitschaft, die über den öffentlichen Raum vermittelt wurde, ist ersetzt worden durch die gesamtgesellschaftlich wirksamen Versicherungen gegen Feuer, Krankheit und Not. Die heutigen Stadtbewohner wählen, unabhängig von der Dichte der Städte, ihre Sozialkontakte weniger nach räumlicher Nähe und Nachbarschaft, als vielmehr nach nichträumlich vermittelten Interessen und Neigungen.

Die Entwicklung zur überörtlichen Orientierung könnte man möglicherweise etwas bremsen, vielleicht dadurch, daß man den ‚Raumwiderstand' durch Verlangsamung der Straßennetze und durch starke Verteuerung des Autoverkehrs erhöht und dadurch die räumliche Nähe aufwertet, umkehren können wird man sie nicht. Es wäre schon manches erreicht, wenn Flächen und Gebäude durch zeitliche Staffelung der verschiedenen Nutzungen besser ausgelastet würden: Schon dadurch würde die Nutzungs- und Begegnungsdichte steigen. Der öffentliche Raum bleibt aber trotz des Verlustes an unmittelbarer sozialer Bedeutung, trotz Nutzungsverdünnung und überörtlicher Orientierung das strukturelle Grundgerüst der Zwischenstadt: Nur über den öffentlichen Raum kann sie wahrgenommen und begriffen werden, als Erlebnisgerüst und Zeichen der Identität ist der öffentliche Raum für die Begreifbarkeit und Lesbarkeit der Zwischenstadt wichtiger denn je.

Das Bild der alten Urbanität und ihres öffentlichen Raums ist noch so attraktiv, daß es schon seit einigen Jahrzehnten künstlich inszeniert wird, z. B. zur Erzeugung einer entspannten Kaufbereitschaft, und zwar gleichermaßen in den Fußgängerzonen der Einkaufsbereiche der Innenstädte wie in den Einkaufszentren der Peripherie: Die Alltagswelt wird inszeniert![23] Wenn einerseits die ungebrochene Anziehungskraft der Erlebniswelten der Shopping-Center einen Hunger nach Urbanität zu beweisen scheint, wir uns aber andererseits mit dieser vom Einzelhandel inszenierten Urbanität nicht zufrieden geben wollen, welche praktische Bedeutung kann dieser Begriff dann heute noch haben, welche Aspekte seines weitgespannten Bedeutungsgehaltes sind heute und morgen für die Stadt noch relevant? Denn verzichten wollen wir ja auf Urbanität selbst in ihrer kastrierten und von allem Schmutz und Elend gereinigten Form als Kennzeichen einer spezifischen großstädtischen Lebensqualität nicht, weil dann ein wichtiges Wesensmerkmal der europäischen Stadt vollständig aufgegeben würde. Wir müssen uns deswegen um neue Formen und Räume der Urbanität bemühen.

Da ist einmal festzustellen, daß Qualitäten wie Weltläufigkeit und Weltoffenheit, geistige Beweglichkeit, Toleranz und Neugier nicht ein für alle Mal an bestimmte historisch geprägte Raumformen gebunden sind, sondern sich auch in anderen Räumen entfalten können, die öffentlich zugänglich sind und Raum und Atmosphäre für Begegnung besitzen, Räume, die der amerikanische Sozialphilosoph Michael Walzer als *open minded space,* (im Gegensatz zum *single minded space*) nennen möchte: In diesem Sinne übertrifft mancher amerikanische Universitätscampus unsere Innenstädte an Urbanität! Da ist zum anderen zu vermerken, daß es auch heute noch bei genauerem Hinsehen auf Märkten und Plätzen, in Straßencafés und auf Volksfesten Formen des Umgangs miteinander im öffentlichen Raum gibt, denen man durchaus urbane Qualitäten zusprechen kann, wenn man die kulturellen Ansprüche nicht zu hoch hängt. Diese gilt es durch geeignete räumliche und funktionale Konstellationen, wenn nicht hervorzurufen, so doch zu fördern und zu stützen.

Zum dritten ist es vielleicht als unvermeidlich, aber ebenso als Chance einer städtischen Kulturpolitik zu akzeptieren, daß Urbanität auch inszeniert werden muß: Urbanität braucht heute meist besondere Anlässe, um sich entfalten zu können! Diese Aufgabe darf aber nicht dem Einzelhandel überlassen bleiben, man muß sie als unverzichtbaren Teil nicht nur der Kultur, sondern auch der Sportpolitik ernst nehmen, insofern es gilt, auch Menschen zu begeistern, die ohne weiteres von Kultur nicht erreichbar sind. Urbanität ist eben in Mitteleuropa weitgehend von einem existentiellen Tatbestand zu einem kulturell zu formenden Ziel geworden. Vielleicht muß es neben dem Theaterintendanten auch den Stadtintendanten geben, der die öffentlichen Räume der Stadt bespielt?[24] Dabei darf es freilich nicht zu jener totalen ‚Festivalisierung‘ der Politik kommen, in der die unpopulären, weil nicht wirkungsvoll zu inszenierenden Politikbereiche vernachlässigt werden. ‚Stadt als Bühne‘ darf die beiden anderen Bedeutungen ‚Stadt als Werkstatt‘ und ‚Stadt als Heimat‘ nicht überdecken![25]

Es gibt freilich eine andere weitentwickelte und industriell geprägte Kultur mit hohem Lebensstandard, in der wir – in ganz anderer Form freilich – noch Formen der alten Urbanität vorfinden: in der japanischen Großstadt. Hier sind in einer der reichsten Industrienationen der Welt die Wohn- und Arbeitsverhältnisse aufgrund extrem hoher Bodenpreise nach wie vor so beengt, daß viele der bei uns typisch häuslichen Verrichtungen immer noch zum Teil, wenn auch mit rückläufiger Tendenz, im öffentlichen Raum, bzw. in halböffentliche Institutionen stattfinden[26]: Das Baden, das Essen, das Empfangen von Freunden, das Amüsieren, ja sogar die Liebe finden jeweils ihre halböffentlichen Bereiche in z. T. durchaus luxuriöser Form! Könnte diese Ausprägung von Urbanität ein Vorbild für uns sein? Ich bin da eher skeptisch, weil auch in Japan mit wachsendem Lebensstandard diese Formen zurückgehen. Wir werden das Prinzip der Auslagerung bestimmter Funktionen aus der Wohnung in den öffentlichen Raum im Zusammenhang mit dem Begriff Mischung prüfen.

Zentralität

Eng verbunden mit dem Begriff der Urbanität ist der Begriff der Zentralität. Der Begriff ‚zentral' ist nicht nur geometrisch zu deuten, er ist ein anderer Ausdruck für bedeutend, wichtig, mächtig.

Der Begriff ‚Zentrum für etwas' soll einen Ort bezeichnen, in dem alles Wesentliche des betreffenden Zusammenhangs gefunden werden kann und von dem alle wesentlichen Entwicklungen ausgehen.

Wahrscheinlich funktioniert unsere innere Orientierung im übertragenen Sinne auch in der Form von ‚zentralen Orten', an die wir unsere Erkenntnisse jeweils anlagern, um sie wiederzufinden. Fast jede Form herkömmlicher Ordnung arbeitet mit abgestuften, hierarchischen Ebenen. Die offizielle Raumordnung Deutschlands z. B. beruht auf einem abgestimmten pyramidenförmigen System zentraler Orte. Das System der Städte selbst und der Zentren in den Städten wird idealtypisch als eine klassische hierarchische Baumstruktur interpretiert und normativ geplant, diese entspricht damit auch dem Bild einer geordneten, formierten Gesellschaft Ludwig Erhards, passend zu den ebenfalls hierarchisch geordneten Verwaltungsstrukturen.

Die Einteilung der Städte nach einem hierarchisch aufgebauten Prinzip zentralerer Orte unterschiedlichen Rangs war natürlich immer die Unterwerfung unter ein idealisiertes Ordnungsprinzip. Doch es hat in der vorindustriellen Zeit und bis weit in die Industriezeit hinein vieles geklärt und war ein vernünftiges Instrument der Landesplanung. Inzwischen ist es überholt.

Denn wenn man genauer hinschaut, dann hat sich die Realität hinter den Begriffen des Zentrums und der Zentralität schon weitgehend aufgelöst und zu anderen Strukturen geordnet: Die Städte sind schon lange nicht mehr, wenn sie es denn je waren, in einer hierarchischen ‚Baumstruktur‘ geordnet, das Städtesystem ist vielmehr als ein Netz mit Knotenpunkten zu interpretieren.[27]

In einem solchen Netz können idealtypisch alle Teile gleichberechtigt sein, es gibt im Prinzip keine bevorrechtigende Hierarchie mehr: Jeder Teil der Stadt kann bestimmte zentrale, d. h. nur einmalig oder zumindest nicht ubiquitär auftretende Aufgaben übernehmen, in anderer Hinsicht aber durchaus ubiquitäre Allerweltseigenschaften behalten. Diese idealtypische Konstellation gilt für unsere Städte nur in Ausnahmen, noch haben wir es meist mit ausgesprochenen Zentrenbildungen unterschiedlicher Art zu tun, und das ist gut.

Aber aus mancherlei Gründen geht die Entwicklung unserer Städte schon seit langer Zeit in die Richtung eines Abbaus räumlicher Zentralitätshierarchien zugunsten einer räumlich gleichmäßiger verteilten, arbeitsteiligen, raumfunktionalen Spezialisierung.

Die damit ‚unter der Hand‘ und ‚hinter dem Rücken‘ im Konkurrenzkampf der Städte sich wandelnde und ins Umland wachsende Stadtstruktur verliert zwangsläufig allmählich ihre vertraute historische Prägung und ihre vertraute Lesbarkeit zwischen den Polen Zentrum und Peripherie. Mit der Auflösung des Begriffs des ‚Zentrums‘ verliert auch der Begriff der ‚Peripherie‘ seinen Bedeutungsgehalt, zumal sich die Peripherie mit Zentren der verschiedensten Art anreichert.

Diese Entwicklung wird z. T. heftig kritisiert: Sie führe zur Aushöhlung des Zentrums, verstärke die weitere Zersiedlung und verwische die Abgrenzung zur Landschaft.[28] Politik und Verwaltung versuchen deswegen, dieser Wandlung der Stadt entgegenzuwirken, ohne den übermächtigen, durch die Konkurrenz der Städte angetriebenen Trend mehr als nur zeitweilig bremsen zu können.

In einer Zwischenstadt von eher netzförmiger Struktur wird es statt des einen großen funktionalen Zentrums, sprich der historischen Kernstadt, zahlreiche, je funktional und symbolisch unterschiedliche Zentren geben, die sich komplementär ergänzen und erst zusammengenommen das Wesen der Stadt ausmachen.

Hierin steckt indes auch die Gefahr schlimmer Fehlentwicklungen: Zur Zeit geht der Trend zu immer größeren, monofunktional spezialisierten Zentren für Einkauf und Freizeit mit abschließbaren Binnenwelten und einem trennenden Glacis riesiger Parkplätze.[29] Ohne Bündelung von Alltagsfunktionen in Zentren, die auch ohne Auto erreichbar sind, wird die Stadt für viele Frauen, für Kinder, Jugendliche und Alte kaum noch bewohnbar, denn die Mehrheit der Bevölkerung hat – auch wenn dies immer wieder verdrängt wird – kein Auto zur Verfügung und jede Politik muß darauf hinwirken, die Autobenutzung zu minimieren.

Die Frage nach dem heute angemessenen Wesen von Zentralität und Zentrum muß deswegen neu beantwortet werden. Das eine Zentrum, in dem alle wesentlichen gesamtstädtisch wichtigen Institutionen vereinigt sind, wird es nicht mehr geben, aber trotzdem braucht jede Stadt eine Mitte, die für das Wesen der Stadt steht. Diese Mitte wird in einer Zeit des funktionellen Wandels paradoxerweise um so stabiler und bedeutender sein, je weniger funktional sie gebunden und je stärker sie symbolisch aufgeladen ist, mit einem weiten Bedeutungshof und einer offenen Kapazität für unterschiedliche Bedeutungen! Ein schönes Beispiel hierfür – wenn auch nicht aus der Zwischenstadt – ist die Ruine der Kaiser-Wilhelm-Gedächtniskirche, die – obwohl von geringem architektonischen Wert und ziemlich funktionslos, die unbestrittene Mitte der Teilstadt Westberlin darstellt, gerade weil sie fast funktionslos ist und auch deswegen einen weiten Bedeutungshof hat. Dies wurde besonders deutlich, als der Architekt Egon Eiermann seine moderne Kirche mit modernem Turm daneben stellte und die alte nutzlose und häßliche Ruine ganz selbstverständlich abreißen wollte: Es gab einen breiten Protest quer durch alle Bevölkerungskreise, obwohl nur noch die ganz Alten mit dem Namen das Erlebnis der Kaiserzeit verbinden konnten. Für die Generation der heute über Sechzigjährigen war und ist sie in ihrer Ruinenhaftigkeit das letzte Erinnerungszeichen an Krieg und Bombennächte, für die heute Vierzig- bis Fünfzigjährigen ein Zeichen der Nachkriegs- und Wiederaufbauzeit, und für die noch Jüngeren der letzte, nicht vermarktete ‚Ort der Freiheit‘ im Mittelpunkt der Geschäftswelt; so wurde er denn auch in den sechziger Jahren von den Hippies und Blumenkindern besetzt und ist heute noch ein beliebter Treffpunkt für Jugendliche, aber auch für Ausgegrenzte.

Dichte

Der dritte, im Zusammenhang mit Urbanität und Zentralität wichtige und aus diesem Zusammenhang nur analytisch herauslösbare Begriff ist Dichte. Eine verdichtete Bebauung wird gerade in den letzten Jahren wieder zur allgemeinen Forderung erhoben: Nur bei verdichteter Bebauung sei Urbanität mit einer Begrenzung der Siedlungsfläche zum Schutze der Natur zu verbinden.[30]

Dieser auf den ersten Blick so einleuchtenden Forderung ist mit Skepsis zu begegnen, weil ihr eine Reihe ungeprüfter Annahmen zugrunde liegt. Der Begriff Dichte wird in der städtebaulichen Diskussion meist recht undifferenziert gebraucht. Wir müssen in dieser Diskussion aber deutlich unterscheiden zwischen baulicher Dichte (Fläche, bzw. Masse des umbauten Raums pro Flächeneinheit), räumlich-visueller Dichte (Grad der erlebbaren baulich-räumlichen Geschlossenheit) und der sozialen Dichte (Menge und Qualität der möglichen Sozialkontakte pro Siedlungseinheit). Diese drei Dimensionen von Dichte korrelieren nur sehr bedingt miteinander: Auf die Diskrepanz zwischen räumlicher und sozialer Dichte wurde schon bei der Diskussion von Urbanität hingewiesen. Bestimmte Formen hoher baulicher Verdichtung wirken der Häufigkeit und Qualität von Sozialkontakten eher entgegen, wie z. B. die Konzentration vieler Wohnungen an einem Hochhaustreppenhaus mit Lift. Aber selbst die Relation zwischen baulicher und räumlich-visueller Dichte ist wenig ausgeprägt: Niedrige Bauten erlauben geringere Abstände, und damit intimere Raumbildungen. Das räumlich-gestalterische Geheimnis der so geliebten mittelalterlichen Stadt liegt ja gerade darin, daß dem geschlossenen Raum der engen und baumlosen Straßen weite, gärtnerisch genutzte Innenbereiche gegenüberstanden, die sich erst später aufgefüllt haben: Die ursprüngliche Dichte der mittelalterlichen Stadt war recht moderat. Freilich kann zwischen räumlich-visueller und sozialer Dichte durchaus eine enge Beziehung herrschen, wenn die Häuser sich mit den ‚Augen' der Fenster und Eingänge wie Logenplätze im Theater auf den gemeinsamen Sozialraum, die Straße, ausrichten. Die soziale Qualität hängt somit weniger von der absoluten Dichte als vielmehr von der räumlichen Anordnung ab.[31]

Noch in einem weiteren wichtigen Zusammenhang – der ökologisch schonenden Einfügung der Stadt in die Landschaft –, wird eine hohe Dichte gefordert, weil man nur mit hoher Dichte wertvolle Siedlungsfläche sparen und den Landschaftsverbrauch einschränken könne. Dies ist ein weit verbreitetes Argument, das nichtsdestotrotz nur in sehr eingeschränktem Maße stimmt. Das weiß man übrigens seit den zwanziger Jahren: Bauliche Verdichtungen lohnen sich nur bis zu einer moderaten Grenze, darüber hinaus tragen sie kaum noch zu Flächeneinsparungen bei und verschlechtern die Wohnverhältnisse.

Das hat ganz einfache Gründe: Die von jedem Stadtbürger in Anspruch genommene engere Siedlungsfläche besteht durchschnittlich nur zu ca. 40 bis 50 % aus Wohnbauland. Der Rest wird für Arbeit, Verkehr und Gemeinbedarf in Anspruch genommen. Wenn man in einem solchen Nutzungsgefüge die durchschnittliche Wohndichte um die Hälfte erhöhen würde, so sparte man doch an der Gesamtsiedlungsfläche nur etwa 10 bis 12 % ein, und das zu dem Preis, daß dann ausgerechnet die human empfindlichste Fläche der Stadt, die Wohnfläche, meist qualitativ verschlechtert würde. Mit steigender Baudichte wird die Flächeneinsparung immer geringer und vor allem fragwürdiger.

Das ist nun kein Plädoyer für freistehende Einfamilienhäuser, sondern für eine durchaus moderate Verdichtung, wie sie sich etwa in der Dichte des eng gepackten Flachbaus, der Reihenhäuser mit kleinen Grundstücken und des drei- bis viergeschossigen Wohnungsbaus darstellt.

Eine maßvolle Verdichtung der Bebauung gerade in der Zwischenstadt etwa von einer Ausnutzungsziffer (Bruttogeschoßfläche zu Grundstück) von derzeit durchschnittlich 0,2 bis 0,3 bei den üblichen freistehenden Einfamilienhäusern auf 0,4 bis 0,6 für Reihen- und Doppelhäuser würde – in Anbetracht der großen in Anspruch genommenen Bauflächen – zu einer sehr wirkungsvollen Halbierung des Baulandbedarfs führen, ohne die typischen besonders häufig nachgefragten Wohnungsqualitäten zu schmälern.[32]

Städtebauliche Verdichtung wird auch unter dem Gesichtspunkt des Bodenschutzes gefordert. Dies ist nun freilich ein problematisches Argument, weil es gleich in mehrfache Konflikte gerät. Ökologischer Ausgleich auf dem Baugrundstück selbst läßt sich nur bei einer Geschoßflächenzahl bis höchstens 0,8 realisieren. Wächst die Dichte darüber hinaus, muß das Baugebiet ganz überwiegend ‚versiegelt' werden. Das Prinzip der mäßigen baulichen Dichte, die es ermöglicht, die Eingriffe in den Naturhaushalt auf dem Baugrundstück selbst auszugleichen, gerät wegen der Verknappung von Baugrundstücken und der steigenden Bodenpreise in einen immer härteren Konflikt mit der Forderung nach viel höheren Baudichten, um Bauboden zu sparen und wirtschaftlich auszunutzen.

Der Konflikt um den es in dieser Diskussion geht, ist beispielhaft im Baugesetzbuch vom 1. 7. 1987 angelegt: Im ersten Paragraphen, Abschnitt 5., unter 9., ist das Ziel aufgenommen worden, daß mit Grund und Boden sparsam *und* schonend umgegangen werden soll. Diesem Ziel wird jedermann erst einmal ohne Zweifel zustimmen. Bei näherer Betrachtung jedoch, sobald man beginnt, die beiden Begriffe beim Wort zu nehmen, wird es schwierig: Wie ist zum Beispiel die Forderung des Gesetzes zu beurteilen, wenn durch die hohe Baudichte zwar der Baugrund minimiert wird, aber durch die hohe Dichte eine vollständige Versiegelung erzwungen wird und damit kein natürlicher Boden mehr übrigbleibt? Wir es also eher mit dem Begriffspaar ‚flächensparend, aber bodenzerstörend‘ zu tun haben? Umgekehrt würde eine geringe Bebauungsdichte unter Umständen außerordentlich ‚bodenschonend‘ ausgeführt werden können, aber sicherlich nicht ‚baugrundsparend‘. Hier würde das umgekehrte Begriffspaar ‚bodenschonend, aber flächenverschwendend‘ gelten. Die auf den ersten Blick so einleuchtend zusammengespannten Begriffe des Baugesetzbuches stehen offensichtlich in einem Konflikt zueinander. Das ist wahrscheinlich darauf zurückzuführen, daß sie trotz ihrer gemeinsamen ökologischen Zielsetzung unterschiedlicher Herkunft sind: Die Forderung des flächensparenden Bauens ist die ältere, sie geht zurück auf die Zersiedelungsdiskussion, auf die Diskussion um die ‚große Landzerstörung‘ und auf die alte Debatte um die optimale Ausnutzung der Infrastruktur; zudem ist sie eine Folge der gestiegenen Bodenpreise. ‚Fläche‘ wird hier eher in der Makrodimension des Baugrunds und der Landschaftsoberfläche gesehen. Die Forderung des flächensparenden Bauens hat neben ökologischen auch landschaftsästhetische Dimensionen und ökonomische Untertöne. Die Forderung nach der bodenschonenden Bauweise ist viel jünger, sie geht auf die Bodenschutzdiskussion zurück, die von dem alten Begriffspaar ‚Grund und Boden‘ den zweiten Begriff und eher die Tiefen- und Mikrodimension thematisiert. Beiden Begriffen liegt in der öffentlichen Diskussion der populär gemachte Begriff des ‚Landschaftsverbrauchs‘ zugrunde. Dieser Begriff scheint so richtig anschaulich zu sein, jeder verbindet das Bild mit den ebenfalls so populär gewordenen Begriffen vom ‚Bauen als Umweltzerstörung‘, von den ‚Einfamilienhauswüsten‘, von der ‚zubetonierten‘ Landschaft.

Die Begriffe ‚bodenschonend‘ und ‚flächensparend‘ sind also, für sich allein genommen, wenig hilfreich, wenn sie nicht weiter qualifiziert werden. Beide, das ‚sparsame Umgehen‘ und das ‚schonende Umgehen‘ mit dem Boden, entstammen zwar ganz offensichtlich dem weiteren Umfeld der Ökologiedebatte, ihre offensichtliche Unverträglichkeit verweist aber auf tiefgreifende, unausgestandene Konflikte innerhalb der Ökologiebewegung selbst.[33] Die Schweizer umgehen den Konflikt zwischen ‚bodenschonend‘ und ‚baugrundsparend‘ mit dem schönen Begriff des ‚haushälterischen Umgangs mit dem Boden‘, der sich jeweils ortsspezifisch auslegen läßt.

Das Prinzip des ökologischen Ausgleichs müßte aber auf der besiedelten Fläche selbst oder in unmittelbarer funktionaler Verflechtung damit nachgewiesen werden, weil viele ökologisch wichtige Wechselwirkungen nur geringe Reichweiten haben, wie z. B. die für das Stadtklima so wichtigen Kaltluftströme, die schon von geringfügigen Hindernissen gestoppt werden. Überlagert man diese Regel mit dem Prinzip der kurzen Fußwege zur Erholungslandschaft, werden der Größenordnung von hochverdichteten und damit weitgehend versiegelten Wohnquartieren enge Grenzen gesetzt.

Wenn man Siedlungsfläche sparen will – was sehr sinnvoll und notwendig ist –, dann muß man bei den Arbeitsflächen ansetzen, weil hier die größten Flächenreserven stecken. Hiergegen sperrt sich aber die Wirtschaft heftig. In der Konkurrenz der Gemeinden untereinander um Arbeitsplätze gelingt es bisher keiner Stadt, ihre Wirtschaft auf verdichtetes Bauen, Produktion und Lagerung in Stockwerksbauten zu verpflichten. Im Gegenteil, die Wirtschaft weicht dann in Gemeinden des Umlands aus, die keine derartigen Verpflichtungen festlegen und zudem durch eine Subventionierung der Bodenpreise in Gewerbegebieten einem wenig haushälterischen Umgang mit Grund und Boden Vorschub leisten.

In den Verkehrsflächen stecken ebenfalls noch große Flächenreserven, die mobilisiert werden könnten, wenn die Normen nicht so starr gehandhabt und die Straßenverkehrsämter nicht ein so technokratisches Eigenleben führen würden. Dagegen haben die meisten Gemeinbedarfseinrichtungen, wie Schulen und Kindergärten, einen großen natürlichen Freiflächenbedarf und sind deswegen kaum flächensparend zu bauen, man kann sie aber in eine höhergeschossige Bebauung einfügen und dadurch versiegelte Flächen verringern.

Die Forderung nach Verdichtung im Wohnbau über ein moderates Maß hinaus ist deswegen meist ein Argument, das dem einzelnen Bauträger in die Tasche wirtschaftet, der profitiert natürlich davon, einzelbetrieblich gesehen. Das verdichtete Bauen ist umgekehrt auch deswegen immer häufiger scheinbar unvermeidbar – und das macht es bei Kommunalpolitikern so beliebt – weil das Wohnbauland so teuer eingekauft werden mußte, daß es nun unverantwortlich hoch ausgenutzt werden muß. Dies hat zur Folge, daß alles, was eigentlich mit zum engeren Wohnumfeld gehört, von den Autostellflächen bis zur Naherholung, auf die Allgemeinheit abgewälzt wird: Straßen werden z. B. zu Parkplätzen gemacht und Spielplätze in die öffentlichen Parks abgedrängt. Der Mangel an Freiflächen wiederum verstärkt den Freizeitverkehr und belastet damit weitere Wohngebiete.

Eine andere Frage ist es, ob über hohe Bodenpreise und bei gleichzeitiger allgemeiner Änderung der Maßstäbe guten, angemessenen Wohnens – z. B. in Wohngemeinschaften, in denen nicht jeder Haushalt eine abgeschlossene Wohnung beansprucht – die heute über ein vernünftiges Maß hinausgewachsene spezifische Wohnfläche wieder verringert werden kann? Hierzu könnte auch die Auslagerung und Konzentration von Wohnergänzungsfunktionen beitragen. Eine solche Entwicklung müßte aber an zwar oft erst eine Generation alten, aber vielleicht gerade deswegen so geliebten Komfortstandards ansetzen, und sie müßte deswegen langfristig vorbereitet werden: Ein eigenes Zimmer, eine abgeschlossene Wohnung, Bad, getrenntes WC, eine eigene Küche – das sind erst Errungenschaften der letzten Generation und trotzdem schon so selbstverständlich geworden, daß kaum freiwillig darauf verzichtet werden wird.[54]

Aber, das sei hier wiederholt, die wesentlichen Flächenreserven liegen in den Arbeitsflächen! Als These gilt: Für ökologische Verbesserungen sind eine Stabilisierung und Verringerung der spezifischen Wohn- und Arbeitsflächen wichtiger als übermäßige bauliche Verdichtung. Es geht um eine Entkoppelung von Wohlstandsentwicklung und Flächenverbrauch, wie sie analog zwischen Produktivität und Energieverbrauch erreicht worden ist.

Der Hinweis auf die Dichte der Stadt des 19. Jahrhunderts, die ja doch angeblich so gut funktioniert hat, führt in die Irre. Sie konnte nur deswegen so dicht bebaut werden, weil die Versorgung mit Gemeinbedarfseinrichtungen, insbesondere mit Freiflächen, unverantwortlich schlecht war, vor allem aber, weil es noch keine Autos gab: Jeder, der kleine Kinder in einem solchen, ansonsten so schönen und urbanen Quartier des 19. Jahrhunderts großziehen mußte, weiß, was es bedeutet, Kinder nur in Begleitung Erwachsener ins Freie lassen zu können, weil die Straßen viel zu gefährlich sind. Und die Kinder sind auf spezielle, eingezäunte Spielplätze angewiesen, zu denen sie nur über diese gefährlichen Straßen gelangen.

Das faszinierende Hongkong und das nachziehende Singapur mit baulichen und sozialen Dichten, die noch weit über denen der europäischen Stadt des 19. Jahrhunderts liegen, funktionieren nur deswegen, weil einerseits die horizontale Schichtung der Nutzungen konsequent durchgeführt wird, mit Nutzungen von geringem Tageslichtbedarf in den vielgeschossigen Sockelzonen und aufgeständerten Wohnhochhäusern darüber, und andererseits, weil auf den Dächern der Sockelzonen auch zahlreiche Freiflächennutzungen untergebracht sind. Nicht zuletzt hilft auch das Klima, in dem Schatten meist der Sonne vorzuziehen ist.

Hier ist die Entstehung eines neuen Stadttypus zu beobachten, mit eigenen Regeln und Gesetzmäßigkeiten, die mit europäischen Traditionen überhaupt nichts mehr zu tun haben.[35] Bisher konnte er offensichtlich nur unter nichtdemokratischen, autoritären Bedingungen realisiert werden, und es bleibt abzuwarten, ob er seine Anziehungskraft auch bei demokratisch verfaßten und regierten Gesellschaften entfalten wird.

Der wichtigste Faktor für die soziale Akzeptanz Hongkongs liegt aber darin, daß an fast jeder Stelle ein enger visueller als auch tatsächlich erreichbarer Bezug zur Landschaft des Meeres und der Berge vorhanden ist. Bei der Beurteilung der phänomenalen Dichte Hongkongs sind Meer und Berge immer mitzusehen! Im übrigen aber muß noch einmal wiederholt und betont werden, daß große Wohngebiete von wirklich hohen Dichten, auch wenn sie nicht dem Typ Hongkong/Singapur entsprechen, und obwohl sie durchaus auch ökologische Vorteile haben, in den letzten Jahrzehnten in freiheitlichen, demokratisch regierten Gesellschaften nicht mehr durchgesetzt werden konnten.

Mischung

Das Stichwort Hongkong führt uns zum Begriff der Mischung von Nutzungen. Sie wird ins Feld geführt als ein notwendiger Bestandteil von Urbanität und als ein wirksames Mittel zur Vermeidung motorisierten Verkehrs. Dem ist im Prinzip zuzustimmen, zumal der zunehmende Anteil der mit Dienstleistungen Beschäftigten einer Mischung von Wohnen und Arbeiten entgegenkommt. Sogleich aber ist nachzufragen, welche Art Mischung gemeint ist: Im Gebäude selbst, im Nebeneinander an der Straße oder in der Nachbarschaft des Quartiers?

Die Antwort muß unterschiedlich ausfallen je nachdem, welches Ziel mit Mischung angestrebt wird: Möchte man den unmittelbaren, kleinteiligen Interessenausgleich und die möglichst direkte gegenseitige Verantwortung als gemeinsame Antwort von Wohnenden und Arbeitenden unterschiedlichen Einkommens und unterschiedlicher Qualifikation, dann wird man die gemischt genutzte, unterschiedlich große, aber im Prinzip möglichst kleingeschnittene Parzelle zum Baustein der Stadt machen wollen.[36] Nur mit der Nutzungsmischung auf der Parzelle und im Gebäudegefüge selbst ist auch zu erreichen, daß die verschiedenen Nutzungen ihrer jeweiligen Empfindlichkeit gegenüber Orientierung, Erschließung,

Immissionen und Emissionen gemäß einander kleinräumig so zuzuordnen sind, daß sie in maximaler Dichte ‚gepackt' werden können, ohne die empfindlichste Nutzung – das Wohnen – zu beeinträchtigen.

Aber gibt es hierfür – von einer kleinen Anzahl mittelständischer Dienstleister abgesehen – noch allgemeine Voraussetzungen? Noch die gemischt genutzte Parzelle des 19. Jahrhunderts in Großstädten wie z. B. Wien, Berlin und Budapest war eine ökonomisch und städtebaulich optimierte Struktur: Unterschiedliche Lagequalitäten, wie Vorderhaus (und hier sorgfältig in der Miete unterschieden nach Souterrain, Beletage, Obergeschossen und Mansarde), Werkstatt für Handwerk, Lagerraum und nicht zuletzt Hinterhaus für minderbemittelte Mieter waren miteinander zu einem Gebäudetypus optimiert, der eine maximale Grundstücksausnutzung und zugleich, dank verteiltem Risiko, eine mittelständische Kapitalanlage als Alterssicherung garantierte, zumal es das weite Angebot unterschiedlicher Kapitalanlageformen, das jedem Kapitalanleger heute zur Verfügung steht, noch nicht gab. Außerdem war mit dieser Parzellenmischung auch eine feinkörnige soziale Mischung verbunden, die große Vorteile hatte, auf die schon James Hobrecht hingewiesen hatte.[37]

Für einen solchen Gebäudetypus fehlen heute jedoch im allgemeinen die sozioökonomischen Voraussetzungen: Die seit dem 19. Jahrhundert spezifischer gewordenen räumlichen Anforderungen der unterschiedlichen Nutzungen machen eine vertikale Mischung innerhalb eines Gebäudes schwierig: Die Kriterien für Wohnqualität sind gesetzlich auf hohem Niveau normiert. Vor allem aber ist der mittelständische Bauherr für solche gemischten Objekte zur Rarität geworden. An seine Stelle sind die großen Kapitalsammler der Banken und Versicherungen mit ihren anonymen Fonds getreten: Der Zug von der direkten Sachinvestition in die abstrakteren Anlageformen der Aktien, Bankenpapiere und Fonds ist sicherlich kaum noch aufzuhalten, obwohl alle Anstrengungen unternommen werden sollten, die Bürger als Bauherren eines eigenen Gebäudes an ihre Stadt zu binden.[38] Vielleicht könnte es gelingen, mit einer Zwischenform von örtlichen kleinen, geschlossenen Immobilienfonds örtliches Kapital und örtliches Engagement zu koppeln?

In einer anderen Dimension wird die Nutzungsmischung im Gebäude selbst freilich bedeutsam werden: in der Dimension der Zeit. Gebäude müssen in Zukunft mit dem Ziel der ressourcensparenden Langlebigkeit wandelnden Anforderungen angepaßt werden können, z. B. vom Büro zur Wohnung und wieder zum Büro. Das setzt weniger funktional spezialisierte Gebäude voraus, womit gleichzeitig im allgemeinen gute Voraussetzungen für eine kleinteilige Nutzungsmischung geschaffen werden. Aber das Offenhalten für andere Nutzungen setzt bauliche ‚Redundanz' voraus, z. B. höhere Geschosse, weiter gespanntere Konstruktionen, Platz für Erweiterungen. Welcher Investor denkt heute noch langfristig und ist bereit, in Offenheit zu investieren? Der Normalfall wird heute, trotz des Verschenkens von Verdichtungsmöglichkeiten, das Nebeneinander verschiedener Nutzungen in unterschiedlichen Gebäuden an einer Straße sein. Oder auch im Quartier: In ihm lassen sich auch raumgreifende Nutzungen mit höherem Verkehrsbedarf und oft nachteiligen Emissionen, z. B. an Hauptverkehrsstraßen, so anordnen, daß ein ungestörtes Nebeneinander von Wohnen und Arbeiten möglich ist. (Eine Struktur übrigens, die Roland Rainer schon in den sechziger Jahren zum Prinzip für den Stadtentwicklungsplan Wien machen wollte.)

In der Praxis aber stoßen selbst solche Bemühungen um Nutzungsmischung auf große Hindernisse und das liegt an „Gesetzmäßigkeiten" unserer Wirtschaft: Sowohl in der Produktion und im Handel als auch in der Unterhaltungsindustrie werden im Zuge der Rationalisierung und Spezialisierung immer größere Einheiten mit immer weniger Beschäftigten errichtet. Diese großen Einheiten, wie z. B. Supermärkte bzw. Fachmärkte mit spezialisierten Waren und Diensten oder ebenso die räumlich konzentrierten Angebote in der Unterhaltungsbranche, ersetzen eine Vielzahl kleinerer Läden, Werkstätten und Kinos und lassen sich zudem nur schwer in eine kleinteilige Struktur integrieren. Dieser Zug zur Größe setzt sich fort mit den Lieferfahrzeugen: Ein großer 12-Tonner-Lastwagen kann in einer kleineren Wohnstraße nicht manövrieren. Schließlich: die Freizeit des Wochenendes und des Urlaubs wird zusehends rigider in den ‚Kunstwelten' immer größerer Freizeitzentren mit umfassendem Konsumangebot organisiert.[39]

Hier liegt einer der Hauptgründe für die gegenwärtig so offensichtliche Öde in unseren neuen Stadtteilen: Die freie Zeit wird außerhalb verbracht, die letzten geliebten Tante-Emma-Läden in den beliebten Stadtvierteln des 19. Jahrhunderts sind teuer und müssen es sein aus Mangel an Rationalisierungsmöglichkeiten. Wenn wir von der monofunktionalen Öde unserer Stadterweiterungen wegkommen wollen, müssen wir an diesem scheinbar durch die Konkurrenz erzwungenen Selbstlauf der Rationalisierung und Spezialisierung etwas ändern. Ist dies möglich? Es scheint erste Trends im Einzelhandel zu geben, wieder Nahbereichsläden einzurichten. Vielleicht führt auch eine Änderung der Ladenschlußzeiten hier zu einem Wandel, z. B. in der Einrichtung von großen, wohnungsnahen Kiosken, die bis spät in die

Nach offen sind und auch weitere soziale Kommunikationsaufgaben übernehmen, wie heute schon die ‚Büdchen' in Köln. Es gibt aber auch Gegentrends: Das Teleshopping z. B. würde den traditionellen Einzelhandel tendenziell ausschalten und dafür den Wirtschaftsverkehr erhöhen. Aber auch ohne Teleshopping: Im Planungsalltag der Neubaugebiete sorgen die großen Supermarktketten dafür, daß über Verträge mit den Bauträgern die Konkurrenz nicht zugelassen wird.

Ein weiteres wichtiges Ziel, das mit der möglichst dicht gepackten Nutzungsmischung angestrebt wird, ist eine Minderung des motorisierten Verkehrs: Ein dichtes Beieinander von Wohnen, Arbeit und Versorgung könnte den Gebrauch des Autos weitgehend ersparen, das Zufußgehen und das Radfahren fördern und damit gleichzeitig zu einem lebendigen Straßenleben mit natürlicher, unaufdringlicher Sozialkontrolle beitragen.

Diese so einleuchtende Argumentation kann sich aber leider nur noch auf eine kleine Gruppe von Stadtbürgern stützen, die heute noch eine Einheit von Zeit, Ort und Arbeit leben können. Den meisten hat die raumfunktional ausdifferenzierte Gesellschaft die Möglichkeit genommen, Wohnen und Arbeiten in räumlicher Nachbarschaft wählen zu können. Schon in der Familie gehen die täglichen räumlichen Ziele meist weit auseinander. Zudem zielen die Wohnwünsche gerade der Besserverdienenden auf viel Platz, Garten und Landschaftsnähe, während ihre hochspezialisierten und deshalb hochbezahlten Arbeitsplätze häufig in zentralen Großorganisationen liegen: Statt Mischung eine extreme räumliche Polarisierung! Auf die separierende Wirkung verkürzter Arbeitszeiten ist schon hingewiesen worden.

Trotzdem spricht alles dafür, wieder möglichst weitgehend gemischte Städte anzustreben: Immer weitergehende Dienstleistungsnutzungen ließen sich gut mit Wohnen mischen. Vielleicht wird sich ja auch bei uns der Trend zu immer mehr Wohnfläche pro Einwohner einmal umkehren zu Gunsten der Auslagerung bestimmter Funktionen aus der Wohnung und deren Zusammenfassung nach dem Beispiel Japans zu größeren luxuriösen öffentlichen Einrichtungen, wie z. B. Bädern, Hobbywerkstätten und Klubräumen. Noch sieht es freilich nicht so aus, aber sinkende Kaufkraft wird uns wahrscheinlich irgendwann veranlassen, wieder enger zusammenzuwohnen – in den ärmeren Vierteln unserer Innenstädte hat dieses Zusammenrücken schon eingesetzt. Gemischte Stadtteile bieten für einen bestimmten Teil der Bevölkerung tatsächlich die Möglichkeit, ihre Arbeit und die Versorgungseinrichtungen zu Fuß oder mit dem Fahrrad zu erreichen. Die Telematik wird eine solche Entwicklung der Dezentralisierung nicht nur in Form von Heimarbeit fördern, sondern wahrscheinlich auch eine Dezentralisierung von Büros.[40] Außerdem sind solche gemischten Stadtteile einfach interessanter, sie bieten Kindern und Heranwachsenden mehr Erlebnisse und weniger gut Ausgebildeten und Leistungsfähigen mehr Chancen für Halbtagsarbeit und informelle Beschäftigungen; sie sind damit besser geeignet, Arbeitslose und Einwanderer zu integrieren.

Vergleichende Untersuchungen in Frankfurt am Main zeigen, daß bei einem etwa gleich großen Ausländeranteil von ca. 60 % in einem gewachsenen und gemischten Innenstadtviertel und einer in den sechziger Jahren geplanten und gebauten monofunktionalen Stadtrandsiedlung der Anteil der Sozialhilfeempfänger unter den Ausländern im Innenstadtviertel um ein Drittel niedriger liegt als in der Stadtrandsiedlung (Stand 1993).[41]

Gemischte Stadtteile würden auch bessere räumliche Voraussetzungen für neue Formen nachbarschaftlicher Hilfe durch Übernahme sozialer Dienste bieten, die von gesamtgesellschaftlichen Institutionen mangels Finanzierbarkeit nicht mehr geleistet werden können. Die gegenwärtigen hochaggregierten sozialen Versorgungssysteme sind kostentreibend und wirken entfremdend, sie werden deswegen dezentralisiert werden müssen.[42] Letztlich bieten gemischte Stadtteile auch eine Voraussetzung für ökologisch vermittelte Energie- und Stoffverbünde, in denen die überschüssige Abfallenergie bzw. die Abfallstoffe innerhalb eines räumlichen Verbundes weiterverarbeitet werden könnten. Gemischte Stadtteile sind deswegen aus vielerlei Gründen für schwere Zeiten besser gewappnet.

Einer Durchsetzung des Ideals stärkerer Mischungen stehen nun freilich nicht nur, wie schon erwähnt, Rationalisierung, Spezialisierung und Maßstabsvergrößerung von Produktion und Einzelhandel entgegen, sondern, als noch wesentlicherer Faktor, ein nahezu ungebremster Bodenmarkt: Die im Zuge der raumfunktionalen Arbeitsteilung entstandenen hochdifferenzierten Bodenmärkte schließen jeweils bestimmte, ökonomisch schwächere Nutzungen aus. Deswegen wird z. B. die Mischung von Büros und Wohnungen in zentralen Lagen so schwierig.

Die Funktionstrennung wird häufig der Charta von Athen angelastet. Das ist weitgehend Unsinn: Funktionstrennungen sind – wie schon angedeutet – zum einen die Folge von Bodenwertdifferenzierungen, die zu einer Nutzungssortierung nach wirtschaftlicher Leistungsfähigkeit führen, und zum anderen eine Folge gegenseitiger Belästigungstoleranzen gleicher Nutzungen, die es erlauben, für bestimmte gewerblich bzw. industriell einheitlich genutzte Gebiete höhere Belastungsnormen, differenziert nach unterschiedlichen Nutzungen, und damit Produktionskostenminderungen festzulegen.[43] Umgekehrt hat dies die Festlegung außerordentlich niedriger Belastungsnormen in (neuen) Wohngebieten zur Folge. Die Charta von Athen hat, so betrachtet, nur sozio-ökonomische ‚Gesetzmäßigkeiten‘ zu ideologischen Zielen erhoben, sie hat damit aber ohne Zweifel zu einer normativen Verfestigung beigetragen. Die Durchsetzung von Funktionsmischung setzt demnach mindestens folgendes voraus: begrenzte Betriebsgrößen, die eine Nutzungsmischung zulassen, eine bessere Kontrolle von Lärm, Gestank und Verkehrsbelästigungen an der Quelle der Nutzung selbst, um das Prinzip der gegenseitigen Belastungstoleranz überflüssig zu machen, gleichwertigere Standortbedingungen in der ganzen Stadt, um durch weiträumige Angebote das großräumige Bodenwertgefälle zu begrenzen und nicht zuletzt eine größere Toleranz gegenüber normalen städtischen ‚Störungen‘ – im Gegensatz zur derzeitigen Tendenz, die eine deutlich abnehmende Toleranz selbst gegenüber dem Lärm von Kinderspiel und Sport zeigt (bei einer erstaunlichen Toleranz gegenüber Verkehrslärm).

Die bis heute so erfreuliche – wenn auch gefährdete – Mischung von Wohnen, Gewerbe und Dienstleistungen selbst in den Zentren von Städten wie Berlin, Wien, Barcelona und Budapest ist zu einem wesentlichen Teil auf die gleichmäßig dichte und flächenhafte Struktur der Stadt des 19. Jahrhunderts über sehr große Bereiche zurückzuführen, eine Struktur, die mit einem sehr breiten Angebot gleichwertiger Standortbedingungen die Bodenpreise egalisiert und damit das Bodenpreisgefälle einebnet. (Und ausgerechnet diese Qualität, die sich unter anderem in der typischen gleichmäßigen Traufhöhe ausdrückt, wird z. B. in Berlin mutwillig aufs Spiel gesetzt!)

Ökologie

Mit den Argumenten der Verkehrsminderung, der Energiekaskaden und der kurzen Stoffkreisläufe sind wir bei unserem letzten und schwierigsten Begriff angekommen: dem Begriff der Stadtökologie. Wenn es gegenwärtig überhaupt ein unstrittiges Ziel der Stadtentwicklung gibt, dann besteht es in dem Ziel der „Nachhaltigen Stadtentwicklung" *(sustainable city development)*. Es geht dabei um eine möglichst verträgliche Einfügung der Stadt in die Naturkreisläufe. Ökologie ist zu Recht zu dem übergreifenden Leitbegriff der Stadtentwicklung geworden, weil ein einfaches Gedankenexperiment die Unmöglichkeit zeigt, die bisherige Stadtentwicklung in den alten Industriestaaten auf die ganze Welt zu übertragen: Das Ökosystem der Welt würde zusammenbrechen. Deswegen besteht die zwingende Notwendigkeit einer Umsteuerung der Entwicklung.

Die Städte im alten Europa haben hierfür gute Voraussetzungen: Sie sind vergleichsweise reich, stagnieren in den Bevölkerungszahlen, Landwirtschaftsflächen müssen stillgelegt werden, der durchschnittliche Bildungsstand ist hoch. Die europäischen Städte könnten der Welt beweisen, wie man Städte *sustainable* macht, bevor Umweltkatastrophen dazu zwingen werden![44] Aber welche Wege zu welchem Ziel sollen dabei eingeschlagen werden?

Diese Fragestellung läßt sich auf zwei entgegengesetzte Thesen zuspitzen:

1. Die Stadt muß notwendigerweise ihrem Wesen nach im Gegensatz zur Natur stehen.
2. Die Stadt kann Bestandteil einer menschengemachten Natur werden.

Den beiden Thesen liegen grundsätzlich unterschiedliche Auffassungen von Stadt einerseits und Natur andererseits zugrunde: Die erste These geht davon aus, daß der Mensch und seine Stadt sich außerhalb der Natur, ja gegen sie gestellt haben, mit der Folge einer tiefgreifenden Schädigung der natürlichen Lebensgrundlagen. Dieser Auffassung folgend und überspitzt ausgedrückt, sollte sich der Mensch zukünftig soweit wie möglich aus den Eigengesetzlichkeiten der Natur heraushalten. Er sollte seine Stoffkreisläufe technisch in geschlossenen Kreisläufen bewältigen, möglichst wenig Siedlungsfläche und dazu noch auf ökologisch möglichst unempfindlichen Standorten in Anspruch nehmen und auch seine Interaktionen mit der Natur auf ein unvermeidliches Maß beschränken. Seine technisch-zivilisatorischen Systeme sollten möglichst wenige Berührungspunkte mit der Natur haben, damit diese soweit wie möglich sich selbst überlassen bleibt.

Dieser Grundhaltung – der Natur einen Status *sui generis* zuzubilligen, wie es z. B. der orthodoxe Naturschutz tut – steht die andere These gegenüber, den Menschen und seine Stadt als Teil einer Natur zu interpretieren, die es – auch in ihren schützenswerten Teilen – ohne den Menschen gar nicht geben würde. Auch die Stadt ist längst schon zur ‚zweiten Natur‘ geworden, mit einem Artenreichtum an Pflanzen und Tieren, der den Artenreichtum der umgebenden Agrarlandschaften übersteigt. Je größer die Stadt, desto größer ist der Artenreichtum.[45] Die Menschen müssen sich freilich wieder darauf verständigen, daß sie als biologische Lebewesen aufhören müssen, ihre in Jahrhunderten kunstvoll kultivierte Lebensgrundlage zu zerstören.

Dabei wird eine Unterscheidung zwischen ‚ursprünglich natürlicher‘ und ‚technisch manipulierter‘ Natur immer schwieriger: Natur tritt dem Menschen in der Stadt und ihrer Umgebung überwiegend in technisch veränderter und beeinflußter Form gegenüber. Ein weiteres: Viele für das Wohlbefinden wichtige Zustände der Natur erfährt der Mensch nicht mehr direkt, sondern nur noch in medial vermittelter Form über abstrakte Meßdaten – wie z. B. Luftverschmutzung, Ozongehalt der Atemluft, Nitratgehalt des Grundwassers, Schwermetalle im Boden – die jedoch sein inneres Bild von Natur tief mitprägen. Aus dieser Durchdringung von Natürlichem und Technischem gibt es kein Entkommen mehr.[46]

Beide Grundhaltungen sind in der skizzierten überspitzten Form für unsere Beschäftigung mit der Stadt unproduktiv, und jede für die Alltagspraxis brauchbare Haltung muß eine zwischen diesen beiden Polen vermittelnde Stellung suchen. Ich persönlich neige freilich mehr zu der letztgenannten Auffassung einer menschengemachten Natur und möchte sie in den Konsequenzen etwas weiter verfolgen.

Ein Blick auf das Luftbild unserer großen Agglomerationen zeigt, daß sich hier die Figur-Grund-Verhältnisse zwischen Stadt und Land umgekehrt haben: Die offene Landschaft ist zur Binnenfigur innerhalb des ‚Hintergrunds‘ einer Siedlungsfläche geworden; die besiedelte Fläche selbst könnte als eine besondere Form von ‚Landschaft‘ gelesen werden, die die Freifläche umgreift. Beide Bereiche, die von Bebauung freie Binnenlandschaft ebenso wie die Siedlungsfläche selbst, sind fast vollständig menschengemacht: Man kann mit Fug und Recht behaupten, daß zumindest im Umfeld der Städte alles – Stadt wie Landschaft – gebaut ist. Wir können dies kritisieren oder betrauern, rückgängig machen können wir es nicht.

Wenn man diesen Gedankengang vor dem Hintergrund der historischen Entwicklung unserer Kultur nur wenig weiter radikalisiert, dann besteht zwischen Landschaft und Stadt das ökologische und kulturelle Kontinuum einer gebauten Struktur. Diese ‚Cultura‘ in der ursprünglichen lateinischen Bedeutung des Be- und Gebauten, stellt sich z. B. als agro-ökonomisch optimierte Feldflur, als Glashaus-Kultur, als Schrebergartenanlage, als altes Einfamilienhausgebiet mit großen Grundstücken, als Siedlungskolonie, als fast vollständig versteinertes, freilich mit grünen Höfen ausgestattetes Stadtviertel des 19. Jahrhunderts und ebenso auch als Hochhausquartier mit grünen Dächern dar. Jedes dieser Strukturelemente, und nicht nur die von Gebäuden freien Bereiche, müßten nach dieser Auffassung ihren Beitrag als Cultura ebenso zur Erhaltung unserer sozio-ökonomischen wie auch unserer natürlichen Lebensgrundlagen liefern. Das würde freilich eine ziemlich radikale Umdeutung des Bauens voraussetzen: Bauwerke könnten z. B. auch als ‚künstliche Felsen' interpretiert werden, die bestimmte Pflanzen und Tiere beherbergen können, und Kultur- und Naturerbe müßten miteinander auf derselben Fläche geschützt und entwickelt werden. „Demzufolge darf das ‚Bauen' nicht als Eingriff in Natur und Landschaft beurteilt werden, sondern muß als Keim einer Veränderung verstanden werden, die langfristig wiederum zu neuen schutzwürdigen Räumen und Flächen führt."[47]

Wir würden dann damit ernst machen, daß wir für unsere Lebensgrundlagen im umfassenden Sinne selbst verantwortlich sind und uns nicht über ‚Ausgleichsräume' und ‚Ausgleichsmaßnahmen' unter Berufung auf die gute, unsere Zumutungen schon verarbeitende Mutter Natur sozusagen Absolution verschaffen und uns per Ablaßhandel mit Ablösesummen freikaufen können von der Frage, welche Natur wir eigentlich selbst wollen.

Die ‚Eingriffs-Ausgleichsregelungen' zeigen an manchen Orten absurde Tendenzen: Bestimmte Naturschutzbehörden scheinen durchaus daran interessiert zu sein, über die Befürwortung besonders schädigender baulicher Eingriffe besonders hohe Ausgleichszahlungen zu erhalten, mit denen sie an anderer Stelle z. B. ihre geliebten Feuchtbiotope ‚bauen' können.

Die ökologische Belastung wird ohnehin in den ‚Eingriffs-Ausgleichsregelungen' viel zu kurz gegriffen, wie das Konzept der *Ecological Footprints* zeigt: Die ökologischen Auswirkungen der Städte – z. B. über Rohstoffimporte und Abfallexporte – reichen weit über das unmittelbare Umfeld hinaus bis in andere Länder und Kontinente.

Da sind ‚Eingriffs-Ausgleichsregelungen' – so notwendig sie in einer Übergangszeit sind, wenn sie vernünftig angewendet werden – nicht viel mehr als Beruhigungsmittel, die ein gutes Gewissen machen sollen, die eigentlichen Probleme aber eher verschleiern: Diese verlangen nach einer umfassenderen, auch radikaleren Perspektive und nach einem anderen Begriff von Kulturlandschaft.

Die Geschichte der Kulturlandschaft zeigt, daß sie immer im Wandel war und daß die Art von Kulturlandschaft, die uns heute als Maßstab für Kultur- und Landschaftsschutz dient, einschließlich z. B. der geliebten Streuobstwiesen, in großen Teilen aus dem späten 19. und frühen 20. Jahrhundert stammt und von vornherein die Züge des Übergangsstadiums dieser Epoche besaß.[48]

„Heute besonders beliebte Landschaften sind sogar das Ergebnis großer und gewaltsamer Eingriffe. Als Beispiel sei hier genannt die als Inbegriff der Kulturlandschaft und der heute schutzwürdigen Naturlandschaft verstandene Heidefläche. Sie ist das Ergebnis einer systematischen Waldzerstörung und eines Raubbaues am Boden. Die Erhaltung der Heideflächen wird trotzdem als Aufgabe des Naturschutzes angesehen. Hier geht es um die Erhaltung der Kulturlandschaft früherer Jahrhunderte, und damit gleichzeitig um die Bewahrung der Koevolution der Kulturlandschaft und ihrer Fauna und Flora. Auch die heute kulturell hoch bedeutsamen und naturschutzwürdigen Flächen solch großer Landschaftsparkanlagen wie in Muskau sind das Relikt einer nahezu vollständigen Veränderung eines vorgefundenen Zustands. Der große Gartenkünstler Fürst Pückler-Muskau war es, der die vorhandene Landschaft nahezu völlig umkrempelte, für diesen Eingriff in Natur und Landschaft in erheblichem Maße beschimpft wurde und sich dadurch ,bestrafte', daß er als ,Ausgleichsmaßnahme' den Bürgern der Stadt ein neues Rathaus schenkte. Aber gerade die damals entstandenen Eingriffe sind heute die so bedeutsamen kultur- und naturschutzwürdigen Bereiche der Parkanlagen in und um Muskau."

„Im Sinne dieser dynamischen Entwicklung sollte das Ziel sein, einen neuen Typus von Kulturlandschaft zu entwickeln, in dem Nahrungsmittelproduktion, ökologisches Gleichgewicht und Erholung zu einer neuen Synthese gebracht werden. Vergleichbares gilt auch für das Bauen: Auch der Gegensatz zwischen Bauen und Landschaft muß in einer neuen Synthese überwunden werden."[49]

Hierzu abschließend noch eine Empfehlung aus der Ökosystemforschung: „Städte müssen wieder stärker in die umgebende Landschaft eingebunden werden. Die Trinkwassergewinnung sollte mittelfristig von der verlustträchtigen Grundwassernutzung auf die verlustärmere Nutzung der Oberflächengewässer rückgestellt werden. Die Verwertung des Abwassers sollte, nach Trennung bzw. gesonderter Reinigung industrieller Abwässer ähnlich wie in den ländlichen Siedlungen erfolgen. Um die Aufheizung der Stadt zu verringern, sollte auch hier möglichst viel verdunstende Vegetation angesiedelt werden (Dach- und Fassadenbegrünungen, Baumpflanzungen) und das Regenwasser nicht abgeleitet, sondern weitgehend verdunstet werden. Schließlich sollte auch die Nahrungsmittelproduktion wieder stadtnah erfolgen, um aufwendige Transporte zu minimieren. Ein Teil der Nahrungsmittel könnte vielleicht auch am Stadtrand in Gewächshochhäusern produziert werden. Dabei könnte auch versucht werden, über künstliche Nahrungsketten nicht als Lebensmittel verwendbare Biomasse (z. B. Schilf, Algen) in menschliche Nahrung (z. B. Fisch) zu konvertieren."[50]

Wir kommen gar nicht darum herum, uns Gedanken über die unserer Gesellschaft angemessene Kulturlandschaft zu machen, weil diese sich von der von uns

so geliebten alten Kulturlandschaft wird unterscheiden müssen. Diese Kulturlandschaft wird in den Ballungsräumen eine verstädterte Landschaft sein, eine Zwischenstadt zwischen Kultur und Natur.[51] „Die Stadt von Morgen besteht aus einer
Konzentration von kompakten Siedlungskörpern mit ein- und ausgelagerten Land-
schaftsräumen, die spezifisch städtische Funktionen erfüllen. Land als Binnen-
struktur der Stadt bildet dabei Flächenpotentiale für Wasser- und Stoffkreisläufe.
Diese neuen, funktionalen Gesichtspunkte haben wiederum Rückwirkungen auf
Bewirtschaftungs- und Siedlungsstrukturen, auf das Landschaftsbild und den Er-
holungsaspekt. Die Identität der Stadt leitet sich nicht nur aus der Gestalt und Funk-
tionsweise der bebauten, sondern auch der unbebauten, ‚vegetativen‘ Fläche ab.“[52]
Stadt und Landschaft werden eine neue Symbiose eingehen müssen, polarisiert zwischen biotechnischen Anlagen in der Stadt und neuen Wildnissen in der Landschaft. Stadtökologie wird sich dabei wandeln von einer vorwiegend der Analyse
und dem Schutz vorhandener Landschaftsreste dienenden Wissenschaft zu einer
Disziplin, die neue Formen von Stadt-Kulturlandschaften aktiv entwickelt.

Vor Ort

   Städtische Peripherien werden oft nur als Funktionsraum benutzt. In ihnen befin-
den sich Baumärkte, Schlafstädte und Freizeitzentren. Bedeutungsräume sind andere
Orte: historische Stadtkerne, Naherholungsgebiete und Urlaubsziele. Seit zwei Jahren führe ich Fremde und Einheimische durch die Weiten des Kölner Stadtrandes.
Auf diesen zweitägigen Erlebnisreisen versuche ich, ein Gefühl für die Schönheit dieses diskontinuierlichen, über große Strecken durch Abwesenheit von als Ereignis Er-
kennbarem geprägten Gebietes zur vermitteln. Die Diskontinuität des Kölner Stadtrandes, besonders auf der von Autobahnen und Gleistrassen vielfach zerschnittenen
‚Schäl Sick‘, ermöglicht hierbei besonders überraschungsreiche Raumfolgen. Die besondere Aufenthaltsqualität ‚leerer‘ Räume einerseits und der fraktale Reichtum sowie die Vielfältigkeit der im Schatten des Metropolenwettbewerbs sich erhaltenden
und neu entstehenden Lebensformen andererseits sind die besonderen Merkmale dieses Stadtrandes. Durch den von der römischen Antike bis zum Ende des Ersten Welt-
krieges dauernden Festungsstatus der Stadt Köln sowie später durch ihre Rolle als
Verkehrskreuz des Westens sind die Brüche im Stadtbild besonders zahlreich und bilden auf allen Maßstabsebenen ein entscheidendes Gestaltmerkmal.

Was wäre New York ohne Brooklyn und Queens, Paris ohne seine Banlieue, eine Hafenstadt ohne Ozean, Kairo ohne Wüste? Erst neben Wildnis werden wir uns der Bedingungen von Kultur bewußt. Kultiviertes Leben ist ohne dieses Bewußtsein der Bedingungen von Kultur gar nicht möglich.

Die Lesart der Peripherie als Wildnis ist das Gegenstück zur Lesart der Peripherie als Landschaft. Beide Lesarten sind berechtigt, sowohl als Interpretationshilfen als auch durch das konkrete Erleben städtischer Peripherien.

- Peripherie ist eine komplexe Kulturlandschaft, in der einzelne Bereiche, in denen vorgedachte Gestalt und Aneignung abwesend sind, wie etwa Brachflächen und Parkplätze, Wildnisse bilden.
- Peripherie ist Wildnis, eine Makrostruktur ohne vorgedachte Gestalt und Aneignung, in die zahlreiche, jedoch vereinzelte, in ihrer Gestalt vorgedachte und angeeignete Mikrostrukturen eingestreut sind.

Die konsumierende und die produktive Wahrnehmung

Die Fähigkeit, Eindrücke, also ‚wilde‘ (im Gegensatz zu bereits erschlossenen, zu einem Bild gefügten und interpretierten) Informationen selbst zu erschließen, innerlich zu einem Bild zu fügen und zu interpretieren, und die Fähigkeit, leere Stellen mittels Assoziationen, Erinnerungen und Projektionen selbst zu füllen, nenne ich die produktive und sentimentale Wahrnehmung.

Aus der Welt der erschlossenen Informationen, also im weitesten Sinne aus Kulturlandschaft kommend, stellt sich am namenlosen, unprominenten, wilden Ort erstmal Langeweile ein. Das, was auf uns zukommt, können wir nicht lesen. So tritt zur Langeweile Irritation. Erst nach einer Weile kommt die produktive Wahrnehmung sozusagen in Gang, und die Welt um uns herum beginnt sich zu füllen. Leere Räume sind notwendig, um die Fähigkeiten, die Menschen zu Kulturwesen machen, zu trainieren: Erschließen, Fügen, Interpretieren, Assoziieren, Projizieren, Erinnern.

Ästhetische Nachhaltigkeit

Was negativ als Zerstückelung und Zusammenhanglosigkeit erfahren wird, ist auch positiv als ein hohes Maß an Komplexität, Reichtum an Brüchen, Reichtum an ökologischen und sozialen Nischen und als subjektive räumliche Vergrößerung durch Nichtüberschaubarkeit erfahrbar. Eine auf Dauer bedeutungsvolle Umgebung sollte sich niemals zu einem Bild fügen. Sie sollte bei jedem Hinaustreten neue, vage und unscharfe Ahnungen von Bildern erzeugen.

Der prominente Ort und der Ort irgendwo

Der prominente Ort hat immer eine schnell erfaßbare bildhafte Ordnung, meistens eine geometrische.

Der prominente Ort wird ohne den Zusammenhang mit dem Ort irgendwo zur bloßen touristischen Attraktion. Das Namhafte verkommt ohne das Namenlose zum Klischee.

Aus dem Elektrozaun sind Schafe ausgebrochen und haben sich auf dem Parkplatz von IBM verteilt. Segelflieger vom benachbarten Segelflugplatz versuchen, die Handynummer des Schäfers ausfindig zu machen. Der Schäfer kann nicht weit entfernt sein, weil der Elektrozaun sehr lässig aufgestellt war. Die Schafe haben innerhalb des Zauns auffällige Kreise getreten, die man für Spuren von Ufolandungen halten könnte. Die Segelflieger von nebenan würden einen aufklären. Wenn man sie anspricht.

Zu den Seiten 59–65
Dreizehnmal Köln   S. 59 oben: Dom, Südseite (Foto Sühwold Verlag, Köln), unten: Dom, Südseite; S. 60 oben: Zillestraße im Stadtteil Holweide, unten: Ostmerheimer Straße im Stadtteil Merheim; S. 61 oben: Baustelle, unten: Parkplatz, beide im Stadtteil Weidenpesch; S. 62 oben: Kuthestraße im Stadtteil Vingst, unten: Gewerbegebiet Alter Deutzer Postweg zwischen Köln-Vingst und Köln-Rath; S. 63 oben: Autobahnkreuz Köln-Ost, unten: Wäldchen im Stadtteil Poll; S. 64 oben: Kiesgrube am Rather Teinweg im Stadtteil Neubrück, unten: Hans-Schulten-Straße im Stadtteil Brück; S. 65: Gestrüpp im Kölner Stadtteil Müngersdorf

Fotoserie und Texte zur „Schäl Sick" von Köln sind von Boris Sieverts, geb. 1969, der, mit Unterbrechungen, seit zehn Jahren auf der rechtsrheinischen, der „blinden" Kölner Rheinseite lebt. Boris Sieverts hat an der Kunstakademie Düsseldorf bei Prof. Gerhard Merz studiert.

2 Eine Deutung der Zwischenstadt

Die Stadt – das haben wir im ersten Kapitel zu zeigen versucht – wandelt sich zu etwas Neuem, das wir je nach Vorerfahrung und innerer Einstellung unterschiedlich wahrnehmen und bewerten. War seit etwa einer Generation der Bewertungsmaßstab die idealisierte Alte Stadt, so ist die Einstellung gegenüber der Zwischenstadt zur Zeit im Wandel begriffen: Nach einer grundsätzlichen Verdammung der ‚krebsartigen Wucherungen des Landschaftsfraßes' ist das Urteilspendel bei einer bestimmten ‚Schule' von Architekten und Stadtplanern – anknüpfend an Venturis *Learning from Las Vegas,* und gegenwärtig festgemacht an einer etwas modischen Tokio-Begeisterung – inzwischen zum Teil schon umgeschlagen in eine unkritische Begeisterung über den ‚fraktalen Reichtum' und die ‚anarchische Dynamik' der Zwischenstadt. Wir wollen beide Sichtweisen vermeiden, indem wir einerseits möglichst nüchtern die Potentiale der Zwischenstadt aufspüren, andererseits die aufgelöste Stadt auch mit sozialen und kulturellen Problemen konfrontieren, die ihr strukturell zu eigen sind und die sich gegenwärtig noch verschärfen. Das Kapitel wird abgeschlossen mit Thesen zur Bedeutung der Begreifbarkeit und Lesbarkeit der Zwischenstadt.

Sichtweisen und Fragen

Die Versuche einer nüchternen Beschreibung der Zwischenstadt und ihrer Ursachen und einer Entzauberung des Mythos der Alten Stadt ebenso wie das Bemühen um eine kritische Klärung von wesentlichen Begriffen sollen uns dazu verhelfen, die Realität unserer Städte nicht weniger kritisch, aber weniger vorurteilsbelastet zu sehen. Dabei stellen wir unter anderem fest: Die offene Landschaft wird vom einbettenden Grund der Stadt zur von der Siedlungsmasse eingefaßten Figur. Die Stadtkerne nehmen den Charakter von Einkaufszentren an, und die Shopping-Center versuchen, es an Urbanität den Stadtkernen gleichzutun. Die historischen Stadtkerne bilden nur noch einen kleinen Bruchteil der Stadt, andere Anziehungspunkte sind in der Peripherie entstanden.

Wenn wir ernsthaft versuchen, einen möglichst vorurteilsfreien Blick auf diese Ansammlung von unterschiedlichen Stadtfeldern zu richten, können wir die Zwischenstadt vielleicht versuchsweise auch mit einem ihr positiv zugewandten Blick wahrnehmen als einen eigenartigen ‚Stadt-Archipel‘ mit eigenen Qualitäten:

Statt abschätzig von Zersiedlung zu sprechen, könnte man eine engmaschige Durchdringung von Freiraum und Siedlung sehen und den Freiraum der Stadtlandschaft als das Verbindende erkennen, mit neuen Gestaltungsperspektiven. Statt einen Mangel an Urbanität zu kritisieren, könnte man eine dezentrale kulturelle Vielfalt wahrnehmen, mit neuen Möglichkeiten kultureller Aktivitäten, die zwar anders als die Kultur der Alten Stadt, aber deswegen nicht schlechter zu sein braucht, weil sie mehr Menschen als früher erreicht. Statt einen Verlust der Mitte zu beklagen, könnte man eine moderne Netzstruktur erkennen und damit sich eröffnende neue Muster der Ordnung, die unserer pluralistisch-demokratischen Gesellschaft angemessener sind als die alten Zentrenmuster.

Möglichst vorurteilsfreie Nüchternheit ist auch deswegen erforderlich, weil die realen Veränderungsmöglichkeiten sehr begrenzt sind: Nicht nur die Stadtkerne sind in ihrer Bauform nahezu abgeschlossen, auch die Zwischenstadt ist im wesentlichen gebaut und vorhanden, und der Zuwachs an neuen Gebäuden dürfte vergleichsweise gering sein, wenn wir, was in jeder Hinsicht vernünftig wäre, den vorhandenen Baubestand besser nutzen würden.

Das könnte nun zu dem Fehlschluß verleiten, daß wir uns mit der Stadt, so wie sie ist, abzufinden hätten. Das Gegenteil ist der Fall: Noch nie in der Geschichte war die Stadt als Kulturprodukt so gestaltbar wie heute. Einerseits, weil sich die Standortbindungen der meisten Funktionen nicht nur wegen der Telematik soweit abgeschwächt und gelockert haben, daß sie im Prinzip in viel freierem Maße als früher kombinierbar sind, und andererseits, weil die Menschen dank verkürzter Arbeitszeiten, Dienstleistungsarbeitsplätzen und Telematik zumindest in Teilbereichen viel freier als früher mit Zeit und Raum umgehen und dabei ganz unterschiedliche Lebensstile entwickeln können: Arbeit und Arbeitsdisposition können heute wenigstens zum Teil räumlich und zeitlich entkoppelt werden.

Es klingt freilich erst einmal paradox: Die Grundstruktur der Städte ist fast unveränderbar, und das Verhalten der Menschen kaum mit Mitteln der Raumplanung beeinflußbar, und trotzdem ist der Gestaltungsspielraum groß? Das Paradox löst sich auf, wenn wir die Dimension der Zeit hinzunehmen: Es geht hauptsächlich um die Ausnutzung der ohnehin ablaufenden notwendigen Umnutzungen, Umbauten,

Reparaturen, Erneuerungen, Anpassungen, Verlagerungen und Modernisierungsprozesse der Stadt, die je nach betrachtetem Raum bzw. Sektor, eine durchschnittliche Veränderungsrate von ca. 2 bis 5 % im Jahr ausmachen. Innerhalb einer Generation ließe sich eine Stadt kleinteilig erheblich umbauen, wenn die unzähligen einzelnen Maßnahmen perspektivisch auf einige wichtige gesellschaftliche Oberziele ausgerichtet würden.[53]

Allein in dem aus ökologischen und agrarwirtschaftlichen Notwendigkeiten erforderlichen Umbau der Landwirtschaft und damit der Umgestaltung der Landwirtschaftsflächen liegen große und dazu der europäischen Politik in großem Umfang zugängliche Umgestaltungsmöglichkeiten. Die Landwirte erhalten heute schon etwa die Hälfte ihres Einkommens aus allgemeinen Steuermitteln, und sie sind über die Politik der Europäischen Gemeinschaft in ihrer wirtschaftlichen Dispositionsfreiheit so weitgehend eingeschränkt, daß ihnen praktisch vorgeschrieben wird, was sie anbauen können und wieviele Anteile ihrer Flächen sie brachfallen lassen müssen. Warum nicht endlich dieses Politikfeld mit der Stadtplanung vernetzen und eine neue, in die Zwischenstadt integrierte Landwirtschaft und eine neue Kulturlandschaft entwickeln, in der Nahrungsmittelproduktion, Erholung und ökologischer Ausgleich zwischen bebauter und unbebauter Fläche eine neue Einheit bilden?[54] Das würde sich lohnen, um die verdeckten Vorteile der Zwischenstadt herauszuarbeiten und die Nachteile schrittweise zu mildern. Beides umreißt Karl Ganser folgendermaßen: „Die so häufig übersehenen Vorteile sind Kleinteiligkeit, Mischung der Funktionen, Polyzentralität statt ‚Überzentralisierung‘, ausgerichtet auf ein dominantes Stadtzentrum. Die Kritik richtet sich auf den ‚Siedlungsbrei‘, die fehlende Trennung von Siedlung und Landschaft, die auf das Auto ausgerichtete Siedlungsweise, die Unübersichtlichkeit und das Kirchturmdenken der vielen Zentren, die angeblich fehlende ‚Urbanität‘".[55]

Bei der Gestaltung der Zwischenstadt müssen nicht so sehr vordergründig ökonomisch-funktionale Ziele verfolgt werden. Diese lassen sich heute fast mit jeder Stadtform erreichen. Im Vordergrund müssen vielmehr kulturelle und ökologische Ziele stehen, denn die Sicht der Stadt als Kulturprodukt und die Sicht der Freiflächen als neue Kulturlandschaft sind nicht nur theoretisch von Bedeutung. Kulturelle und ökologische Qualitäten werden in Zukunft zu einem ausschlaggebenden Wirtschaftsfaktor werden, und zwar in dem Maße, wie ‚harte‘ Infrastrukturen, z. B. gute Straßenerschließungen bzw. leistungsfähige Kabelanschlüsse, mehr oder weniger überall zur Verfügung stehen. Damit werden einzigartige, örtlich spezifisch gebundene und nicht ohne weiteres reproduzierbare Eigenschaften und Qualitäten, wie z. B. kultureller Reichtum und landschaftliche Schönheit, zu den wichtigsten Entwicklungsvoraussetzungen gehören, weil sie zu bedeutenden ökonomischen Attraktionsmerkmale werden.

Es stellen sich bei einer solchen Deutung der Zwischenstadt einige zentrale Fragen:

1. Wie gehen wir in Zukunft mit der Dimension der Zeit in der Zwischenstadt um? Denkmalschutz und, wo geboten, Bestandsschutz sind wichtig und unentbehrlich, um die historisch-zeitliche Tiefe der Stadt zu erhalten. Aber wie geben wir der Zukunft Raum? Wie halten wir die Spielräume vor, in denen sich die Zwischenstadt im Vollzug einer konsequenten Kreislaufwirtschaft ohne laufende Zerstörungen im Kleinen und Großen erneuern und anpassen kann? Wer bezahlt und sichert diese Spielräume? Wie sieht der Weg vom ursprünglichen Wert über die Brachen des anscheinend nutzlos Gewordenen zur Wieder-In-Wert-Setzung im einzelnen aus? Welche Bedeutung haben Brachen im Kreislauf der Entwicklung als ‚Erholungsräume' für die Natur und als kulturelle und wirtschaftliche ‚Spielräume' für die Menschen?[56]

2. Wie halten wir es in Zukunft mit der Natur? Naturschutz ist wichtig und unentbehrlich, um die ‚historische' Natur als Anschauungsobjekt auch in der Stadt zu erhalten. Aber genügt das Idealbild der vorindustriellen Kulturlandschaft noch als Maßstab und wie lange kommen wir noch mit der bürokratischen Absolutionserteilung der buchhalterischen Regelungen der Eingriffs- und Ausgleichsmaßnahmen aus? Müssen wir nicht – wie im Abschnitt *Ökologie* angerissen – viel radikaler den alten Gegensatz zwischen dem bösen, die Natur zerstörenden Bauen und der guten, die Schäden wieder heilenden Mutter Natur mit neuen Konzepten in Richtung einer kreativ begriffenen ‚Entwicklungsökologie' aufzuheben suchen, um dadurch zu neuen Landschaftsformen zu kommen, die hoffentlich spätere Generationen einmal genauso lieben und schützen werden, wie wir unsere alten Kulturlandschaften heute?[57] Muß es nicht das Ziel sein, eine neue Symbiose zwischen Gebautem und Kulturlandschaft zu finden und zu entwickeln?

3. Wie gehen wir mit der Pluralität der Lebensstile und Kulturen um? Kulturelle Pluralität ist ein positives Merkmal der Zwischenstadt, wie aber können wir dafür sorgen, daß die immer disperser und polyzentrischer werdende Zwischenstadt mit sich ausdifferenzierenden Lebensstilen nicht in eigensüchtig sich gegeneinander abschottende Stadtteile unterschiedlicher Einkommen und Lebensstile zerfällt?

Lassen sich die ‚Wohnreize' der verschiedenen Standortqualitäten der Zwischenstadt so ausbalancieren, daß sozio-ökonomische Differenzen in beherrschbaren Grenzen bleiben? Läßt sich das Netz der öffentlichen Räume der Straßen und Plätze, der Parks und Seen, der Landschaften und Flüsse so knüpfen, daß der normale Stadtbürger neugierig wird auf die Vielfalt der Zwischenstadt, um sie zu entdecken in ihren Spannungen und Gegensätzen zwischen Offenem und Geheimnis, zwischen Ordnung und Labyrinth, zwischen Hochkultur und Gartenzwerg, zwischen vor Dynamik berstenden und scheinbar schon seit Menschengedenken stillstehenden Quartieren, zwischen sanktionierter Schönheit und der Entdeckung der Schönheit im Häßlichen? Läßt sich die Zwischenstadt in ihrer funktionalen, sozio-ökonomischen und kulturellen Ausdifferenzierung wieder als zusammengehöriges Gemeinwesen lesbar und lebbar machen?[58]

Diese drei Fragen nach dem Wesen von Zeit und Entwicklung, Natur und Kultur, Differenzierung und Zusammenleben richten sich auf die Identität der Zwischenstadt: Ist sie mehr als ein gedankliches Konstrukt? Kann sie als zusammengehöriger Lebensraum, als etwas sinnlich Erfahrbares erlebt werden? Karl Ganser sagt zur Zwischenstadt des Ruhrgebiets: „Man muß Orientierung schaffen und Bilder entwerfen, die diese verschlüsselte Landschaft lesbar machen. Daraus könnte sich ein neues Verständnis regionalen Planens entwickeln."

Mit anderen Worten: Können verborgene Zusammenhänge sichtbar gemacht und miteinander so verbunden werden, daß in den Köpfen der Bürger innere Bilder entstehen, die die Stadtregion verfügbar machen, ohne dauernd auf Karten und Schilder angewiesen zu sein? Bilder, die das breite Kulturangebot der Zwischenstadt ebenso bereithalten, wie besondere Arbeitsplatzangebote und interessante Ausflugsziele?

Könnte es Ziel einer neuen Art von Planung und Teil metropolitaner Kultur werden, den ‚Kosmos' der eigenen Stadt mit geeigneten ‚Sternbildern' lesbar zu machen, die eigenartige ‚Musik' der Metropole in eine ‚Partitur' zu fassen und ‚Leitmotive' zu entwickeln, die die Zwischenstadt als Erlebnisfeld erschließen?

Die kulturelle und politische Auflösung der Stadt

Vor den Versuchen, diese Fragen zu beantworten, muß der gesellschaftliche und politische Status der Zwischenstadt erörtert werden, denn ohne gesellschaftliche und politische Basis hängen alle Versuche, die Zwischenstadt als Lebens- und Erlebensraum verfügbar zu machen ‚in der Luft'. Es bedarf guter politischer und gesellschaftlicher Gründe, eine Realisierung dieses Ziels anzustreben, denn der Prozeß des ‚Lesbarmachens' der Zwischenstadt mit dem Ziel der inneren Verfügbarkeit bedarf des langen Atems und des Zusammenführens mehrerer Politikfelder; ich nenne hier nur Städtebau und Landwirtschaft, Kultur und Sport, Verkehr und Wirtschaft. Das würde nur lohnen, wenn es um mehr geht als gute Orientierung und ästhetische Erlebnisse. Die große politische Anstrengung würde nur Sinn machen, wenn dadurch ein Beitrag zu einer neuen Übereinstimmung von Zwischenstadt und Gesellschaft geleistet werden könnte. Das ist ein großes Ziel: Gibt es hierfür überhaupt noch tragfähige Voraussetzungen? Der französische Soziologe Alain Touraine hat kürzlich verneint, daß es heute noch ‚Stadt' oder ‚Gesellschaft' im alten Sinne gebe: „Es ist weder gut noch schlecht, es ist eben so."[19] Der Gedankengang von Alain Touraine trifft sich – von einer ganz anderen Ausgangsposition kommend – mit meinen Überlegungen, und deshalb sei er im folgenden ausführlich zitiert und kommentiert:

„Das soziale und technische Umfeld, in dem wir leben, hat, auf noch radikalere Weise als die Industriegesellschaft, die Stadt als politische Institution zerstört. Wenn man die sozialen Merkmale der heutigen Welt in einem einzigen Gedanken zusammenfassen müßte, so würde ich ohne zu zögern sagen, daß ihr wichtigstes Merkmal die Trennung, die Entzweiung, das Auseinanderdriften der beiden Teile der menschlichen Erfahrung ist: Auf der einen Seite haben wir die Welt des Austauschs, die heute globalisiert ist, die sich auf die ganze Erdkugel erstreckt und die infolgedessen entsozialisiert ist, und auf der anderen Seite – als direkte Folge und Gegenreaktion – den Ersatz des sozialen oder politischen Menschen durch den privaten Menschen."

Und dann stellt Touraine die Frage, ob das hinzunehmen sei, oder ob Politik sich dieser Entwicklung entgegenstellen müsse, und mit der Rede vom „Auseinanderbrechen und von den zerstreuten Elementen" spricht er sowohl die räumliche Problematik der Zwischenstadt an, wie auch die gesellschaftliche Problematik einer in lauter konkurrierende Individuen zerfallenden Gesellschaft, die den Weg vom ‚Du‘ über das ‚Ich‘ zum ‚Wir‘ noch nicht bewältigt hat.

„Es geht um die Frage – eine Frage, die ich eine ‚politische‘ Frage im nobelsten Sinne des Wortes nennen könnte –, ob wir dieses Auseinanderbrechen der Städte und Gesellschaften akzeptieren oder ob wir meinen, die zerstreuten Elemente wieder zu einer Art von Einheit zusammenfügen zu können. Das ist die Frage, die sich stellt, das ist die schwierige, offenbar fast unlösbare Frage, die sich uns stellt."

Aber gleichzeitig warnt er vor der Regression in pseudohistorische Formen und unterstreicht damit die Gefahr, daß der Mythos der historischen Stadt uns den Blick verstellt:

„In der Tat wird, kaum daß ich diese Frage gestellt habe, deutlich, daß bestimmte Dinge unmöglich sind. Kehrtzumachen, wieder Polis-Städte entstehen zu lassen, der Politik wieder die Priorität zu geben – all dies erscheint uns künstlich. Künstlich aufgrund der Internationalisierung der Wirtschaft, aufgrund des Wiederaufschwungs der Identitäten (des ‚privaten Menschen‘, T. S.), von dem ich gesprochen habe. Ich sage dies um so deutlicher, weil dieses Thema des Wiederaufbaus der Städte, der Reintegration der Städte, heute ein äußerst zugkräftiges Thema ist und meiner Ansicht nach eines der reaktionärsten Themen des heutigen Lebens."

Und damit kommt er auf das entscheidende Problem, bei dem wir vor der Gestaltung der Zwischenstadt stehen, und er trifft sich in der Problemdefinition mit André Gorz, wie er sie in seiner *Kritik der ökonomischen Vernunft* entwickelt hat[60]: auf das Problem, die notwendigerweise entfremdete Arbeit in der weltweiten Arbeitsteilung mit einem sinnerfüllten Leben zu verbinden.

„Nun, da ich diese trügerische Lösung, diese Art neostädtische oder neomittelalterliche Stadtideologie von der Hand gewiesen habe, müssen wir über die Lösungen nachdenken, die man tatsächlich finden kann. Das Problem besteht also – um es ganz allgemein zu formulieren – nicht einfach nur darin, herauszufinden, wie man ein Zusammenleben unterschiedlicher Menschen ermöglichen kann, sondern darin, herauszufinden, wie man diese Offenheit, diese Internationalisierung, diese Geschwindigkeit, mit der sich die Technologie und andere Dinge in bestimmten Bereichen entwickeln, und die Vielzahl und die zunehmende Geschlossenheit der identitäts- oder gemeinschaftsorientierten Reaktionen zusammenbringen kann."

Und wie André Gorz sieht er den Ansatzpunkt, Globalisierung mit erfülltem Leben zu verbinden, nicht im Kollektiv, sondern in der Erfahrung und Entfaltung des individuellen Lebens:

„Ich glaube, daß man ganz klar sagen muß, daß die Verbindung zwischen der offenen Welt der Wirtschaft und der bruchstückhaften und geschlossenen Welt der kulturellen Identitäten nur auf der Ebene der Erfahrungen des individuellen Lebens hergestellt werden kann.

Ich will damit sagen, daß jedes Individuum, gleich wer es ist, Sie und ich, der große Technikexperte wie der arbeitslose Gastarbeiter, heute gleichzeitig in einer Welt der Technik und des Marktes (einerseits) und mit einem Erbe, einem Gedächtnis, einer Sprache, einer ganz bestimmten kulturellen Tradition (andererseits) leben muß."

Im weiteren Verlauf seines Gedankenganges beschäftigt sich Alain Touraine mit der extremen Fragmentierung und Individualisierung der Lebensräume, wie wir sie in der Zwischenstadt in typischer Weise vorfinden:

„Ich glaube, daß die Lösungen, nach denen wir suchen müssen, Lösungen sind, die so niedrig wie möglich angesetzt sind, ich meine damit Lösungen, die möglichst wenig darauf abzielen, die Städte wiederherzustellen, und möglichst stark darauf ausgerichtet sind, einer möglichst großen Zahl von Menschen zu erlauben, im Rahmen des Möglichen gleichzeitig hier und woandersher zu sein."

In diesem Zusammenhang spricht er sich dafür aus, das Brüchige, Unvollständige und Transitorische anzuerkennen, das so typisch für die Zwischenstadt ist und das Spielraum läßt für Erfahrung und Aneignung:

„Da die Stadt ein komplexes System ist, muß sie auch wie ein solches behandelt werden, d. h. wie etwas mit vielen ‚loopholes‘, Brüchen, Freiräumen, Räumen der Anpassung und der Verwandlung. Es muß [...] auf der Ebene der gelebten Erfahrung, der Lebenserfahrung, der grundlegenden Erfahrungen eines Individuums eine Beziehung zwischen den beiden Dimensionen – der Teilnahme an der Welt der Technik und der Wirtschaft einerseits und der Teilnahme an einer kulturellen Identität andererseits – geschaffen werden."

Touraine hebt die Bedeutung des Individuums für diese Verbindungsleistung zwischen der arbeitsteiligen Welt der Wirtschaft und der Teilhabe an der persönlichen Welt der Familie und der Gruppe hervor, aber ist das Individuum damit nicht überfordert? Bedarf es nicht auch weiterer stützender ‚intermediärer‘ Institutionen? Damit ist die Kommunalpolitik gefordert, zu der Touraine ebenfalls wichtige Aussagen macht, ja wahrscheinlich sind die politischen Schlußfolgerungen, die Alain Touraine aus seinem Gedankengang zieht, nämlich die eigenartige Verkehrung von Rechts und Links in der Politik, am bedeutendsten für unsere Beschäftigung mit der Zwischenstadt:

Er sieht sich gehalten, „diese merkwürdige Umkehrung der Ideologien, die wir beobachten, in einem allgemeineren Kontext zu betrachten. Das, was man ‚die Linke‘ nennt, war traditionell dem Kollektiven und Universalen gegenüber positiv eingestellt. Das, was ‚die Rechte‘ genannt worden ist, hat man im allgemeinen mit der Verteidigung besonderer historischer und kultureller Interessen gleichgesetzt. [...] Heute sind nun meiner Ansicht nach die Fronten auf dem politischen Schlachtfeld genau umgekehrt, denn heute ist das, was man ‚die Rechte‘ nennen könnte, dadurch gekennzeichnet, daß die Offenheit gegenüber den internationalen Märkten, gegenüber nicht-sozialen, nicht-politischen Regulierungsmechanismen die Priorität hat. Dagegen konzentriert sich das, was man ‚die Linke‘ nennt oder was man auch weiterhin ‚die Linke‘ nennen sollte, zwangsläufig auf die Frage, wie die Identitäten der Gemeinschaften, die individuellen und kollektiven Projekte mit dieser Offenheit der Welt gegenüber zusammengebracht werden können. Mit anderen Worten ist das, was man ‚die Linke‘ nennt, heute gezwungen, den subjektiven Dingen, dem Gedächtnis, der Tradition, der kulturellen Vielfalt, eine wachsende Bedeutung zuzumessen.“

Damit ist die Position, bei der Planung der Zwischenstadt in erster Linie kulturelle und ökologische und nicht ökonomische Ziele zu verfolgen, weil diese sich ohnehin durchsetzen, als eine genuin linke Position umrissen, die sich als in die Tradition linker Politik eingebunden verstehen kann:

„Mit Sicherheit werden es die lokalen Probleme, diese, sagen wir ‚städtischen Probleme‘, sein, die von heute an und in den nächsten Jahrzehnten im Zentrum der größten Debatten und der größten sozialen und politischen Konflikte stehen werden. Wir müssen uns heute entscheiden, ob wir die städtischen, sozialen und politischen Vermittlungsbemühungen zwischen Gemeinschaften, die intolerant werden können, und einem Weltmarkt, der möglicherweise die Unterschiede zerstören wird, wiederaufleben lassen möchten, oder ob wir ... diese zunehmende Trennung akzeptieren wollen.“

Touraine weiter: „Ich denke, daß es eine Kontinuität im Denken der Linken gibt, wenn [...] sich die Linke nun als Hauptziel setzt, das Auseinanderbrechen und die völlige Zerstörung unserer Stadt zu verhindern, und sich darum bemüht, Mittel und Wege zu finden, um auf der Ebene der Erfahrung des persönlichen Lebens, auf der Ebene der kleinen, lokalen Einheiten in den Stadtvierteln und schließlich auf der Ebene des Staates (der Region) die persönliche und kollektive Identität und die Teilnahme an der Welt der Märkte und der Technik zu integrieren.“

Diese von Alain Touraine auf der Tagung der ‚Sozialdemokratischen Gemeinschaft für Kommunalpolitik' im Herbst 1995 vertretenen soziologischen Voraussetzungen und politischen Positionen stützen die sieben Thesen, die im folgenden zur Diskussion gestellt werden. Dabei gilt auch, was Touraine für die politischen Entscheidungsebenen gesagt hat (wobei wir in unserem Zusammenhang ‚Region' anstelle von ‚Stadt' einsetzen!).

„Das, was man schon scherzhaft über den Nationalstaat gesagt hat, könnte man auch über die Stadt sagen: Sie ist zu groß für die kleinen Probleme und zu klein für die großen Probleme. Was wie ein Scherz klingt, ist in Wirklichkeit eine dramatische Feststellung, die, könnte man hinzufügen, auf den Maßstab des Staates (bzw. der Region, T.S.) für die Lösung der großen Probleme und auf den Maßstab des Quartiers für die kleinen Probleme verweist."

Thesen zur Bedeutung der Begreifbarkeit der Zwischenstadt

Vor diesem gesellschaftlichen und politischen Hintergrund sind die folgenden sieben Thesen zu verstehen, die Zwischenstadt begreifbar, lesbar und damit innerlich verfügbar zu machen. Es geht darum, die Anschaulichkeit des vertrauten persönlichen Wohn- bzw. Arbeitsortes zu vermitteln mit dem unübersichtlichen Lebensraum der Stadtregion: als eine vielleicht gerade noch begreifbare Zwischenebene zwischen anschaulichem Lebensort und abstraktem Weltmarkt, eine Ebene, auf der noch eine gewisse Übereinstimmung zwischen Stadt und Gesellschaft hergestellt werden könnte.

1. Stadtregionen sind auf dem Wege, zu einem mehr oder weniger einheitlichen Lebensraum zusammenzuwachsen. Lebensbeziehungen übergreifen die einzelnen Städte und bilden einen zusammenhängenden Arbeits- und Freizeitmarkt, dessen Vitalität und Verfügbarkeit zu einem wesentlichen Faktor in der interregionalen Konkurrenz werden wird. Um die sich ergänzenden Vorteile einer raumfunktionalen Arbeitsteilung in der Region voll nutzen zu können, bedarf es der Verknüpfung der gesondert entfalteten Standortbegabungen der verschiedenen Teile der Stadtregion zu einem sich ergänzendem Ganzen. Noch versucht jede Gemeinde in der Region, mehr oder weniger das Gleiche anzubieten. Der Vorteil, Bestandteil einer raumfunktional arbeitsteiligen Stadtregion zu sein, in der

örtliche Identitäten als Stärke in Spiel gebracht werden, werden noch kaum wahrgenommen, weil man kein inneres Bild der Stadtregion hat.

2. Das Bewußtsein, Bewohner einer ganzheitlichen Stadtregion zu sein, wird noch an Bedeutung gewinnen mit den heute schon erkennbaren Veränderungen der Lebensbedingungen. Die alten, Halt und Sicherheit gebenden Familienstrukturen lösen sich auf – immer mehr Menschen haben keine Kinder, die im Alter für sie sorgen können. Es bedarf neuer Bindungen und heimatlicher Orte für Menschen, die in unsicheren Verhältnissen leben müssen: Überlieferte Lebensläufe lösen sich auf in Lebensabschnitts-Karrieren mit einem mehrfachen Wechsel von Lebensstil und Milieus (‚gebastelte Lebensläufe‘).[61] Alte Berufsbilder verschwinden, verlangt werden lebenslange berufliche Beweglichkeit und Nutzung von Marktnischen sowie von auf weitem Raum angesiedelten Arbeitsmarktangeboten, wie sie nur ein großer regionaler Arbeitsmarkt bieten kann. Die Einkommen werden eher stagnieren, unter Umständen sogar zurückgehen, dafür wird die für das monetäre Einkommen erforderliche Arbeitszeit sinken – je unterschiedlich verteilt auf die Lebensspanne. Mehrere unterschiedliche Jobs nebeneinander werden keine Ausnahme bilden. Viele tätige Einwohner der Region werden wenigstens zeitweise arbeitslos sein und umschulen müssen. Damit wird die lebendige Verfügbarkeit der Tätigkeitsangebote und des spezialisierten und differenzierten Bildungs- und Kulturangebots der Region für eine gute Lebensentfaltung unverzichtbar.

3. Zu einer guten Lebensentfaltung unter den veränderten sozio-ökonomischen Bedingungen wird auch eine neue, identitätsstärkende und haltgebende Ortsbezogenheit gehören: In dem Maße, in dem einerseits der Lebensausrichtung auf eine sinnstiftende und planvolle berufliche ‚Lebens-Karriere‘ aus ökonomischen Gründen der Boden entzogen wird und andererseits die meisten Arbeiten in einem entfremdeten, globalisierten arbeitsteiligen Kontext angesiedelt sind, müssen andere sozio-kulturellen Halt gebende Anker gebildet werden. Ein solcher Anker könnte der Heimatort in der Zwischenstadt werden, wenn er lebendige politische, soziale und kulturelle Teilhabe und reale Sinneserfahrungen ermöglicht. Der Überformung der Wahrnehmung durch die virtuelle Realität der elektronischen Medien, insbesondere des Fernsehens als dem vermeintlich wichtigsten ‚Fenster zur Welt‘ und dem damit verbundenen Verlust an Realitätserfahrung müssen die sinnliche Erfahrbarkeit und die praktische soziale wie politische Gestaltbarkeit des konkreten Raums entgegengestellt werden.[62]

4. Die sich zuspitzenden ökologischen Probleme, besonders in so ungeliebten Bereichen wie der Müll- und Altwasserbeseitigung, der Energieproduktion und im Transportwesen, zwingen zur regionalen Kooperation. Diese wird sich im erforderlichen Umfang politisch nur dann durchsetzen lassen, wenn die Region nicht nur abstrakt über statistische Indikatoren und technische Infrastrukturnetze und auch nicht nur über zwar notwendige, aber emotional eher negativ besetzte Zweckverbände, z. B. für Abwasser und Müll, erfaßt wird, sondern wenn die Stadtregion als Lebensraum im Kopf bildhaft verfügbar ist, mit den Sinnen erlebt werden kann und sich vor allem mit positiven Vorstellungen und Erlebnissen verbindet.[63]

5. Denn Stadtregionen laufen trotz wachsender funktionaler Verflechtungen Gefahr, politisch, sozial und kulturell zu zerfallen in eigensüchtige Teilstädte unterschiedlicher Einkommensgruppen und Lebensstile, insbesondere, wenn die Mittel für ausgleichende Transferzahlungen schrumpfen und sozio-ökonomische Disparitäten mit großräumlichen Segregationen zusammengehen. Diese Entwicklung ist in den USA zu beobachten, wo sich viele Kommunen schon lange gegen sozioökonomisch schwächere Bevölkerungsgruppen abzuschotten und einzubunkern begonnen haben und der öffentliche Raum dazwischen zum unsicheren Niemandsland wird. In den USA geht die Tendenz dahin, daß in einigen Jahrzehnten der Anteil der Bevölkerung in derartigen ‚selbstgenügsamen‘ Gemeinschaften von gegenwärtig 12 % auf ca. 30 % ansteigen wird, Gemeinschaften, die kaum noch kommunale Dienste in Anspruch zu nehmen brauchen, deswegen auch keine Kommunalabgaben zahlen und die sich damit aus der Stadtgemeinschaft ausgrenzen.[64] Diese auch bei uns schon in Ansätzen zu beobachtende Entwicklung darf nicht hingenommen werden.

6. Eine Stadtregion wird ihren ganzen möglichen Reichtum an verborgenen Reizen und Schönheiten, an wirtschaftlichen Aktivitäten, Lebensstilen, Milieus und kulturellen Angeboten und damit die Potentiale einer großen Bevölkerung nur entfalten können, wenn sie nicht nur äußerlich durch gute Verkehrsnetze zugänglich gemacht wird, sondern auch als Innenbild so präsent ist, daß Distanzen in Minuten erscheinen und sich die je besonderen lokalen Qualitäten mit eigenen Erlebnissen in der Erinnerung zu einem mehr oder weniger direkten und festen Bildnetz verbinden. Damit kann sich im Laufe der intensiveren Nutzung des Lebensraums Region das anfangs nur in Umrissen vorhandene Bild mit Zeichnung und Farben anreichern und verändern.

7. Es muß deswegen ein Zusammengehörigkeitsgefühl gefördert werden, damit ein lebendiges Bewußtsein davon entsteht, daß die Stadtregion mehr ist als eine Summe technischer Zweckverbände und eifersüchtig konkurrierender Teilstädte. Ein solches Bewußtsein kann nicht theoretisch erzeugt werden, sondern es kann nur mit dem Bedürfnis nach Stolz auf die Region als eigene Heimat und der damit verbundenen Neugier auf eine langfristige ‚Erforschung‘ der Region wachsen: Es muß Interesse an eigenem Lebensraum, es müssen Anreize für einen innerregionalen ‚Tourismus‘ entwickelt werden. Das Zusammenhörigkeitsgefühl wird sich letztlich aber nur entwickeln und Bestand haben, wenn es eine politisch eigenständige, demokratisch legitimierte regionale Selbstverwaltung gibt.

Aus diesen Gründen erscheint es tatsächlich mehr als nur eine schöne kulturelle Zutat zu sein, sich intensiv um eine Lesbarkeit und Begreifbarkeit der Zwischenstadt zu bemühen: Lesbarkeit und Begreifbarkeit sind Voraussetzungen dafür, die Stadtregion als den Raum wahrzunehmen und zu erleben, der das Alltagsleben prägt. Lesbarkeit und Begreifbarkeit gehören zu den wichtigen Bedingungen für den schwierigen Weg, auf der Ebene der Zwischenstadt, im Alltagsleben wieder eine Identität von Gesellschaft und Raum herzustellen: Zwischenstadt ist der Raum der lokalen Ökonomie und der Entfaltung einer Kreislaufwirtschaft.

Gelsenkirchen-Bismarck

Die historischen Karten zeigen anschaulich den Entwicklungsprozeß einer industriell geprägten Zwischenstadt: Wo noch weit bis in das 19. Jahrhundert hinein eine arme Landwirtschaft herrschte – mit einzelnen, gleichmäßig verteilten Bauernstellen, aber ohne eigentliche Dörfer – entstanden im letzten Drittel des 19. Jahrhunderts im Gefolge der Kohlenzechen große Bahnanlagen und Arbeiterkolonien entlang der alten Straßen. Noch vor 1900 folgten die ersten Schulen und Kirchen, Friedhöfe und kirchliche soziale Einrichtungen. In den späteren Jahrzehnten kamen weitere Arbeiterkolonien, Sportplätze und Kleingartenkolonien hinzu, sowie weitere Industrien im Verbund mit der Zeche, bis die Fläche fast vollständig besetzt war. Seit einigen Jahren ist die industrielle Entwicklung rückläufig, die Zeche wird abgebrochen, Brachflächen eröffnen neue Entwicklungschancen.

Die Kartenfolge zum Wachstum des Stadtteils Gelsenkirchen-Bismarck ist von der Stadt Gelsenkirchen, Stadtplanungsamt, Beigeordneter Dipl.-Ing. Michael von der Mühlen, Dr. Heidemann, zusammengestellt worden.

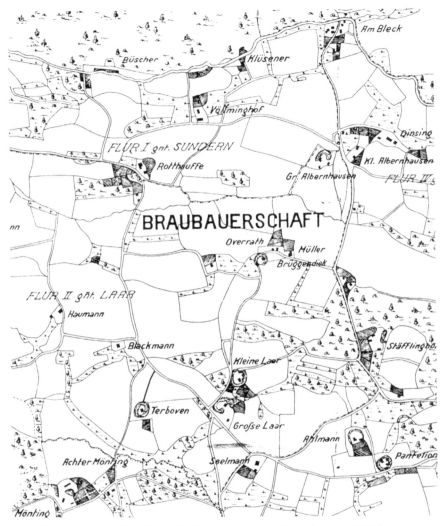

Gelsenkirchen, späteres „Amt Bismarck". Urkataster von 1825 (Umzeichnung von 1925)

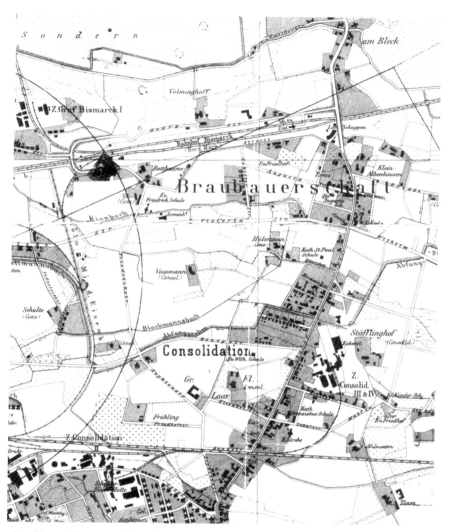

„Amt Bismarck" um 1898. Karte des Kreises Gelsenkirchen

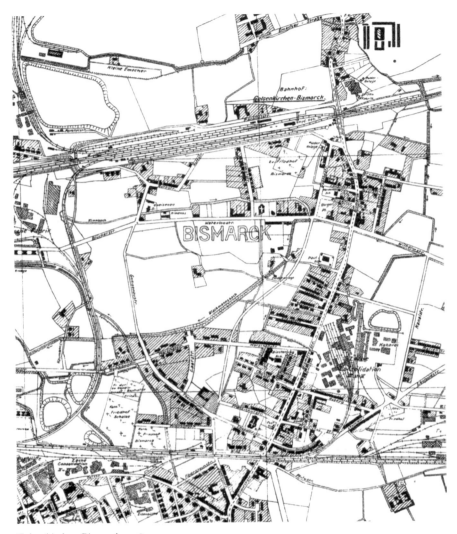

Gelsenkirchen-Bismarck 1928

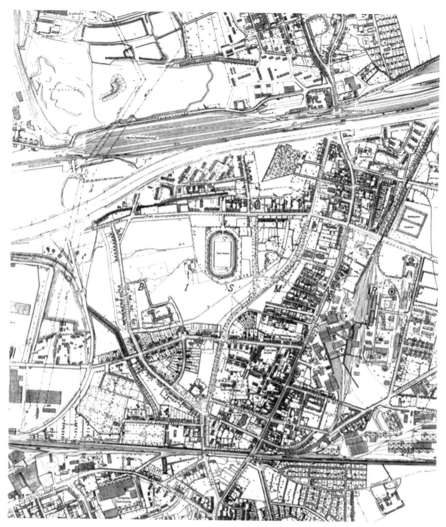

Gelsenkirchen-Bismarck. Stadtkarte von 1961.
Katasteramt Gelsenkirchen

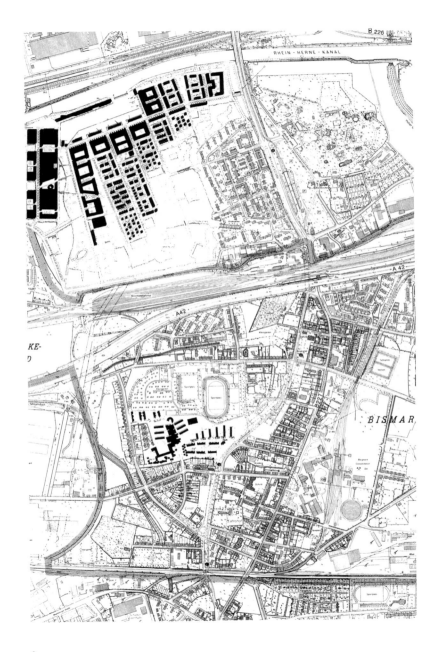

Luftbild Gelsenkirchen-Bismarck und Umgebung, Juni 1996.
Stadt Gelsenkirchen, Amt für Stadtentwicklung und Wirtschaftsförderung

Stadtteilprogramm Bismarck/Schalke-Nord 1995

3 Die Organisation des alltäglichen Lebensraums

Die neue Deutung der Zwischenstadt und die Anstrengungen, sie lesbar und begreifbar zu machen, müssen sich im Alltag bewähren. In den großen ‚entfesselten‘ Stadtfeldern der Zwischenstadt muß sich das alltägliche Leben, wie es von Touraine zwischen den Polen ‚Globalisierung der Wirtschaft‘ und ‚kulturelle Ortsbezogenheit‘ charakterisiert wurde, anders als in der traditionellen kompakten Stadt organisieren. Die ungelösten Probleme der Zwischenstadt liegen – wie von Touraine beschrieben – hauptsächlich in der Organisation der Handlungsräume zwischen Ortsbezogenheit und abstrakter Arbeit im globalen Zusammenhang, und zwar in sozialer, ökologischer und kultureller Hinsicht.

Der Konflikt zwischen System und Agora

Die Zwischenstadt hat für ihre Bewohner viele Gesichter und Charaktere. Wir wollen diese auf zwei kontrastierende Formen reduzieren: Auf die Zwischenstadt als rationales ‚System‘ der Produktion, der sozio-kulturellen Versorgung und des Verbrauchs einerseits und als ‚Agora‘, begriffen als Lebensraum der unmittelbaren Begegnung, der sinnlichen Realitätserfahrung und der unmittelbaren Aneignung andererseits. System als Zeichen für Globalisierung und Agora als Begriff für kulturellen, ortsbezogenen Lebensraum, um zwei knappe Begriffe des schwedischen Geographen aus der Hägerstrand-Schule, Gunnar Törnqvist, mit der Begrifflichkeit von Touraine zu verbinden.[65]

Beide Begriffe – System und Agora – müssen im Lichte der Veränderungen der Gesellschaftsstruktur verstanden werden, die für die Stadtentwicklung tiefgreifende Folgen haben wird. Diese Veränderungen charakterisiert der Stadtsoziologe Rainer Mackensen folgendermaßen: „Zu den Veränderungstendenzen, die derart diskutiert werden, gehören u. a. die Auflösung der früher beherrschenden Schichtungsstrukturen und ihre Ersetzung durch biographisch variable Lebensstile, die Auflösung der ortsgebundenen Kommunikationsstrukturen und die Unterscheidung, ja Isolierung der rollen- und lebensstilbedingten sozialen Netze gegeneinander, die Entwicklung der Haushaltsverfassung von Familienverbänden zu individualistisch orientierten, institutionell offenen Kleinhaushalten bei Aufrechterhaltung, aber selektiver Wahrnehmung der familialen Kommunikations- und Unterstützungsstrukturen."[66]

Die Charakterisierung trifft sich mit der von Touraine konstatierten Auflösung traditioneller Gesellschaftsmerkmale und verschärft noch die These vom Auseinanderklaffen von Sozialstruktur und Raumstruktur:

„Ein gemeinsamer Nenner dieser Befunde und ihrer Entwicklungslinien ist ihre *Ambivalenz* gegenüber den *räumlichen Konstellationen:* Die sich herausbildenden Sozialstrukturen lassen sich nicht mehr – wie lange Zeit üblich – bruchlos auf räumliche Ordnungsbilder projizieren. Vielmehr stellen die sozialen Unterschiede und Beziehungen in ihrer sozialräumlichen Projektion auf das Siedlungsbild ein Gewirr dar, das sich erst auf einer höheren, nicht mehr geographisch faßbaren Abstraktionsebene entwirren läßt: Die Lebensstile kennzeichnen die Personen lediglich in biographischen Phasen, ihre räumliche Konzentration besagt wenig über die Kontinuität der Lebensläufe; die Beziehungsnetze überlagern einander, haben aber im gleichen Stadtraum fast nichts mehr miteinander gemeinsam; die Familien- und Freundeskreise erweisen sich als räumlich weit verzweigt." (Mackensen)

Damit lösen sich im Prinzip auch Stadt und Gemeinde als sozio-kulturelle Einheiten auf – wie auch Touraine schon festgestellt hat –, und der Lebensraum erweitert sich auf die Weite der Zwischenstadt.

„Das muß auch Konsequenzen für unsere Vorstellung der Siedlungsformen haben. Die ‚Einheit der Stadt' ist nicht mehr gesellschaftlich begründet. Die ‚Gemeinde' ist nicht mehr ‚das verkleinerte Abbild der Gesellschaft', nicht einmal der Ort, an dem Gesellschaft ausreichend erfahren werden kann. Vielmehr erstreckt sich der Erfahrungsraum über weite Gebiete, erfaßt diese jedoch jeweils nur punktuell und nicht umfassend." (Mackensen)

Dies hat als Kehrseite der Medaille auch Auswirkungen auf die soziale Qualität von Nachbarschaft:

„Umgekehrt hat der einzelne Stadtbewohner mit seinen Nachbarn (der Nachgeburen, den nahe Angebauten – eigentlich: Bauern) nicht mehr viel zu tun. Seine Probleme liegen zumeist auf einer allgemeineren Ebene. Da aber jeder in einem anderen ‚Aktionsraum' existiert, sind auch seine Probleme von denen der Nachbarn zumeist verschieden. Der Ort ist dann weder gemeinsamer Nenner der sozialen Beziehungen noch sozialer Erfahrungen." (Mackensen)

Die Zwischenstadt ist gleichermaßen Resultat wie Instrument dieser gesellschaftlichen Entwicklung. Das wenig zentrierte Feld der Zwischenstadt kann wie ein System gelesen werden, das die unterschiedlichsten Aktionsräume und Verbindungen zuläßt, oder, anders ausgedrückt, als eine ‚Speisekarte‘ für ein Leben, das sich Bewohner – vorausgesetzt, er hat die Mittel dazu – à la carte selbst zusammenstellen können. Er kann im Prinzip eine Vielzahl verschiedener spezialisierter Nutzungen und Orte mit einem schnellen technischen Verkehrsmittel in kurzer Zeit erreichen und verknüpfen. Die Verknüpfungskanäle der Straßen und Schienen und die Übergangsknoten der Bahnhöfe, Flughäfen und Güterverteilzentren, aber auch z. B. die nur kurzzeitig genutzten Hotel-Kongreß-Komplexe gehören zu den ‚Nicht-Orten‘, von denen Marc Augé im Kontrast zu den ‚Orten‘ spricht[67] und die nur noch eine instrumentelle Verknüpfungsaufgabe haben, ohne eigene Qualitäten als Lebensräume.

Diese ‚Lesart‘ und dieses Benutzungsmuster setzen somit im heutigen Kontext in Ermangelung ausreichend verfügbarer flächendeckender öffentlicher Verkehrsmittel im allgemeinen das Auto voraus. Die Zwischenstadt ist, als ‚System‘ gelesen und genutzt, damit in mehrfacher Hinsicht problematisch: als Umweltbelastung, als nicht realisierbar für die Hälfte der Bevölkerung, der kein Auto zur Verfügung steht, und als Zerstückelung von Lebensraum und Lebenszeit.

Die betriebswirtschaftliche und technische Maximierung fast aller Versorgungs-, Bildungs- und Freizeiteinrichtungen – von Schulen und Krankenhäusern ebenso wie von Arbeitsstätten und Märkten, von Sport- und Spielstätten – hat im Zusammenwirken mit der technischen Spezialisierung der verbindenden Verkehrswege unterschiedlicher Leistungsfähigkeit zu punktuellen und linienförmigen Konzentrationen und damit zu einer Ausdünnung in der Fläche geführt, die bald in weiten Bereichen eine Grundversorgung unmöglich macht, die noch zu Fuß erreichbar wäre. Die Zwischenstadt wird immer autoabhängiger.[68]

Die alten Planungsrezepturen der hierarchisch gegliederten Zentralitäten – nach dem Prinzip: viele Einrichtungen auf der einfachen Versorgungsstufe des täglichen Bedarfs, wie z. B. Tante-Emma-Läden, praktische Ärzte oder Volksschulen im Wohngebiet selbst, schon weniger Einrichtungen für den monatlichen Bedarf in Straßenbahnentfernung im Hauptzentrum, hochspezialisierte, selten benötigte Einrichtungen in der Zentralstadt – funktionieren nicht mehr, weil die unteren Versorgungsstufen sich aufgelöst haben und höher ‚einverleibt‘ wurden. Dies gilt gleichermaßen für das Bildungswesen, für die medizinische Versorgung und für den

Einzelhandel: Die Mindestgrößen sind zugunsten größerer Leistungsfähigkeit und Wirtschaftlichkeit sowie spezialisierterer Wahlmöglichkeiten enorm gestiegen, gleichzeitig ist die Bevölkerungsdichte in den ‚Einzugsgebieten' wegen der abnehmenden Belegungsdichte stetig gefallen, ein Ende ist noch nicht abzusehen. Beide Entwicklungen tragen zum Ansteigen der Entfernungen zwischen Kunde und Versorger bei. In den letzten Jahren hat diese Entwicklung, z. B. bei den Einkaufszentren und Freizeitparks, aber auch bei den großen Gesamtschulen und den Großkliniken, dramatische Züge angenommen. Man wird diese Entwicklung vielleicht noch etwas korrigieren können, mehr aber nicht. Auch die Telematisierung wird da wenig ausrichten können.

Die Zwischenstadt wird in dieser von der ökonomischen Theorie beherrschten Lesart als ein großes Produktions- und Konsumtionssystem und damit als Teil des Systems weltwirtschaftlicher Verflechtungen interpretiert, in dem spezialisierte und räumlich disperse arbeitsteilige Vorgänge möglichst zeitsparend technisch ‚verkoppelt' werden. Alles, was außerhalb des jeweils aktivierten Systemzusammenhangs steht, wird im Prinzip nicht wahrgenommen. Die Folge ist, daß solche Bevölkerungsgruppen, die weder mit Kaufkraft, noch mit Arbeitskraft oder besonderem Wissen zum Betrieb dieses Produktions- und Konsumtionssystems beitragen, in dieser so interpretierten Zwischenstadt nur eine Randrolle spielen können: Sie haben dort eigentlich keinen Platz. Mit steigender struktureller Arbeitslosigkeit werden diese Menschen aber einen erheblichen Teil der Bevölkerung ausmachen! Das bedeutet auch, daß diese Sicht der Zwischenstadt als eines großen Produktions- und Konsumtionssystems zum ‚Ausblenden' aller nicht unmittelbar zum technischen und wirtschaftlichen Funktionieren beitragenden Qualitäten führt. Hierzu gehört z. B. auch die Erlebnisqualität der Wege, die nur als technisches, zeit- und raumüberwindendes Instrument gesehen und nicht als Stück Einheit von Lebensraum und Lebenszeit begriffen werden. Dies gilt im Prinzip für den gesamten öffentlichen Raum, soweit er nicht für Zwecke des Markts instrumentalisiert wird.

Mit der Systemhaftigkeit der räumlichen Elemente wird auch die Lebenszeit ihrer Benutzer und ‚Bediener' immer vollständiger durchsystematisiert, weil eine sich ausdifferenzierende Arbeitsteilung ein rigoroses und weit vorausplanendes Zeitregiment verlangt.[69] Die Zwänge einer ‚just in time' Transport-Produktionskette sind hierfür nur ein Beispiel.

Die immer umfassendere ökonomische Instrumentalisierung von Zeit und Raum ließe sich nur um den Preis des Ausstiegs aus der arbeitsteiligen, globalisierten Wirtschaft aufgeben, und diesen Preis kann und will keine Gesellschaft zahlen. Einfache Auswege sind somit versperrt.

Lösungen müssen in dreierlei Richtung gesucht werden: In der Neubestimmung des Verhältnisses von Nähe und Ferne, in der Abstimmung der Grenzen zwischen Selbstbestimmung und arbeitsteiliger Fremdbestimmung und nicht zuletzt in einer neuen Abgrenzung zwischen örtlicher Versorgung und (öffentlich gestützter) Solidarität einerseits und gesamtgesellschaftlicher Sozialverantwortung andererseits. In diesem komplexen Problemfeld, dessen Bewältigung für den sozialen Frieden ausschlaggebend sein wird,[70] muß dem System der globalisierten Ökonomie die Agora der örtlichen Wirtschaftskreisläufe, dem System der abstrakten Kommunikation die Agora des lebendigen Gesprächs, dem System der gesamtgesellschaftlich-bürokratischen Versorgung die Agora der gemeindlichen und nachbarschaftlichen Verantwortung gegenübergestellt werden.

Denn die Zwischenstadt wird auch ungewollt das Feld importierter und selbstproduzierter Armut sein, deren Bewältigung zu einem Maßstab unserer demokratischen ,Zivilgesellschaft' werden wird: Die Zwischenstadt als Agora muß insbesondere auch Raum geben für das unangepaßte Leben, für Lebensformen ,quer' zum globalisierten Wirtschaften und damit auch für die Langsamkeit eines unmotorisierten Daseins und für einen Rückzug mit Selbstversorgung in Krisenzeiten. Die Qualität der Zwischenstadt als Agora wird an ihrem Wert für die einzelne Biographie und für primäre soziale Gruppen zu messen sein und somit am konkreten Handlungsraum des Einzelnen anzusetzen haben.

Als Lebensraum der Nähe und Ort der Langsamkeit von Einzelnen und Gruppen wird immer nur ein je ganz kleiner Teil der Zwischenstadt genutzt: Die Zwischenstadt, betrachtet als Lebensraum, setzt sich zusammen aus unzähligen einzelnen, je individuellen Lebensterritorien, die sich ebenso spontan verbinden wie sie sich wieder trennen können.[71] Diese einzelnen Lebensräume müssen deswegen ganzheitliche, wenn auch durchaus, je nach Lebensstil, unterschiedliche Qualitäten haben.

Die Zwischenstadt wird sich somit polarisieren in eine Systemwelt der Produktion, Versorgung und Entsorgung als Teil globaler Arbeitsteilung einerseits und andererseits in eine Welt der unmittelbaren sinnlichen Erfahrung und Lebensbezüge wie der Selbstbestimmung, und zwar sowohl auf der Ebene der erfolgreich ökonomisch integrierten Bevölkerung mit verkürzten Arbeitszeiten als auch der ökonomisch zeitweise oder ganz Ausgegrenzten.

Für diese ökonomisch aus der globalisierten Wirtschaft ausgegrenzten Bewohner – und deren Anteil steigt – wird die Zwischenstadt als Agora überlebenswichtig. Wie skizziert, bildet ihre Qualität als Agora eine Grundlage zur Absicherung in Krisenzeiten, in denen auf Selbsthilfe und persönliche nachbarschaftliche Solidarität zurückgegriffen werden muß.

System und Agora tendieren zu Trennung und Isolierung. Sie müssen aber im Interesse einer guten Lebensqualität eng aufeinander bezogen werden, sich häufig sogar überlagern. Eine gute lebensweltliche Verknüpfung von System und Agora ist z. B. besonders für arbeitende Mütter und Väter oder Pflegebedürftige überlebenswichtig, hier gilt es, mit Phantasie und Tatkraft neue Modelle zu entwickeln, z. B. auf dem Feld der Tele-Heimarbeit, der Kooperation von spezialisiertem Krankenhaus und Hauspflege, der Fahrgemeinschaften zur Arbeit oder zum Einkaufen oder der telematisch gestützten Fernuniversitäten mit örtlichen Tutorengruppen. Berufstätige alleinerziehende Mütter sind den unvermittelten Spannungen zwischen beiden Sphären heute zum Teil bis zum Zerreißen ausgesetzt, und an ihnen zeigt sich besonders, wie wichtig eine humane lebensweltliche Verknüpfung von System und Agora ist.[72] Die reale Entwicklung läuft leider auf eine immer noch wachsende Trennung hinaus. Wie schwierig eine Verbesserung dieser Verhältnisse ist, zeigen empirische Untersuchungen zur ‚Verinselung‘ des Lebens.

Die Verinselung des alltäglichen Lebens

Aus den beschriebenen gesellschaftlichen, ökonomischen und kulturellen Gründen tritt die Zwischenstadt den Bewohnern als eine ‚menschengemachte Natur‘, in Form einer verstädterten Landschaft oder einer verlandschafteten Stadt entgegen, in der der Alltag anders abläuft als in der Alten Stadt. Im Dorf, auch noch in der traditionellen Kleinstadt, hielt die Nahumwelt alle ‚Lebens-Mittel‘ bereit: den Garten, den Laden, die Schule, den Arzt, den Pfarrer, die Verwandten und Freunde. Das Leben verlief in konzentrischen Kreisen: Haus – Hof – Straße – Viertel – Stadt – Land. Dieses Ideal wurde noch im Leitbild der Gartenstadt verfolgt und in dem nach den Bedeutungsebenen von Nachbarschaft, Quartier und Stadt sauber ineinandergeschachtelten Ordnungsprinzip der „gegliederten und aufgelockerten Stadt“,[73] die noch bis vor wenigen Jahren das offizielle Leitbild dargestellt hat.

Die historische Entwicklung und mit ihr die Wirklichkeit des Alltags der Zwischenstadt sind über diese Ideale hinweggegangen, wie die folgende einfühlsame und anschauliche Schilderung des Forscher-Ehepaars Hartmut I. und Helga Zeiher in ihrer Arbeit *Orte und Zeiten der Kinder* beschreibt, eine Schilderung, die die vorhergehenden, eher abstrakt-begrifflichen Abschnitte bildhaft veranschaulicht:

„In den sechziger und frühen siebziger Jahren war in allen Wohngegenden zu beobachten, wie Räume zunehmend spezialisiert und Spezialräume voneinander abgetrennt wurden. Die Straßen wurden mehr und mehr vom dichter und schneller werdenden Autoverkehr geprägt: Fahrbahnen wurden für den Schnellverkehr begradigt und verbreitert, Freiflächen wurden zu Autoparkplätzen, Fußgängerwege wurden verschmälert. Anstelle verstreuter Tante-Emma-Läden entstanden Supermärkte. Die Innenstädte wurden zunehmend von Handel und Dienstleistungsgewerbe besetzt. In den alten Kernen der kleinen Orte gaben viele bäuerliche und handwerkliche Betriebe auf, andere vergrößerten sich und bauten neu am Ortsrand. Gerade die kleinen, engen Orte wurden durch den anwachsenden Autoverkehr besonders belastet. Die Bewohner arbeiteten seltener als früher im Ort, kauften weniger dort ein, suchten dort kaum noch Freizeitbeschäftigungen und Kommunikation."[74] Dieser Auflösung von gesellschaftlichem Ortsbezug entsprach auch eine bestimmte, ‚entfremdende‘ Ästhetik: „In die funktionsentleerten Räume drangen neue Gestaltungsbemühungen ein. Begradigungsaktionen sowie die Reduktion der Natur auf gepflegte Grünanlagen zeigen, wie auch ästhetische Normen, durch Warenangebote und Fremdenverkehrswerbung vermittelt, raumspezialisierende Wirkungen hatten. Anstelle der unreflektierten Benutzung trat distanzierende Betrachtung. Was zuvor auf selbstverständliche Weise das Erscheinungsbild von Dörfern und Kleinstädten geprägt hatte, das Ländliche und das Historische, wurde jetzt dem Modernisierten als Dekoration zugefügt." (H. und H. Zeiher)

Diese Entwicklung zur Spezialisierung und Trennung beschränkt sich nicht auf die Ortschaften, sie umfaßt auch das ‚freie Feld‘: „Schließlich sei noch auf Veränderungen ganzer Landschaften hingewiesen. Auch hier haben sich Funktionen entmischt. Es gibt Gegenden, die für die Zwecke mechanisierter Landwirtschaft spezialisiert worden sind, gekennzeichnet durch gerade, heckenlose Asphaltwege, kanalisierte Bäche und großflächige Feldeinteilung. Andere sind als Freizeitlandschaften spezialisiert. ‚Naturparks‘, ‚Ferienparks‘, ‚Naherholungsgebiete‘ wurden entsprechend aufgeräumt, bebaut und mit Benutzungsregeln versehen. Wälder erhielten Zufahrtsstraßen und Parkplätze, wurden mit Trimmeinrichtungen und Grillplätzen möbliert." (H. und H. Zeiher) Diese anschauliche Beschreibung schildert das Entstehen des räumlichen Rahmens für eine noch immer wachsende ‚Verinselung' des Lebens. Als getreues Abbild einer sich arbeitsteilig spezialisierenden Gesellschaft ist das Alltagsleben heute in räumlichen und zeitlichen ‚Inseln' mit spezialisierten Funktionen organisiert, die untereinander über Verkehrswege verbunden sind, die selber meist keine Lebensqualität vermitteln können. Schon das Leben der kleinen Kinder spielt sich in spezialisierten Orten als verinselte Lebensräume ab – Spielplatz, Kindergarten, Hort, Schule, Sportverein, Musikunterricht etc. –, die untereinander in der Regel durch für Kinder gefährliche Straßen verbunden sind, auf denen kleinere Kinder bis zu mindestens zehn Jahren deswegen auf die Begleitung durch Erwachsene angewiesen sind.

Diese ‚Verinselung' in immer mehr Bereichen und über immer weitere Entfernungen setzt sich in der späteren Jugend und mit dem Erwachsenwerden fort: Die Aktionsräume haben sich längst gewandelt: von konzentrischen Kreisen belebter Bereiche zu spezialisierten Punkten, die sternförmig über unbelebte Verkehrsräume (und damit ‚tote' Verkehrszeiten) mit dem Lebensmittelpunkt der Wohnung verbunden sind. Auch diese sternförmige Konfiguration kann sich noch auflösen in Richtung mehrerer Lebensmittelpunkte, die auf ein ‚nomadisches' Stadtleben verweisen. Pendelzeiten von zwei bis drei Stunden am Tag zwischen Wohnung und Arbeitsstelle sind in manchen Großstadtagglomerationen nicht unüblich.

An dieser Organisationsform des Alltags, die zu einer Bedeutungsabnahme und zu einer Verarmung der Nahumwelt geführt hat, läßt sich zumindest kurzfristig kaum grundsätzlich etwas ändern. Dazu ist sie zu stark gesamtgesellschaftlich bedingt. Sicherlich muß man mit allen Mitteln anstreben, die Nahumwelt für die kleinen Kinder so umzugestalten, daß sie als Lebensraum in konzentrischer Ausweitung selbständig entdeckt und angeeignet werden kann. Aber schon für die älteren Kinder hat sich die alte Einheit von räumlicher Nähe, Aktivität und Ereignissen nicht revidierbar aufgelöst, weil diese bereits von einem reichhaltig spezialisierten Angebot Gebrauch machen, das gar nicht überall in der Nahumwelt der Wohnung vorhanden sein kann. Bestenfalls können Radwege und öffentlicher Nahverkehr dafür sorgen, daß Kinder ab 8 bis 9 Jahre diese Angebote selbständig und gefahrlos erreichen können.

Studien der alltäglichen und sonntäglichen Aktionsräume selbst von Leuten mit großer räumlicher und zeitlicher Dispositionsfreiheit, wie z. B. von Fellows des

Wissenschaftskollegs, haben gezeigt, daß die nicht motorisierten Aktionsräume des Einkaufens und des Spazierengehens einen Umkreis von max. 1 km für das Einkaufen und 2 bis 4 km für das Spazierengehen kaum überschreiten: Gibt es in diesem Bereich keine attraktiven Nahversorgungs- und Naherholungsmöglichkeiten, wird meist das Auto, und nicht der öffentliche Nahverkehr, benutzt, um naturnahe Gebiete bzw. Versorgungszentren zu erreichen. Auch Kinder sind dann auf diese von ihnen kaum beeinflußbaren Verkehrsmittel angewiesen. Damit ‚verinselt' sich auch die offene, nicht spezialisierte Freizeit, ja sogar das Spazierengehen.

Man muß es vielleicht noch einmal betonen: Die typische netzförmige Erschließungsstruktur und die Verteilung hochspezialisierter Funktionen auf je unterschiedliche Zentren, die jeweils ihren eigenen ökonomischen ‚Gesetzmäßigkeiten' der Erreichbarkeit und ihrer Einzugsgebiete entsprechend an unterschiedlichen Standorten liegen, ermöglichen zwar den Bewohnern mit Auto, wie im Vergleich von System-Charakter und Agora-Charakter gezeigt, sich ihre eigene Metropole ‚à la carte' in Form hochspezialisierter Lebensinseln zusammenzustellen, schließt aber die Nichtautofahrer, und das ist – man kann dies gar nicht oft genug betonen – auch bei uns, in einer hochmotorisierten Gesellschaft, mehr als die Hälfte der Bevölkerung – mangels eines häufig genug verkehrenden öffentlichen Nahverkehrsmittels von einer selbstbestimmten Nutzung der Zwischenstadt aus. Dieses Problem ist auch mit dem herkömmlichen öffentlichen Nahverkehr nicht zu lösen, weil der diffuse, flächige Charakter keinen konventionellen ökonomischen Bahn- oder Busbetrieb in der erforderlichen Taktfolge zuläßt.

Das Problem läßt sich aber nicht auf den Besitz oder Nichtbesitz eines Autos reduzieren, es geht um die Lebens- und Entfaltungsrechte von Bevölkerungsgruppen, die aus vielerlei Gründen benachteiligt sind: z. B. um Kinder aus ‚unvollständigen' Familien ebenso wie um die wachsende Zahl alter und behinderter Menschen, die einem ‚systemgeprägten' Leben nicht mehr gewachsen sind, aber auch die traditionelle Geborgenheit in Familie oder Gemeinde nicht mehr haben. Es ist eine offene, unbeantwortete Frage, wie die Zwischenstadt im Sinne des Agora-Charakters so organisiert werden könnte, daß ihre kulturelle und ökonomische Vielfalt auch von in unserer Gesellschaft Benachteiligten genutzt werden kann. Ein recht guter Maßstab für die Qualität als Lebensraum, als Agora, sind die Bedürfnisse von Kindern und Jugendlichen. Denn eine Zwischenstadt, die gut ist für Kinder und Jugendliche, wäre auch gut für Erwachsene und Alte, und hätte gleichzeitig auch ökologische Vorteile, weil sie im alltäglichen Lebensraum so organisiert werden müßte, daß man sie ganz überwiegend ohne herkömmliches Auto benutzen kann.

In der Organisation des öffentlichen Nahverkehrs (ÖPNV) liegt heute eines der großen ungelösten Probleme, wahrscheinlich auch deswegen, weil unsere Phantasie blockiert wird durch die übermächtigen Konventionen von ‚Bus und Bahn‘ einerseits und ‚Auto‘ andererseits.

Auch die Hoffnungen auf eine Verringerung von motorisiertem Verkehr durch Telekommunikation führt leider nicht weiter: Beim Transport von Personen und Waren wird man sich nicht darauf verlassen können, daß die mediale Kommunikation allzu vieles substituiert, denn „die Kombination von mehr Leuten und mehr Autos in Verbindung mit mehr frei verfügbarer Zeit sowie mehr Dienstleistungsstandorten resultieren in einer Mobilitätsstruktur, die kaum – oder ehrlicher gesagt – überhaupt nicht reduzierbar erscheint. Damit findet man auch kaum Unterstützung für eine Veränderung der Aufteilung des Verkehrs *(model split)* zwischen öffentlichem und privatem Verkehr. Man behauptet, daß die Informationstechnologie Werkzeuge bereitstelle, die Fahrten durch elektronischen Informationsaustausch zu ersetzen: Keine Untersuchung rechtfertigt diese Annahme. Im Gegenteil, manche Untersuchungen haben gezeigt, daß Leute, die zu Hause arbeiten – meist zwischen 35 und 50 Jahren alt, mit guter Ausbildung und freiberuflich tätig – meist Wohnhäuser in kleinen Orten oder auf dem Lande mit schöner Landschaft und in der Nähe eines Golfplatzes wählen. Diese Leute fahren zwar seltener, dafür aber längere Strecken und immer mit dem Auto."[75]

Karl Ganser vertritt zu diesem Problem folgende Meinung: „Natürlich ist es sinnig, soviel Verkehr wie möglich zu bündeln, wo die räumlichen Voraussetzungen dafür vorhanden sind, um den nun einmal vorhanden ÖPNV besser zu nutzen. Und natürlich, möchte ich hinzufügen, sollte alles dafür getan werden, daß möglichst viele Arbeitsstätten, Läden und Schulen zu Fuß oder mit dem Fahrrad erreicht werden können, auch wenn es hierfür – wie wir es gezeigt haben –, ziemlich enge Grenzen gibt." T. S.

Karl Ganser weiter: „Die heute vorhandene Siedlungsstruktur in den Agglomerationen ist nicht ‚ÖPNV-fähig‘ im Sinne von Massenverkehr. Der Preis wären gigantische Investitionen mit hohen Subventionen oder eine riesenhafte Umsiedlungsaktion an die Haltestellen des Massenverkehrs. Beides ist gleichermaßen utopisch. Schon jetzt erweist sich so manche der bislang verfolgten ÖPNV-Konzeptionen als ein irreparables Subventionsloch. Der Transport von Personen mit einem ‚kleinen Gefäß' in einer möglichst großen Wahlfreiheit von Zeit und Zielort, wird auch in Zukunft die Menge der Verkehrsleistung bedienen. Da ist das ‚Auto' prinzipiell im Vorteil. Sein ökologischer Schrecken ist dann genommen, wenn dieses Auto als öffentliches Verkehrsmittel mit einem hohen Besetzungsgrad agiert, in einer Übergangsphase erst drei Liter und dann weniger Energie verbraucht und schließlich ganz mit regenerierbarer Energie angetrieben wird. Damit nun kein Irrtum aufkommt: Dieses neue Auto, organisiert als öffentliches Verkehrsmittel mit hohem Besetzungsgrad, braucht weit weniger Straßenverkehrsfläche als heute in den großen Agglomerationen gebaut ist. Wir werden die Zeit erleben, wo es viel Platz auf den Straßen gibt, ohne daß solche dazu gebaut werden."[76] Von der Realisierung einer solchen Verkehrspolitik scheinen wir weiter denn je entfernt zu sein – wir erleben ja gerade fast allerorten wieder ein ungebremstes Vordringen des privaten Autos. Auch aus diesem Grunde entfernen wir uns gegenwärtig vom Ideal der lebendigen konkreten Lebenswelt der Agora immer mehr. Die offizielle Raumordnungspolitik des Bundes und die Landesplanungspolitik der Länder verkünden zwar als unstrittiges Ziel die ‚Dezentrale Konzentration', die ‚Funktionsmischung' und die ‚Stadt der kurzen Wege'. Die reale Entwicklung läuft jedoch – wie wir immer wieder gezeigt haben – fast genau in die entgegengesetzten Richtungen von weiterer Dispersität, monofunktionaler Konzentration und Zunahme der Reichweite des Autoverkehrs zu Lasten des öffentlichen Nahverkehrs.

Daß dies nicht nur in Deutschland so ist, zeigt folgendes Zitat aus Schweden: „In Schweden, wie in vielen anderen hochentwickelten Ländern, ist der Verstädterungsprozeß seit Anfang der siebziger Jahre stabil. Geographisch haben wir jedoch mit dem verstädterten Land das Gleiche erfahren wie Nordamerika. Der allgemeine Lebensstil, den wir entwickelt haben, ist verbunden mit dem verstreuten Muster aller Einrichtungen über riesige Gebiete. Diese Entwicklung könnte man ableiten aus der Verwandlung einer produktionsorientierten zu einer konsumorientierten Gesellschaft – von einer Produktions- in eine Konsumtions-Landschaft."[77] Zum gleichen Thema Häußermann/Siebel: „Haushalte sind heute vollkommen abhängig von einem differenzierten und weiträumig verflochtenen Netz von Verkehrs- und Lieferbeziehungen, das zugleich eine vergleichsweise bequeme Haushaltsführung ermöglicht, aber auch eine umweltschädigende Lebensweise erzwingt."[78]

Das alltägliche Handeln im ‚feinen Korn‘ der Zwischenstadt

Es besteht Konsens, daß diese Entwicklung nicht unbegrenzt weitergehen kann: Die Planung und Gestaltung von Stadtregionen muß in Zukunft konsequent auf eine nachhaltige Entwicklung und damit auf eine umfassende Kreislaufwirtschaft ausgerichtet werden, wenn sie zukünftige Krisen überleben will. Dies ist eine neue Aufgabe, deren Bewältigung anderer Werkzeuge und Verfahren bedarf als eine auf Wachstum ausgerichtete Planung: Es muß dafür ein neuer Typ von Planung entwickelt werden, der der veränderten Dynamik angepaßt ist.[79]

Auch wenn die Zwischenstadt – im Vergleich zum Bestand – kaum noch wachsen sollte oder gar schrumpft, ist das in keinem Fall mit Stagnation gleichzusetzen: Denn die Umstrukturierung von Wirtschaft und Gesellschaft setzt sich unvermindert fort und damit die weitere arbeitsteilige Verflechtung der Stadtregion: Sie wächst weiter zu einem zusammenhängenden Lebensraum zusammen.

Das bedeutet laufende Veränderungen auf der Ebene des Alltags. Nur sind diese mit den herkömmlichen Planungsinstrumenten auf gemeindlicher und auf stadtregionaler Ebene kaum noch planbar und steuerbar, denn es handelt sich um meist vergleichsweise kleinteilige Maßnahmen der Umnutzung, des Umbaus, des Ausbaus, der Reparaturen und der Modernisierung. Es handelt sich um das Arbeiten im ‚feinen Korn‘ der Zwischenstadt.

Neben den großen Aufgaben des Landschaftsumbaus und neben den großen Projekten, die es auch weiterhin in kaum noch wachsenden und in schrumpfenden Regionen gibt, wird die reale Veränderung im wesentlichen über unzählige kleine Schritte der Pflege, der ohnehin notwendigen Reparaturen und Erneuerungen ablaufen müssen. Das Umgehen mit vielfältigen Nutzungsbrachen, die Umwertungen, die Interpretationen und das In-Wert-Setzen von Ausgedientem werden zu wichtigen Planungsaufgaben, und die sind zu einem guten Teil zuerst einmal *kulturelle* Aufgaben.

Von besonderer Bedeutung für die Erlebbarkeit der Zwischenstadt ist der öffentliche Raum: Die kreative Koordination unzähliger Einzelschritte des alltäglichen Stadtumbaus im öffentlichen Raum mit dem Ziel eines erkennbaren größeren Zusammenhanges ist eine ebenso dringliche und langfristige wie ungelöste Aufgabe: „Das Handeln im ‚feinen Korn‘ unterläuft die bisherigen Planfiguren wie Regionalplan/Gebietsentwicklungsplan oder Stadtentwicklungsplan/Flächennutzungsplan oder Landschaftsplan/Grünordnungsplan, ebenso den Generalverkehrsplan alter

Schule.“⁸⁰ Es bedarf einer neuen Perspektive, diese kleinteiligen Alltagsaufgaben der Planung als Bestandteile einer langfristigen Umbaustrategie zu begreifen und einzusetzen. Diese alten, aber in einen neuen strategischen Zusammenhang zu stellenden Aufgaben müssen in ihrer Bedeutung und Tragweite erst einmal anschaulich gemacht werden:

Die beharrliche, kleinteilige und erst über längere Zeiträume wirksame Arbeit an der Realität der Zwischenstadt bedarf deswegen der Verstärkung durch die Arbeit an Vorstellungsbildern, die zeigen, wohin die – für sich gesehen – häufig kleinen und unscheinbaren Maßnahmen führen sollen. Das Prinzip Nachhaltigkeit muß auch mit Hilfe von Leitbildern zuerst im Bewußtsein Platz finden, bevor es real umgesetzt werden kann.

„Hinter den Vorstellungsbildern wirken Leitbilder als ‚verinnerlichte, bildhafte Vorstellungen‘ mit ‚erheblicher Prägekraft‘ in der Ausbalancierung von *Machbarkeit* und *Wünschbarkeit*. Sie dienen der *Orientierung, Koordinierung* und *Motivierung,* in der Verflechtung dieser Funktionen können sie handlungsleitend wirken.“⁸¹

Bilder haben die Eigenschaft, neben quantitativen und qualitativen Informationen auch Emotionen und Stimmungen vermitteln und transportieren zu können. Sie sind auch geeignet, mehrdeutige Aussagen zu machen, und sind damit ein gutes Verständigungsmittel im Alltag, denn sie können eine Brücke der Verständigung zwischen unterschiedlichen Auffassungen bilden, weil diese fast immer einen gemeinsamen Kern als ‚Schnittmenge‘ haben, die sich in den Bildern wiederfindet. Gute Bilder können der Orientierung dienen, sie können zusammenführen und Interessen auf ein anschauliches Ziel bündeln und begeistern.

Die ständige Arbeit am Bild der Zwischenstadt im Alltag der kleinen Planungsschritte ist deswegen eine wichtige, unverzichtbare Aufgabe, doch sie ist nicht ohne Gefahr von Mißbrauch, Abwegen und Abstürzen!⁸² Abwege lauern in Richtung einer Manipulation durch Werbung bzw. Pädagogisierung: Versuche, die unübersichtliche Stadtregion durch einprägsame Bilder zu interpretieren, führen leicht, wenn man nicht kritisch aufpaßt, zu mehr oder weniger platten Werbebildern oder aber zu einer Art von Pädagogisierung, die eher abschreckend wirkt. Jede Beeinflussung der Wahrnehmung muß sich an den strengen Maßstäben und an den politischen Gründen messen lassen, die wir mit den Aussagen von Touraine und den sieben Thesen zur Bedeutung der Lesbarkeit der Zwischenstadt im zweiten Kapitel umrissen haben. Denn die Bilder dienen einer veränderten, aktivierenden Wahrnehmung und damit auch der politischen Aneignung der Zwischenstadt.

In diesem Prozeß einer vielschichtigen alltäglichen Aneignung der Zwischenstadt, durch die unzähligen Verrichtungen des Alltags und der täglichen Arbeit, aber auch mit historischen Werkstätten, Aufarbeiten von Heimaterinnerungen, touristischer Neugier etc., werden bei den Menschen durchaus je nach Wohnort, Aktionsraum und Interessen subjektiv differierende innere Bilder entstehen. Diese bleiben jedoch durch wichtige gemeinsame Merkmale verbunden. Innenbilder lenken und ‚färben‘ unsere Wahrnehmung, sie können als Verstärker dienen, bestimmte Zeichen unserer Umwelt als Signale des lebendigen Wandels zu erkennen und mit Zukunftsvorstellungen zu verbinden, die stärker auf einer Umdeutung beruhen als auf einer realen schon abgeschlossenen baulichen Veränderung: Sie stehen für das ‚Prinzip Hoffnung‘ auf eine veränderte Welt.

Regionalpark Rhein-Main

Die Planungen für den Regionalpark Rhein-Main konkretisieren die Vision, aus den von Bebauung freien Flächen zwischen den einzelnen Siedlungsfeldern, die gegenwärtig fast ausschließlich für eine intensive Landwirtschaft zugerichtet sind, eine aus Topographie und Geschichte entwikkelte und auf die Stadtfelder ausgerichtete, zusammenhängend erlebbare Landschaft zu gestalten. Diese neue Landschaft könnte dem weitgehend gesichtslosen, verstädterten Gebiet eine einzigartige Prägung geben.

Siehe dazu auch die diesem Gutachten entnommenen Darstellungen des Siedlungsraums und des Naturraums Rhein-Main auf dem Umschlag des vorliegenden Buches.

Das Strukturkonzept für den „Regionalpark Rhein Main" bearbeitete 1994 im Auftrag des Umlandverbandes Frankfurt Prof. Wolfgang Christ (Büro Media Stadt, Darmstadt), jetzt Hochschule für Architektur und Bauwesen Weimar; das Modellprojekt „Regionalpark Rodgau" als Konkretisierung des Strukturkonzeptes wurde von Dipl.-Ing. Barbara Boczek, Büro Topos, Darmstadt, erarbeitet.

Rodgau im östlichen Rhein-Main-Gebiet. Am unteren Bildrand das Flüßchen Rodau

Östliches Rhein-Main-Gebiet mit Rodgau-Nieder-Roden. Am oberen Waldrand erscheint Dietzenbach.

Regionalpark Rhein-Main, Konzept für das öffentliche „Netzwerk" im landschaftlichen Raum nördlich der Frankfurter Nordweststadt

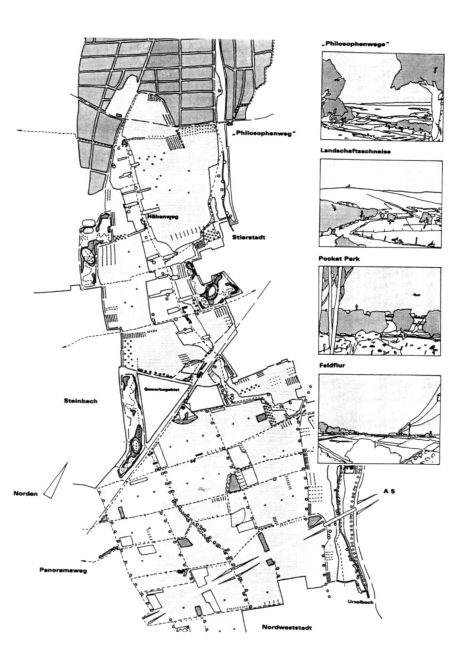

"Philosophenwege"

Landschaftsschneise

Pocket Park

Feldflur

"Philosophenweg"

Höhenweg

Stierstadt

Gewerbegebiet

Steinbach

Norden

Panoramaweg

A 5

Urselbach

Nordweststadt

Blick von Nordwesten auf Frankfurt-Höchst. Rechts im Bild die Jahrhunderthalle

4 Die Zwischenstadt als Gestaltungsfeld

Urbane Peripherie, verstädterte Landschaft oder – wie wir es nennen – Zwischenstadt gelten im allgemeinen als der Inbegriff von Kulturlosigkeit, und mit traditionellen Maßstäben von Hoch- und Volkskultur, von Kulturlandschaft und Naturschönheit gleichermaßen ist der mögliche kulturelle Gehalt der Zwischenstadt nicht zu messen und den gestalterischen Entfaltungsmöglichkeiten auch nicht beizukommen. Es müssen andere Quellen und Sichtweisen erschlossen werden, um die Zwischenstadt als Gestaltungsfeld begreifen und entwickeln zu können.

Kulturelle Deutungs- und Gestaltungsansätze

An den Anfang dieses Abschnitts stelle ich ein Zitat von Fritz Neumeyer, weil es klug und kompetent eine konservative Sicht umreißt, gegen die man sich mit guten Argumenten abzusetzen hat, wenn man die Zwischenstadt gestalterisch qualifizieren will.

„Das in bezug auf die moderne Stadtlandschaft verfügbare Spektrum der Techniken, Beziehungen herzustellen, um Ansätze zur Gestaltung des Formlosen zu finden, ist nicht eben überwältigend. Es gibt die große Traditionslinie vom Spiel mit ‚Figur und Grund‘, das seit dem Barock [...] für den Stadtgrundriß bedeutend geworden ist. Diese Methode des Hineininterpretierens und Herauslesens von Struktur über die Darstellung im Schwarzplan scheint allerdings auch bei der modernen semiurbanen Wirklichkeit an ihre Grenzen zu stoßen. Man kann dies schon bei Kevin Lynch, in dessen berühmtem Buch *The Image of the City,* von 1960 [...] feststellen. Im Grunde steht man den modernen urbanen patterns ähnlich hilflos gegenüber wie der erste Mensch vor dem Sternenhimmel, den er durch die Projektion mythischer Figuren, wie Tiersymbole, für sich zu strukturieren beginnt.

Die neue Stadt ist nicht mehr mit den Mitteln der Stadt oder der Architektur zu interpretieren, sondern man muß quasi bei Null, beim Unterbewußtsein beginnen, als ginge es um die Deutung von Tintenklecksen in einem psychologischen Test."[83]

Bis hierher stimme ich mit der Feststellung der Grenzen der herkömmlichen Mittel Architektur und Städtebau für die Interpretation der Zwischenstadt überein,

während ich meine, daß Neumeyer im folgenden die Grenzen der eigenen Disziplin zu eng zieht:

„Ungers *Stadtarchipel* und Colin Rowes' *Collage City* – und wenn wir noch Venturis *Learning from Las Vegas* dazurechnen dürfen, weil hier architektonische Gradati-
onen auf der untersten Schwelle urbaner Identitätsstiftung untersucht werden –
sind im Grunde das ganze kritische Instrumentarium, das wir haben, wenn wir uns
in der Peripherie der Großstadt und zugleich an der Peripherie der eigenen Disziplin bewegen.

Was unsere verstädterte Landschaft angeht, so bewegen wir uns auch intellektuell in einer unmöglichen Landschaft. Unseren ‚Augen, die nicht sehen', eröffnet
sich als Aussicht kaum mehr als die Irritation, entweder einen richtigen Begriff von
der Falschheit oder einen falschen Begriff von der Richtigkeit zu haben." (Fritz
Neumeyer)

Was Fritz Neumeyer als anscheinend unauflösbaren Widerspruch betrachtet, geprägt von der Trauer um den Verlust der kompakten Stadt in der offenen Landschaft, und der offenkundigen Häßlichkeit der verstädterten Landschaft, muß als
Herausforderung genommen werden, nach neuen Wegen der Interpretation und der
Gestaltung zu suchen, um den richtigen Begriff von der Falschheit (als berechtigte
Kritik) in einen richtigen Begriff von der Richtigkeit (einer angemessenen Gestaltung) zu transformieren.

Als kritische Analyse, die sich freilich an herkömmlichen Maßstäben von Architektur und Städtebau orientiert, sind die Aussagen von Fritz Neumeyer nützlich und
notwendig; weiterführend sind sie kaum: Es ist ja gerade ein konstituierendes Merkmal dieser Art von Stadtlandschaft, daß sie mit den Kategorien von Architektur
und Städtebau nicht mehr zu fassen ist. Wege aus dem Dilemma müssen deswegen
vorwiegend außerhalb der Domäne der ‚Architektur der Stadt' gesucht werden, wie
sie z. B. von W. I. Neutelings der Haltung von Fritz Neumeyer entgegengestellt
wurde unter dem Titel *Erkundung des Wunderlandes. Eine Fahrt durch die Peripherie der
Niederlande.*[84] Zwischenstadt wird völlig unterschiedlich gesehen und interpretiert,
wie eine Zusammenfassung einer Diskussion zeigt, die 1989 in Mailand stattgefun-
den hat und deren wesentliche Standpunkte als repräsentativ für die Diskussion
Piere Luigi Nicolin folgendermaßen charakterisiert[85]:

„Giuseppe Campos Venuti, in verschiedenen italienischen Städten als Urbanist
tätig, hat mit Klarheit seinen Standpunkt dargelegt, der ganz in der Tradition der
reformistischen Urbanistik steht. Für Campos sind Änderungen in der Peripherie,

wie die Eliminierung des Zerfalls, der Abhängigkeit und weiterer der Peripherie eigenen negativen Merkmale – wie der Mangel an sinnvollen Verkehrsmitteln und Infrastrukturen – für die Erhaltung der Stadt selbst lebenswichtig. Für Campos ist der kranke Anteil der italienischen Städte die Peripherie. Mit einem Anteil von 2/3 der gesamten Bausubstanz ist sie auch eine Gefahr für die gesunden Stadtteile. [...] Campos Aufruf zum aktiven Gebrauch der Planungsmittel knüpft an die Interpretation der Peripherie an, die wir als *Metapher der Abhängigkeit* bezeichnet haben." (Nicolin)

Dies ist die traditionelle Auffassung der klassischen modernen Stadtplanung, die jedoch hier von einem inzwischen von der Wirklichkeit überholten Verständnis der einseitigen Abhängigkeit der Peripherie von einem Zentrum ausgeht und deswegen nicht mehr tragfähig ist.

„Paolo Portoghesi sieht die Peripherie als den unvollendeten Stadtteil, als ein an Gedächtnisverlust leidendes Organ, dessen Krankheit das Schicksal der Peripherie gezeichnet hat. Demzufolge sollte die Wiedervereinigung mit dem Organismus der Altstadt möglichst so angegangen werden, daß sie das Erinnerungsvermögen stimulieren könnte.

Die Einführung von öffentlichem Raum, zum Beispiel einer Anzahl neuer Plätze, könnte die Peripherie an die Kernstadt annähern, die am beschaulichsten durch die Altstadt, die echte Quelle der italienischen Städte, verkörpert wird. Mittels seiner Kritik an der Peripherie übt Porthoghesi gleichzeitig Kritik an der Moderne. Für Porhoghesi ist also die Peripherie eine Metapher der Moderne. Sein Lösungsvorschlag setzt eine postmoderne Geschichtsanschauung voraus." (Nicolin)

Diese Auffassung stellt etwas Richtiges, nämlich den Mangel an begreifbarem öffentlichem Raum und an ablesbarer Geschichte, heraus, schlägt jedoch eine Kur vor, die schon wegen der von der historischen Altstadt diametral abweichenden Maßstäblichkeit nicht wirken kann.

„Für Bernardo Secchi, Stadtplaner und Theoretiker, ist Peripherie ein unadäquater Begriff für die Bezeichnung eines Etwas, das sich jeglicher Definition entzieht. Secchi betont, daß die Peripherie in zunehmendem Maße den Charakter eines Gebietes verliert, das sich durch zweitrangige Aktivitäten und Zerfall auszeichnet. Sie ist vielmehr ein Randgebiet, ein Ort, in dem sich der Austausch zwischen der Stadt und dem Rest der Welt abspielt." (Nicolin)

Hier wird ohne Trauer eine meines Erachtens zeitgemäße allgemeine Interpretation versucht, mit einem Gespür für die besondere Funktion der Peripherie in ihrer Vermittlungsaufgabe zwischen ,Ort' und ,Welt'. Die Interpretation, die sich in Vorurteilslosigkeit übt, ist eine notwendige Basis weiterer Arbeit, weil sie auf die Tatsache verweist, daß „in unserer modernen Gesellschaft ein umfassendes und komplexes Gebilde an Differenzen im Entstehen ist". (Nicolin)

Diese ,umfassenden und komplexen Gebilde an Differenzen' sind sinnlich kaum zu erfassen, die Zwischenstadt tritt ihren Bewohnern trotz der fast vollständig menschengemachten Materialität auch als etwas Fremdes, Anderes und Unverfügbares gegenüber. Lesbar ist sie fast nur als ein topologisch begreifbares Feld von teils unmittelbar erlebbaren, teils abstrakt-gewußten Beziehungen, als eine Ansammlung von Stadtfeldern, die nur partiell sichtbar, im übrigen aber im Bewußtsein vorhanden sein müssen, um von dort aus entsprechend ergänzt werden zu können. Die Zwischenstadt wird konstituiert aus mehr oder weniger dichten Feldern von Aktivitäten, Eigenschaften, Appellen, Zeichen, Botschaften und Erinnerungen, aus stabilen und flüchtigen Elementen, z. B. zwischen den Extremen eines alten Dorfes einerseits und einer Mobile-Home- Siedlung neuer Stadtnomaden andererseits.

Und zwischen diesen Extremen die Alltagselemente der Zwischenstadt: Einfamilienhaus-,Kolonien'; Gewerbegebiete in der erstaunlichsten Mischung aus tatsächlichen Werkstätten, aber auch Villen, aufgegebenen Hallen und Schuppen; wilden Kleingärten und Brachflächen, Diskotheken und Billigmärkten. Dazu Krankenhäuser, Reiterhöfe, Reste von Landwirtschaft, Gehölze und Gewässer; Fernleitungen, alte Gleise und Dämme.

Ansätze für eine Deutung und für eine Gestaltung finden sich mutmaßlich eher in Kategorien einer Auffassung der Zwischenstadt als einer heterogenen Landschaft, im Bild kaum durchschaubarer Milieus, im Erlebnis von Zeit in ihren verschiedenen Dimensionen, in Begriffen der Atmosphäre und der Stimmungen, wie sie in manchen modernen Filmen vermittelt werden: Die abrupten Schnitte moderner Filme, ihre Handlungsbrüche und Kontraste, ebenso wie die Sequenzen der Werbespots ohne roten Erzählfaden liefern vielleicht die passendsten Interpretationsmuster für die Zwischenstadt.

Analogien zur Lektüre von Texten moderner Literatur, zum Erlebnis bestimmter nichtklassischer Musik führen vielleicht weiter als der vergebliche Versuch, mit Architektur Ordnung zu schaffen. Denn Architektur und architektonisch geprägter städtischer Raum bilden nur noch einzelne, wichtige Komponenten in diesem Feld, sie können aber die Gestalt der Zwischenstadt nicht mehr als Ganzes bestimmen.

Die Beschäftigung mit der Alltagswelt der Zwischenstadt als kulturelles Gestaltungsfeld muß sich auf eine andere Ästhetik als die herkömmliche Architekturästhetik beziehen. Die Kulturwissenschaftlerin Susanne Hauser führt dazu in einem anderen Zusammenhang, der einen besonders wichtigen Teilbereich der Zwischenstadt betrifft, nämlich den Prozeß der Bildung von Industriebrachen, ihrer Interpretation und Wieder-In-Wert-Setzung aus: Hier werden vor allem Überlegungen zu einer Paraästhetik eine Rolle spielen, wie sie im Anschluß an Nietzsche, Lyotard, Foucault und Derrida von David Carrol entwickelt worden ist: „Paraaesthetics indicates something like an aesthetics turned against itself, or pushed beyond or beside itself, a faulty, irregular, disordered, improper aesthetics – one not content to remain within the area defined by the aesthetic." „Die Vorsilbe para wird dabei gelesen im Sinne von by the side of, alongside of, past, beyond, to one side, amiss, faulty, irregular, disordered, improper, wrong."[86] Dieser Begriff von Paraästhetik könnte den Blick öffnen auf den – landläufig und gemessen an normierten Schönheitsidealen als häßlich betrachteten – chaotischen Formenreichtum der Zwischenstadt, der ja auch längst von der zeitgenössischen Kunst entdeckt worden ist. „Eine paraästhetische Position würde sensibilisieren für Übergänge vielfältiger Art in räumlicher, zeitlicher und materieller Hinsicht zwischen ‚schön' und ‚häßlich', ‚nützlich' und ‚nutzlos', ‚moralisch' und ‚verwerflich' und damit für ein Verständnis, das die Ränder und Grenzen des Ästhetischen, verstanden in einem weiten Sinn – als gesellschaftlich und kulturell Wahrnehmbares und mit Sinn und Bedeutung Belegtes – beständig ausweitet." (Hauser)[87]

Ästhetik und Anästhetik

In seinem Aufsatz ‚Zur Aktualität ästhetischen Denkens'[88] entwickelt Wolfgang Welsch als Interpret und Vermittler der neueren französischen Philosophie Gedanken, die die Ausweitung des Ästhetischen im Anschluß an Lyotard fortführen:
„Es geht nicht – als Gegenpol zum Schönen – um Häßliches, Widriges oder Sinnloses, sondern es geht – über das Schöne, Gefällige, Korrespondierende hinaus – um die Befragung der Grenzen der Sinne, des Geschmacks, der Wahrnehmung. Man zielt auf eine Ästhetik, die auf ihre Rückseite, auf ihre Anästhetik, aufmerksam ist. [...] Und in diesem Sinn kann sie die Ästhetik nicht bloß der modernen Kunst, sondern der modernen Welt genannt werden. Sie macht begreifbar, was die

Traditionalisten des Schönen nie und nimmer begreifen werden: daß es heute, paradox gesprochen, auf die Wahrnehmung des Nicht-Wahrnehmbaren ankommt, daß es um Aufmerksamkeit auf die Grenzen und das Jenseits der unmittelbaren Wahrnehmung geht. Die moderne Kunst und die moderne Ästhetik treiben in zahlreichen, hartnäckigen und intensiven Schritten unsere Wahrnehmungsfähigkeit über das bloß sinnliche Wahrnehmen, über das Wahrnehmen im engeren Sinn, schier systematisch hinaus. Gerade dadurch befähigen sie uns zum Umgang mit der Anästhetik dieser Welt. Daher können ästhetisches Denken und ästhetische Erfahrung Wirklichkeitskompetenz für eine Welt gewinnen, die sowohl durch Ästhetisierung wie durch Anästhetisierung geprägt ist." (Wolfgang Welsch)

Dieser Gedankengang regt an, ihn auf ästhetische Aspekte der Zwischenstadt anzuwenden, in dem das Anästhetische, das normalerweise nicht bewußt Wahrgenommene, ein übermächtiges Gewicht hat. Auch der folgende Gedankenausschnitt von Wolfgang Welsch aus dem gleichen Aufsatz ist in der Auseinandersetzung mit Pluralität und der für ein Verständnis der Zwischenstadt notwendigen Verbindung von pluralen Formen anregend für die Interpretation der Zwischenstadt:

„Nachdem die moderne Kunst die Verfassung der Pluralität als solche herausgearbeitet und erobert hat, thematisiert die postmoderne Kunst die Form dieser Verfassung, wendet sich in betonter Weise dem Verhältnis der pluralen Gestaltungen, Möglichkeiten und Ansätze zu. Damit gewinnt auch sie noch einmal Vorbildfunktion für eine über die Kunst hinausreichende Problematik. Denn in der Tat ist das Problem einer aus hochgradig pluralen Lebensformen zusammengesetzten Gesellschaft, daß sie Wege finden muß, wie diese Formen zu verbinden sind." Dies ist das Thema einer Gestaltung der Zwischenstadt, das sie mit einem ‚generellen Problemfokus der Gegenwart' und mit einem ‚Grundthema der modernen Kunst' gemeinsam hat: „Nicht mehr die Situation der Pluralität, sondern der mögliche Verkehr der pluralen Formen untereinander ist zum generellen Problemfokus der Gegenwart geworden und stellt zugleich ein Grundthema der postmodernen Kunst dar." (Wolfgang Welsch)

Die Thematisierung der ästhetischen Differenz sensibilisiert auch für gesellschaftliche Zustände, ihre Differenzen und Verbindungen: „Denn die gegenwärtige Gesellschaft ist keine einheitliche Truppe, sondern gleicht einem losen Netz heterogener Formen. Das ist ihre Realität und bezeichnet zugleich ein Ideal. Dessen Möglichkeiten gilt es zu erproben. Ästhetisches Denken gibt hierfür das Nötige an die Hand. [...] Es macht [...] empfindbar und aufzeigbar, wo Überherrschung vorliegt, wo Verstöße geschehen, wo es für das Recht des Unterdrückten einzutreten gilt. Funktionen des Spürens, Bemerkens und Wahrnehmens kommen hier besondere Bedeutung zu. Die politische Kultur bedarf auch einer Kultivierung solcher Wahrnehmungsfähigkeit. Diese wäre eine Bedingung sachgerechter Orientierung und Praxis in einer einschneidend pluralen Welt." (Wolfgang Welsch)

Erst die Kultivierung der Wahrnehmungsfähigkeit gerade auch für die anästhetischen Kehrseiten unserer rational-technisierten Welt sensibilisiert für die dunklen Kehrseiten ökonomischer und technischer Prozesse, die ‚normalerweise‘ der anästhetischen Welt angehören und deswegen nicht mit emotionaler Betroffenheit wahrgenommen werden:

„Dem reinen Rationalisten käme die Anästhetisierung allenfalls zupaß, und er würde weiterhin (nur jetzt mit dem endgültig guten Gewissen, nichts übersehen zu haben) das betreiben, womit er uns blindlings von einer Katastrophe zur anderen treibt. Der ästhetisch Sensibilisierte hingegen erkennt die Kehrseite des Prozesses und bahnt einem anderen, auf die Anästhetik reagierenden, nicht ihr verfallenden Handeln den Weg. Gerade dort, wo die Dynamik der Technowissenschaften und einer durch sie geprägten Zivilisation wahrnehmungslos und fühllos geworden ist und wo diese Abkoppelung katastrophische Effekte heraufgeführt hat, wurde solche Wahrnehmung vordringlich. Gegen systematische Anästhetik hilft nur gezielte Ästhetik." (Wolfgang Welsch)

Diese Überlegungen lassen sich unmittelbar auf die Zwischenstadt anwenden: Erst die Sensibilisierung für ihre große anästhetische Seite, die ja das Ergebnis unzähliger ‚gefühlloser‘ rationaler Entscheidungen darstellt, kann den Weg bahnen zu einem anderen Umgang mit der Zwischenstadt. Dabei ermutigt uns die moderne französische Philosophie, auf die sich Wolfgang Welsch bezieht, zu einem offenen, fast spielerischen Umgang mit Elementen und Bedeutungen, wie das Zitat aus dem Beitrag von Wolfgang Welsch *Perspektiven für das Design der Zukunft*[89] nahelegt: „Derrida zeigt, [...] daß die Materialität des Signifikanten (im Sinne des Bauwerks, des Zeichens, T. S.) an der Konstitution von Sinn und Bedeutung beteiligt ist. Daher gilt es, die Obsession des absoluten und vorgegebenen Sinns (wie sie beispielsweise in der Formel von ‚form follows function‘ noch immer lebendig ist) zu verabschieden. Jeder Sinn bildet sich in einem System von Verweisungen und Verschiebungen. [...] Für unsere Gegenwart und in Zukunft wird gelten: Man muß auf die Kontexte, auf die Verlagerungen und Verschiebungen der Signifikantenkette achten, um das Spiel des Sinns erkennen und mitspielen zu können." (Wolfgang Welsch)

In dieser Charakterisierung klingt etwas an von der Relativität und Beweglichkeit der möglichen Bedeutungen, die wir aus der Zwischenstadt herauslesen können. Die Sichtweise Derridas ermutigt uns zu aktiven, vielfältigen, persönlichen, je nach Verknüpfungen mit verschiedenen Funktionen und Erlebnissen unterschiedlichen und sich mit der Zeit wandelnden Interpretationen. Sie ermutigt uns damit vielleicht auch zu einem spielerischen Umgang mit der Zwischenstadt in ihrem zum Teil transitorischen Charakter, zu einer ‚leichten Urbanität' auch oder gerade in einer unsicheren Welt, zu vorläufigen Lösungen ebenso wie zu kühnen Experimenten.

Zu dem Charakter einer solchen Moderne hat der Soziologe Ulrich Beck anregende Aussagen gemacht[90]: „Wie immer man sich die andere Moderne vorstellen mag, sie wird in allen Bereichen durch ein erhöhtes Quantum, wahrscheinlich sogar eine andere Qualität von Unsicherheit gekennzeichnet sein: als Variation, Vielfalt, Dissens, Konflikt, aber auch als Bedrohung, Gefahren, die sich gerade den gebräuchlichen Kalkulationsnormen entziehen." (Ulrich Beck)

Die schon in der – von Welsch stammenden – Charakterisierung von Derridas Denken anklingende mögliche Vieldeutigkeit wird bei Ulrich Beck in eine positive Gestaltungsanweisung gewendet:

„Die reflexive Architektur des *Und* entdeckt, erweitert die Geschichte des Ortes ins Öffentliche hinein. Sie sagt: Wenn ich die Gesellschaft nicht ändern kann, möchte ich wenigstens die Art beeinflussen, wie die Menschen durch die Räume gehen, in den Räumen ihren Zusammenhang, Zusammenhalt wahrnehmen, einschließlich der darin eingebauten Widersprüche." (Ulrich Beck)

Viel deutlicher als die Architektur haben Bildende Kunst, Tanz, Theater und Musik die Grenzen des Ästhetischen ständig erweitert und z. B. mit der Pop Art auf vergnügliche Art gelehrt, das Schöne im Alltäglichen und Banalen zu sehen. Auch die zeitgenössische Musik, die z. T. mit alltäglichen Geräuschen arbeitet, macht das deutlich, vgl. hierzu eine Bemerkung von John Cage: „Our intention is to affirm this life, not bring order out of chaos or to suggest improvements in creation, but simply to wake up to the very life we are living, which is so excellent once one gets one's mind and one's desires out of the way and let it act of its own accord." (*Silence*, 1961)[91]

Der Schweizer Hör-Forscher Pascal Amphoux hat für das Hören aufgrund empirischer Forschungen unterschieden zwischen Geräuschumwelt, Geräuschmilieu und Geräuschlandschaft. Ausgehend von empirischen Befunden, werden die für das Subjekt möglichen Bewertungsarten der Geräuschwelt unterschieden:

– Entweder wird sie als Geräuschumwelt *(environment sonore)* definiert, die außerhalb von uns liegt, mit der wir jedoch ‚funktionelle' Beziehungen von Produktion und Rezeption unterhalten,

– oder sie wird als Geräuschmilieu *(milieu sonore)* interpretiert, in das wir eintauchen und mit dem wir aufgrund unserer Aktivitäten ‚fusionelle' Beziehungen eingehen,

– oder sie wird als Geräuschlandschaft *(paysage sonore)* wahrgenommen, die gleichzeitig fremd und vertraut ist, mit der wir ‚perzeptorische' Beziehungen durch unsere ästhetische Erfahrung eingehen.[92]

Diese Kategorien scheinen mir deshalb bemerkenswert und anregend, weil damit die alte, viel zu vereinfachte Unterscheidung zwischen ‚störend' und ‚nichtstörend' überwunden und das Geräusch in seiner mehrdimensionalen Wirkung erfaßt werden kann: Liegen hier nicht auch, über die Geräuschwelt hinausgehende, Anregungen für eine neue, mehrdimensionale Ästhetik? Könnte man nicht versuchsweise statt Geräuschumwelt auch den Begriff Zwischenstadt einsetzen, um unser – je nach persönlicher Situation – unterschiedliches Verhältnis zur Zwischenstadt zu charakterisieren?

Vor jedem aktiven gestalterischen Ordnen und Eingreifen muß man nicht nur die Augen öffnen, sondern auch alle anderen Sinne benutzen, um die Zwischenstadt erfassen zu können. Bewußtes Sicheinlassen, Wahrnehmen, Erkennen und Interpretieren mit dem Ziel der kritischen, möglichst vorurteilsfreien und der jeweiligen Situation gerecht werdenden, Aneignung der eigenen Umwelt stehen am Anfang jeden Gestaltungsversuchs der Zwischenstadt: Wieder geht es um eine Erweiterung der ästhetischen Welt, um ein Verschieben der Grenzen zwischen Anästhetischem und Ästhetischem.

Dabei ist der ästhetische, sinnliche Zugang zu sensibilisiertem Erleben einfacher über die Wahrnehmung der Spuren des *Lebens* als über die Welt der *Formen*. Denn die Wahrnehmung und Deutung unter Aspekten des lebensweltlichen Bezugs relativiert die von außen herangetragenen kanonisierten ästhetischen Maßstäbe und ergänzt sie durch den Reichtum an Zeichen lebendigen Lebens. Die Sensibilisierung für die Spuren des gelebten Lebens im Kleinen, die sich zu einem reichen Milieu verdichten können, und für das Abbildhafte der Zwischenstadt als ein Zeichengefüge der arbeitsteiligen, sozio-ökonomisch und sozio-kulturell ausdifferenzierten Gesellschaft verändert die kulturelle und ästhetische Bewertung der Zwischenstadt.

Eine solche Sensibilisierung bedeutet aber ein großes Stück Arbeit an den einge-
fahrenen Wahrnehmungsmustern, in denen die Zwischenstadt ganz überwiegend in
das Reich der Anästhetik gehört, und damit zu jenem Teil der Welt, der – wenn überhaupt – ohne bewußte Empfindung gesehen wird: Der Zustand der Anästhesiertseins
bedeutet ja genau dies: mindestens Schmerzlosigkeit, meist aber Betäubung und Be-
wußtlosigkeit. Die Transformation aus dem anästhetischen Bereich in den ästhetischen Bereich der empfindsamen, von Gefühlen, Assoziationen und ‚Anmutungen‘
begleiteten Wahrnehmung ist eine wichtige Voraussetzung jeglicher Gestaltung: „Unsere Sinne sind zwar biologisch auf einer fortgeschrittenen Entwicklungsstufe, sie
sind aber gesellschaftlich, sozio-kulturell ‚unterbeschäftigt‘!“ (Kevin Lynch)

Eine nicht abschließend zu beantwortende Frage, vielmehr eine in jedem Fall
neu zu lösende Gestaltungsaufgabe in der Zwischenstadt besteht in dem Austarie-
ren des Verhältnisses zwischen der Ästhetik der Unordnung und dem Maß an ‚klas-
sischer‘ Ordnung und gewohnter Harmonie, das wir brauchen, um uns in einer anarchischen Ordnung der Dinge zurechtzufinden und wohlzufühlen. Das Verhältnis
ist prekär. Das ‚Umkippen‘ von Ästhetik in Anästhetik ist genau so heikel wie die
modische Verherrlichung anarchischer Unordnung. Die Beschäftigung mit diesem
Thema ist eine klassische Aufgabe von Architekten und Städtebauern.

Fachbeiträge aus Architektur und Städtebau

Nur vergleichsweise wenige praktizierende Architekten und Stadtplaner haben sich
theoretisch-reflektierend mit der Gestaltung der Zwischenstadt im großen Maßstab
der Stadtregion auseinandergesetzt. Ich habe neun Autoren bzw. Autorengruppen
mit wesentlichen Werken ausgesucht, die ich aus unterschiedlichen Gründen für
wichtig halte:
- Frank Lloyd Wright mit *When Democracy Builds* (1945),
- Kevin Lynch mit *The Image of the City* (1960) bis *A Theory of Good City Form* (1981),
- Tunnard und Pushkarev mit *Man-Made America – Chaos or Control?* (1963),
- Christopher Alexander mit *Notes on the Synthesis of Form* (1964) bis *A New System of Urban Design* (1987),
- Robert Venturi, Denise Scott-Brown und Steven Izenour mit *Learning from Las Vegas* (1972),
- Colin Rowe und Fred Koetter mit *Collage City* (1978).

Das sind meine ‚Klassiker‘, die folgenden Werke sind wichtig für die gegenwärtige Praxis: Peter G. Rowe mit *Making A Middle Landscape* (1991), Peter Calthorpe mit *The Next American Metropolis* (1993) und schließlich Rem Koolhaas mit seinen Essays in *S, M, L, XL* (1995). Es sind sämtlich – mit Ausnahme von Rem Koolhaas, der aber auch in England studiert hat – Werke angelsächsischer Autoren, die in den USA leben und arbeiten. Das ist kein Zufall: In den USA ist die disperse Stadt zuerst aufgetreten, dort hat sie sich zu ihren Extremen entwickelt und dort wurde sie als planerische und theoretische Herausforderung empfunden, während in Europa das Problem eher verdrängt wurde.

Im folgenden werde ich versuchen, die Werke kurz zu charakterisieren, um damit Lust darauf zu machen, sie zu lesen. Für den für die Gestaltung der Zwischenstadt bedeutendsten unter den ausgewählten Autoren halte ich Kevin Lynch, dem ich deswegen den meisten Platz einräume, während ich die übrigen Werke nur knapp charakterisiere.

Frank Lloyd Wright hat in *When Democracy Builds* (1945)[95] das Konzept seiner *Broadacre City* auf einer fundamentalen Kritik an Stadt und Gesellschaft aufgebaut: Für ihn ist wirkliche Demokratie nur zu verwirklichen in persönlicher Selbstbestimmung auf eigenem Grund und Boden. Das Auto und das moderne Straßennetz haben die Stadt aus ihrer alten Enge befreit und es ermöglicht, sie landgreifend und feldartig zu entwickeln mit einzelnen Verdichtungen an den Straßenkreuzungen.
Frank Lloyd Wright hat seine Vision in großen Modellen und Zeichnungen konkretisiert und veranschaulicht, verknüpft mit Vorstellungen für ein neues, auf praktischer Erfahrung aufbauendes Bildungssystem, einer neuen, das Stadtfeld mit frischen Produkten versorgenden Landwirtschaft und einer neuen Arbeitskultur. Hier steht er in einer lebendigen Tradition der amerikanischen Utopie des Traums von einer freien, im Boden verwurzelten, selbstbestimmten Gesellschaft. Diese Vision einer weiten Stadtlandschaft war in bestimmter Hinsicht – wie wir heute wissen – außerordentlich weitsichtig: Die verstädterte Landschaft hat sich realisiert, aber nicht in der Gesellschafts- und Wirtschaftsform, die Frank Lloyd Wright sich vorgestellt hat, und auch der Glaube an die Segnungen des Autos hat sich heute eher in die Furcht vor den Übeln verwandelt. Trotzdem bleibt sein Traum von *Broadacre City* eine der großen, klassischen Städtebau-Utopien mit weitreichender Wirkung.

Kevin Lynch wollte ursprünglich bei Frank Lloyd Wright studieren, das Pathos des Genies behagte ihm aber nicht. Auch er steht in einer lebendigen amerikanischen Tradition. Seine Werke sind nach wie vor unverzichtbare Grundlage jeder theoretischen und praktischen Auseinandersetzung mit Gestalt und Gestaltung der Zwischenstadt. Wahrscheinlich ist er für unser Thema der immer noch bedeutendste Theoretiker.

Kevin Lynch hat in einer Zeit, in der unter der Vorherrschaft der Sozialwissenschaften die sozio-kulturelle Bedeutung des Raums radikal in Frage gestellt wurde, mit neuen Fragestellungen und Methoden die Bedeutung des Raums im großen, metropolitanen und landschaftlichen Maßstab für das Wohlbefinden der Bewohner im weitesten Sinne untersucht und nachgewiesen. Dabei hat er das Betrachtungsspektrum weit über die Untersuchung von visueller Wahrnehmung hinaus ausgeweitet, unter anderem auf die Bedeutung des Erlebnisses von Zeit und Wandel, die Bedeutung von unterschiedlichen Milieus und die besondere Bedeutung von Raum für Kinder und Jugendliche. Seine Werke *The Image of the City* (1960), *Site Planning* (1962/1971), *What Time is this Place?* (1972), *Managing The Sense of A Region* (1976) und sein letztes, seine Gedanken noch einmal zusammenfassendes Buch *A Theory of Good City Form* (1981) bilden heute immer noch eine Fundgrube an Beobachtungen und weiterführenden Gedanken zum gestalterischen Umgang mit der Zwischenstadt.[94]

Was war das radikal Neue von *Image of the City?* Es bestand in der eigentlich einfachen, aber vorher noch nicht gestellten Frage nach dem „Innenbild", das Bewohner von ihrer Stadt haben: Wie wird Stadt wahrgenommen, was bleibt in Erinnerung, wie läuft Orientierung ab und welche Vorgänge von Interaktionen zwischen Umwelt und Bewohner beeinflussen innere Einstellung und Wahrnehmung?

Nach dieser Untersuchung wird die Stadt als das gemeinsame Produkt aus der „Hardware" der realen Umwelt *(physical environment)* und der „Software" von Wahrnehmung und Nutzung begriffen; beide Seiten, die Außen- und die Innenwelt, lassen sich beim Begreifen der Stadt nicht trennen – die Interaktion zwischen beiden Welten läßt ,Stadt' überhaupt erst entstehen. *Mit dieser Einsicht läßt sich Stadt sowohl durch die Arbeit an der „Hardware" des Gebauten als auch an der „Software" des Stadtbewußtseins verändern – am wirkungsvollsten aber läßt sich an der Interaktion selber ansetzen, indem die Bewohner unmittelbar an der Umgestaltung beteiligt werden.*

In seiner Beschäftigung mit der Gestalt der Stadt hat Kevin Lynch von Beginn an den Rahmen des traditionellen *urban design* gesprengt, das sich als „Architektur der Stadt" auf überschaubare, erlebnismäßig von vornherein zusammenhängende Straßen- und Platzbereiche bzw. größere Funktionskomplexe beschränkt: Als ein verbindendes, erkenntnisleitendes Interesse zieht sich durch alle seine Arbeiten die Gestalt und der Entwurf der ganzen Stadt und ihrer Region als Lebensraum. Dieses Interesse führte ihn dazu, die überlieferten Arbeitsmethoden des Architekten zu erweitern und neue Methoden und Darstellungsmittel zu entwickeln. Er ist dabei zu wesentlichen und heute noch gültigen Erkenntnissen gelangt, deshalb gehört er zu Recht zu den Klassikern. Wie das aber mit Klassikern häufig geschieht: es ist um eine lebendige Rezeption der Gedankenwelt Kevin Lynchs schon seit mehreren Jahren ziemlich still geworden. Das Klima der retrospektiven Postmoderne, in der für eine humanistische Planungsphilosophie kein Raum war, und die in einem planungs- und reformfeindlichen Klima wieder weitgehend abgerissenen zarten Fäden interdisziplinärer Arbeit zwischen Planern, Psychologen und Sozialwissenschaftlern standen einer sozialwissenschaftlich inspirierten Auseinandersetzung mit seinen Auffassungen und Darlegungen entgegen. Weder Theoretiker noch Praktiker des Planens haben sich in der Breite mit Kevin Lynchs Ansätzen nachhaltig befaßt.

Das Sicheinlassen auf Stadtrand und Stadtregion – und damit auf die Zwischenstadt – mit den von Kevin Lynch entwickelten Begriffen erweitert unser Repertoire an Gestaltungsmitteln und unseren Begriff von Stadtästhetik – auch was die Wahrnehmung vom Auto aus betrifft –, ohne soziale und humanistische Wertvorstellungen zu vernachlässigen. Kevin Lynchs Erkenntnis, daß die Stadt nur als Interaktionsfeld zwischen Umwelt und Bewohnern zu begreifen ist, zwingt zur Einbeziehung der Bewohner als unverzichtbares Korrektiv jeder einseitigen professionellen Sicht und Bewertung, und zwar nicht nur im Sinne sozialwissenschaftlicher Überprüfung der Analyse, sondern hauptsächlich im Sinne der aktiven Sensibilisierung und der Förderung aktiver Mitwirkungsbereitschaft.

Der Umfang der zu gestaltenden Bereiche und die auf der Ebene der Gesamtstadt und der Stadtregion notwendige Abstraktheit von Gestaltungsanweisungen erfordern die Entwicklung von neuen inhaltlichen und graphischen Mitteln der Plandarstellung: Sie müssen als Chiffren auf der Ebene des Gestaltungsprogramms, nicht des Entwurfs, in weiten Grenzen interpretierbar und instrumentierbar sein. Zu solchen, das Gestaltungsprogramm definierenden „Notationssystemen", die vor dem konkreten Entwurf liegen und auch die „Software" der Organisation betreffen, hat Kevin Lynch in *The Image of the City* und in *View from the Road* wesentliche Pionierarbeit geleistet.

In seinem letzten Werk *A Theory of Good City* Form hat Kevin Lynch die Qualitäten einer guten Stadt auf fünf Begriffe gebracht:

1. Vitality – etwa mit lebenserhaltend und lebensfördernd, aber auch mit lebendig zu umschreiben.
2. Sense – entspricht etwa unserem Begriff der Erfaßbarkeit, Ablesbarkeit und Erlebbarkeit.
3. Fit – zu übersetzen etwa mit Zusammenpassen und Aufeinander-eingespielt-sein von Umgebung und Handlung.
4. Access – entspricht den Begriffen der Zugänglichkeit und Erreichbarkeit.
5. Control – umfaßt die Verfügbarkeit und Aneignung der Umwelt ebenso wie ihre Veränderbarkeit, vorzugsweise durch den Benutzer selbst.

Alle diese *dimensions of performance* müssen zudem noch den Kriterien von *efficiency* und *justice* entsprechen; sie müssen also mit angemessenen Mitteln verwirklicht werden, und sie müssen auch der sozialen Gerechtigkeit genügen. Kevin Lynch hat seine Vorstellungen einer idealen Stadt nicht gezeichnet, aber er hat immer wieder versucht, diese Stadt zu beschreiben, als eine Wesenheit, die je nach Ort und Kultur viele Formen annehmen kann. Er setzt seine Vision von Stadt als eines humanen Interaktionsfeldes, das manche Eigenschaften dem Modell der „organischen Stadt" verdankt, in Kontrast zu den gegensätzlichen Modellen der „Stadt als Abbild des Himmels" und der „Stadt als Maschine". Seine Vorstellungen umkreisen die humane Vision der Stadt als eines großen, unendlich vielschichtigen und sich ständig verändernden sozialen und kulturellen Spielfeldes, das nur lebendig und human bleibt, wenn seine Bewohner in die Lage versetzt werden und auch dazu bereit sind, aktiv mitzuspielen und sich auf sie einzulassen. Diese Vision ist offen für viele Formen, ohne beliebig zu werden: Immer bleibt sie bezogen auf wesentliche, anthropologische Erkenntnisse.

Christopher Tunnard und Boris Pushkarev haben schon 1963 mit ihrem Buch *Man-Made America – Chaos or Control?*[95] eine genaue Analyse der „Zwischenwelt" der verstädterten Landschaft Amerikas geliefert: Sie analysieren die verstädterte Landschaft mit dem Motto ‚Eine Ästhetik für das menschengemachte Amerika' unter den Themen der Wohngebiete niedriger Dichte, der Gestaltung der Autobahnen, der großen Industriemonumente, der Erholungsgebiete und des Denkmalschutzes. Dabei verbinden sie die Analyse mit Prinzipien der Gestaltung, die – wo immer möglich – auf Grundlagen der Wahrnehmung zurückgeführt werden, und demonstrieren das an vielen praktischen Beispielen. Das Buch ist immer noch eine Fundgrube für den gestalterischen Umgang mit der verstädterten Landschaft.

Christopher Alexander hat mit seinen Beiträgen *A Note on the Synthesis of Form, A Timeless Way of Building, Pattern Language, The Oregon Experiment* und *A New System of Urban Design* (1987) neue Versuche zu einer quasi natürlichen Ordnung des Siedlungsmusters gemacht.[96] Er begann mit dem Versuch, durch das analytische Zerlegen der menschlichen Umwelt in grundlegende gestalthafte Strukturelemente oder ‚Muster‘ (pattern), die sich zu komplexeren, ganzheitlich empfundenen Gestalt-Elementen zusammenfügen, den Erfahrungsschatz menschlicher Siedlungsgeschichte und allgemeiner menschlicher Erfahrungen des ‚gesunden Menschenverstandes‘ für die Gestaltung zu erschließen. Dieser Versuch wird übertragen auf den Planungs- und Gestaltungsprozeß mit einer Methode des systematischen, positiven Antwortens auf eine je vorgefundene Situation unter Einbeziehung der Nutzer als Bauherren.

Christopher Alexander hat sich in seiner Lebensphilosophie und in seiner praktischen Arbeit von einer von Mathematik und Computeranalyse ausgehenden Position zu einer in ganzheitlich-romantischen und in fernöstlichen Traditionen fundierten Haltung entwickelt, in der Schönheit als Weltenharmonie – eine „Qualität ohne Namen" – die Zuwendung der Bewohner und der handwerkliche Bauprozeß selber eine Einheit bilden sollen. Diese Bestimmung der alltäglichen, das Leben fördender räumlicher Grundmuster im Dialog zwischen Bewohner und Planer sowie der Bedeutung des Herstellungsvorgangs selbst sind gerade für die Zwischenstadt bedeutend; sie läßt Platz für selbstbestimmtes Bauen und selbstbestimmte öffentliche Räume. Auch wenn die heutige Haltung Christopher Alexanders bisweilen etwas problematisch an eine industriefeindliche Romantik erinnert, wie sie sich in der Arts and Craft-Bewegung des 19. Jahrhundert verkörpert hat, und er sich mit sozialen und politischen Problemen der Zeit nur etwas ‚abgehoben‘ auseinandersetzt, besetzt er eine außerordentlich wichtige Position. Alexander hat mit dem System der patterns als Grundbausteine der Einheit von Aktivität und Raum, die gleichzeitig als sprachliche Verständigungsmittel zwischen Planer und Benutzer dienen, einen Beitrag zur räumlichen und sozialen Ordnung geleistet, der für die Zwischenstadt besonders geeignet erscheint.

Robert Venturi,[97] Denise Scott-Brown und Steven Izenour stehen mit *Learning from Las Vegas* (1972) in ihrer Entdeckung der Schönheit des vulgären *commercial strips* auf einer zu Alexander entgegengesetzten geistigen Position: Im Anschluß an die Pop Art haben sie die Augen geöffnet für die Zeichenwelt der ordinären Vorstädte und ihres eigenartigen ästhetischen Reizes. Sie verbinden eine massive Kritik an der Bild-, Symbol- und Zeichenlosigkeit der modernen Architektur mit einer positiven Analyse der von großen Werbezeichen und Ornamenten beherrschten kommerziellen Autobahnarchitektur der USA und erweitern diese Analyse noch zu einer positiven Würdigung der gewöhnlichen Einfamilienhaus-,Steppen'. Damit haben sie den Horizont der Architektur und des Ästhetischen in der orthodoxen Moderne so erheblich wie wirkungsvoll aufgerissen: Sie entdecken eine neue Volkstümlichkeit, die sich in den ‚vulgären' Werbezeichen und dem ‚kleinen Kitsch' der Vorgärten und Haustüren zeigt. Sie haben damit das mögliche Vokabular von Stadtgestaltung erweitert, auch wenn sie in ihrer Begeisterung für die Welt der Werbung und des schönen Scheins den kritischen Blick auf die Misere dahinter vermeiden.

Wiederum von einer ganz anderen Seite aus betrachten Colin Rowe und Fred Koetter die Stadt: Ihr einflußreiches Buch *Collage City* (1978)[98] legt, ausgehend von der historischen Analyse der Wurzeln der Moderne, neue Grundlagen für eine Deutung der modernen Stadt. Für einen neuen Umgang mit der Zwischenstadt enthält das Buch zahlreiche neue Gedanken.

„Colin Rowe und Fred Koetter haben mit einer zeitlich an den frühen Utopisten ansetzenden, gedankenreichen Analyse des utopischen Gehalts der modernen Architektur mit deren Großartigkeiten und Abwegen, dann auch mit einer Gegenüberstellung mit Traditionen anderer Art (unter anderem Townscape und Beaux Arts), das Spannungsfeld zwischen Utopie und Tradition ausgelotet. Davon profitieren Analyse und Gestaltung auch der Zwischenstadt, indem beides zusammen – Utopie und Tradition – erst das Ganze der Stadt ausmacht. *Collage City* ist ein Aufruf zur aufgeklärten Rationalität, die Sinneserfahrungen und Emotionen einschließt, Hoffnung und Erinnerung". (Bernard Hoesli)

Collage City ist zu einem allgemein akzeptierten Begriff geworden, der die scheinbare Formlosigkeit der Zwischenstadt mit ihren Fragmenten und Versatzstücken griffig umreißt – und leider auch fast wieder zu einem leeren Schlagwort zu verkommen droht.

Damit sind kurz ‚meine Klassiker' charakterisiert. Die folgenden drei Werke dienen mehr der unmittelbaren Praxis.

Peter G. Rowe analysiert in *Making a Middle Landscape* (1991)[99] nüchtern und realitätsnah die Hintergründe, geschichtlichen Motive, Bewertungen und Formen der dispersen Verstädterung in den USA, und zwar mit der These, daß diese Formen der Verstädterung die Folgen einer Kreuzung von ‚romantischer Landschaftssehnsucht' *(pastoralism)* und ‚technischem Temperament' seien. Gestaltungswege werden in „poetischen Operationen" gesehen – wie *juxtaposition* von kontrastierenden Formen; *scaling* in Form von ungewohnten Maßstäben gewohnter Gegenstände, *ordering* im Herstellen begreifbarer Ordnungen, und nicht zuletzt in *typological inventions,* in der Entwicklung neuer ‚hybrider' Überlagerungen von Erschließungselementen und Architektur. Die geschichtliche Analyse ist besser als die zu kurz greifenden Gestaltungsbeispiele.

Peter Calthorpe versucht in *The Next American Metropolis* (1993)[100] so etwas wie ein Lehrbuch des Städtebaus für die Zwischenstadt, das sich wieder stark an der Tradition der amerikanischen Kleinstadt orientiert, mit durchgehend verknüpften Straßennetzen, etwas höheren Dichten und vor allem mit der Einrichtung von Kernen, die als *pedestrian pockets* gemischter Nutzung den öffentlichen Raum für die Fußgänger vorhalten und die untereinander mit öffentlichem Nahverkehr verbunden sind. Das alles entspricht etwa unserem Prinzip einer ‚Dezentralen Konzentration' und versucht, den *sprawl* mit *transit oriented development* zu strukturieren.

Die erfrischenden Beiträge von Rem Koolhaas in *S, M, L, XL* (1995)[101] bieten einen scharfen Blick auf die Wirklichkeit heutiger Realisierungsbedingungen im Bauen und Planen – auch wenn ich seiner allzu begeisterten Dramatisierung dieser Bedingungen und der „Nobilitierung des Bestehenden" (Mönninger) nicht immer folgen kann – bei aller Freude an seiner Beobachtung und Formulierungskunst. Aber er hat damit den Blick auf die Realität gereinigt und geklärt und gleichzeitig die Grenzen der Planung neu umrissen: Planung für das Unvorhergesehene und Planung der Zwischenräume, nicht der Bauten, als Hauptaufgabe. Dieses Themenfeld von ‚Planung und Spielraum' wurde zwar schon in den frühen siebziger Jahren heftig diskutiert, aber Rem Koolhaas hat es auf originelle Weise auf der Ebene einer größeren Dimension neu instrumentiert.

Die Literaturausbeute ist begrenzt, aber doch gehaltvoll: Es gibt gewisse, theoretisch fundierte Grundlagen für die Gestaltung der Zwischenstadt. Es gibt durchaus auch eine nennenswerte Ideengeschichte nicht nur der Konzepte, sondern auch des praktischen Umgangs mit der Zwischenstadt und mit ihren Deutungen: Die Beschäftigung mit dieser Ideengeschichte der Planungs- und Gestaltungspraxis zeigt, wie unterschiedlich die Zwischenstadt gedeutet und bewertet werden kann, wie sehr es also auf die Innenbilder ankommt, die unsere Sichtweise leiten.

Die Arbeit an den Innenbildern

Im Abschnitt *Das alltägliche Handeln im ‚feinen Korn'* ist schon auf die Bedeutung der Bilder verwiesen worden. Jener Bilder, die in der stetigen Transformation durch meist alltägliche Maßnahmen des Stadtumbaus die neue Aufgabe erkennen lassen: Die Zwischenstadt als ein gegliedertes Ganzes zu sehen. Solche Leitbilder entstehen nicht automatisch und von selbst, sie müssen geprägt werden. Sie werden in jedem Menschen je nach Erfahrung, Vorbildung, Neigung und Interessen unterschiedlich sein.

„Leitbilder sind in hohem Maße verinnerlichte, bildhafte Vorstellungen, die inhaltlich ganz unterschiedliche Lebensbereiche ansprechen können und sich durch erhebliche Prägekräfte auszeichnen, welche sie aus einer präzisen Ausbalancierung der beiden, prinzipiell einem inhärenten Widerspruch unterliegenden Dimensionen *Machbarkeit und Wünschbarkeit* beziehen. Als ihre drei wesentlichen Funktionen für Gesellschaft und Individuum lassen sich unterscheiden: *Orientierung, Koordinierung* und *Motivierung;* insbesondere die enge Verflechtung dieser Funktionen stellt die Grundlage dar für die Leitbildern innewohnende Fähigkeit, handlungsleitend zu wirken."[102]

Die Zwischenstadt ist auch, je nach innerer Einstellung, ein Spiegel der Selbstwahrnehmung und gleichzeitig Projektionsfeld für Wünsche und Kritik. Die Arbeit an der Sensibilisierung der Bewohner für die Zwischenstadt und an deren Metaphern, und damit die Arbeit der positiven Beeinflussung der Innenbilder ist eine ebenso vielschichtige wie reizvolle und niemals endende Aufgabe. Sich an dieser Arbeit zu beteiligen ist die Stadt- und Regionalplanung ebenso aufgerufen wie die Kulturschaffenden und auch der Sport: Gerade der Sport kann durch neue Bewegungstrends und durch die Besetzung bestimmter Bereiche mit sportlichen Ereignissen auch Menschen ansprechen, die sonst kaum zu erreichen sind.

Um diese Aufgabe sinnvoll angehen zu können, ist es erforderlich, sich den Vorgang der Wahrnehmung und ihres Niederschlags im Gedächtnis zu vergegenwärtigen. Auf dieser Grundlage wären dann die möglichen graphischen Hilfen zu umreißen, die ein ‚Merkgerüst' im Kopf bilden können, und es wäre danach zu fragen, was die Benutzung des Computers dazu beitragen könnte, sich die Stadtregion zu erschließen. Nicht zuletzt wäre zu klären, wie öffentliche Informationskampagnen auszusehen hätten, die weder Werbung im üblichen Sinne, noch aufdringliche pädagogische Programme sein dürfen.

Wahrnehmung und Gedächtnis

Die klassische Wahrnehmungsstudie für unübersichtliche Stadtgebilde ist immer noch, wie schon erwähnt, *The Image of the City* von Kevin Lynch aus dem Jahre 1960. Seit dieser bahnbrechenden Studie gibt es zwar eine große Anzahl von psychologischen Untersuchungen zur Frage der *mental maps*,[103] die aber kaum praktisch verwertbare Ergebnisse gebracht haben und nicht über Kevin Lynchs klassische Studie hinausführten.

Seine Begriffe – Wege, Ränder, Bereiche, Knoten und Landmarken – sind nach wie vor sowohl für die Wahrnehmung als auch für die Planung sehr praktikabel, sie haben sich bewährt.

Wenn wir heute aber über das Konzept der *mental maps* hinauskommen wollen, müssen wir Erkenntnisse der Wahrnehmungspsychologie aus den letzten Jahrzehnten heranziehen.

Das Bild einer *mental map* ist nach diesen Erkenntnissen offensichtlich ein zu simplistischer Vergleich, denn Wahrnehmen ist das Ergebnis der Überlagerung und der Interferenz mindestens zweier, meist aber mehrerer Informationskreise. Es ist deshalb um so intensiver und nachhaltiger, je mehr sinnliche ‚Eingangskanäle' benutzt werden. Denn die Wahrnehmung nimmt gleichzeitig unterschiedliche Gehirnteile in Anspruch. Statt mit einer ‚inneren Karte' ist deswegen wahrscheinlich der Vergleich mit einem ‚inneren Hologramm' zutreffender, auch deswegen, weil Menschen in einem Detail häufig schon das Ganze erkennen können, wie beim Hologramm auch das Ganze in jedem Teil steckt.[104]

Über intensive und wiederholte Wahrnehmung des gleichen Sachverhalts bahnen sich ‚Einspurungen‘ im Gehirn an, wobei die interessengelenkte und emotional verstärkte Aufmerksamkeit als Filter dafür dient, welche sinnlichen Reize im Sinne der Wahrnehmung verarbeitet werden.

Wahrnehmen kann unterschiedlich intensiv verlaufen – vom einfachen beiläufigen Sehen über das sachliche Erkennen und das aufmerksame Wahr-Nehmen bis zur vergleichenden und metaphorischen Interpretation, vielleicht gar bis zur Identifikation, bei der tiefere Persönlichkeitsschichten mitschwingen.

In diesem Sinne kann Wahrnehmung auch begriffen werden als ein Vorgang, der von oberflächlichen Eindrücken des Kurzzeitgedächtnisses über aufeinander aufbauende Bildkonzepte zu beliebiger Tiefe des Langzeitgedächtnisses ausgebaut werden kann.

Für die Lesbarkeit der Stadtregion könnte dies bedeuten, Wahrnehmungskonzepte unterschiedlicher Art und Intensität auszubilden, die einander ergänzen.

Wie schon erwähnt, ist Wahrnehmung um so intensiver und nachhaltiger, je mehr Sinne an ihr beteiligt sind: Die Lesbarkeit der Zwischenstadt wird demnach ganz einleuchtend verstärkt werden, wenn zusätzlich zum Gesichtssinn, auch zum Beispiel Geschichte(n), haptische Erlebnisse und typische Geräusche oder gar Gerüche ins Spiel kommen und einen Raum sozusagen mehrfach bezeichnen (codieren).[105]

Ein Beispiel: Mein inneres Bild vom Hyde Park in London setzt sich zusammen aus folgenden Elementen: Kindererinnerungen an das Vorlesen von ‚Peter Pan‘ (einer Kindergeschichte von einem kleinen Jungen, der nachts im Hyde Park vergessen und eingeschlossen wird); Bilder von englischem Rasen, verbunden mit dem Geruch von geschnittenem Gras; Autolärm aus der Ferne zusammen mit dem Gefühl und dem Geräusch von knirschendem Kies; lesende, auf sich konzentrierte Menschen unter großen Bäumen und Fußball spielende junge Männer; schwere hohe Gitter und Tore und große Baumpersönlichkeiten. Insgesamt viele dicht verflochtene Stränge unterschiedlicher Sinneswahrnehmungen bilden ein komplexes Erinnerungsfeld, gefärbt durch das Licht einer optimistischen Aufbruchstimmung, in der ich London und den Hyde Park als junger Mann auf dem Wege zum Studium in Liverpool erlebt habe.

Trotz des völlig andersartigen kulturellen Zusammenhangs könnte man vielleicht auch an die ‚Songlines‘ der Aborigines in Australien erinnern, den durch Mythen und Legenden besetzten Wegen durch den Kontinent. Näher liegen uns literarische Stadtführungen – wie z. B. ‚Mit den Augen von Franz Biberkopf durch

Scheunenviertel, Prenzlauer Berg und Alexanderplatz' – die von jungen Kunsthistorikern in Berlin angeboten werden und bei denen sich literarische mit visuellen Eindrücken untrennbar verbinden.[106]

Wahrnehmung führt zur Merkbarkeit, wenn sich das Wahrgenommene zu einer ‚Gestalt' zusammenschließt, die im Idealfall Eigenschaften wie Prägnanz, Einfachheit, Stabilität, Regelmäßigkeit, Symmetrie, Kontinuität und Einheitlichkeit besitzen sollte. Die Zwischenstadt hat gerade diese Eigenschaften meist nicht, und das macht die Orientierung so schwierig: Um so wichtiger sind die wenigen großen Orientierungslinien und Orientierungspunkte, die es in fast jeder Zwischenstadt auch gibt, oder die zumindest gestärkt und herausgearbeitet werden können.

Andererseits – und hier hat die Zwischenstadt ‚von Geburt an' eine gute Ausgangsposition –, bedarf es einer gewissen Unübersichtlichkeit, um Neugier und damit Interesse und Aufmerksamkeit zu wecken: Ein gleichzeitig ausgewogenes und gleichwohl spannungsvolles Verhältnis zwischen einprägsamer Ordnung und einer in diese eingebettete labyrinthhafte Unübersichtlichkeit macht eine Stadt erst interessant.[107]

Die Lesbarkeit und Merkbarkeit einer Stadtregion können vielleicht auch mit der Lesbarkeit und der Merkbarkeit einer Partitur verglichen werden: „Die beste Methode, ein Werk dem Gedächtnis einzuprägen, ist die Analyse, das Erfassen des formalen Zusammenhangs, klangliche Vorstellungen und Erinnerung an das Notenbild".[108] Diese Aussage zur Merkbarkeit eines musikalischen Werkes paßt auch auf das Werk der Stadt.

Die Zwischenstadt kann auch als ein offener Text gelesen werden, der zum Verständnis und Genuß ein aktives Mitwirken des Lesers bei der Lektüre verlangt: Die Stadtfelder in der Zwischenstadt gleichen einem Zusammenspiel von unterschiedlichen, nicht immer leicht verständlichen Textfragmenten, deren Autoren nur ausnahmsweise allgemein bekannt sind, mit Lücken, die der Leser mit eigener Phantasie und eigenen Geschichten füllen und überbrücken muß. Die Fragmente kann er aber auch, je nach ‚Leseweg', zu unterschiedlichen Folgen zusammenstellen und je nach Stimmung und Erfahrung ganz unterschiedlich deuten.

Merkbarkeit, auch von Gegenständen abstrakterer Art, wird offensichtlich ganz allgemein unterstützt durch die Vorstellung räumlicher Elemente als Anker und Speicher von Ereignissen, Bildern und Zeichen, und da ist die Verknüpfung mit dem Thema der Lesbarkeit von Stadt ganz offensichtlich.[109]

Die wirkungsvollsten mental maps sind wahrscheinlich die tatsächlich eingeprägten Strukturen gezeichneter Karten. Deswegen kommt den zu ‚Logos‘ vereinfachten und verdichteten Orientierungsdiagrammen, die Merkmale einer ‚guten Gestalt‘ aufweisen, eine große Bedeutung als Lese- und Orientierungshilfe zu. Ein klassisches Beispiel hierfür ist das alte U-Bahn-Diagramm von ‚London Transport‘, das viele gute Nachfolger in anderen Städten gefunden hat. Für andere Themen als den öffentlichen Nahverkehr müssen sie meist erst noch erarbeitet werden.

Diesen Orientierungsdiagrammen haben aber genügend erkennbare und ausreichend häufig auftretende ‚Wiedererkennungszeichen‘ in der Realität zu entsprechen, damit sie ihren Zweck erfüllen können. Diese Wiedererkennungszeichen können wiederum die Qualität von grafischen Zeichen haben (z. B. in Form von Schildern, Hinweisen etc.) oder, besser noch, sie sollten Zeichen in Form von ‚Realien‘ sein (z. B. Kirchtürme, Halden, Industriebauten, Monumente etc.).

In Zukunft wird auch der intelligenten Benutzung des Computers mit geschickten Grafik-Programmen und Informationssystemen eine wichtige Rolle bei der Orientierung und der Erschließung des kulturellen Reichtums einer Stadtregion zufallen. Dies um so mehr, als die Art der Wahrnehmung der jüngeren Generation immer stärker durch den Umgang mit Computer und Bildschirm geprägt sein wird. Es könnte in Zukunft ratsam sein, an diese durch Computer und Fernsehen mitgeprägte Wahrnehmungsweise anzuschließen, wenn man die jüngere Generation noch mit einer Botschaft erreichen will, die ihren Wahrnehmungshorizont erweitert.

Informationskampagnen – z. B. in Form einer systematisch angelegten Plakat-Kultur in den Bahnhöfen der öffentlichen, regionsweiten Verkehrsverbünde oder als regelmäßige Kolumnen in den örtlichen Zeitungen, bis hin zu regelmäßigen örtlichen Radio- und Fernsehsendungen – können Wesentliches zum Kennenlernen der Zwischenstadt beitragen. Hier liegt ein weites und noch weitgehend unbeackertes, gleichwohl fruchtbares Feld einer metropolitanen Kulturarbeit.

Im Rahmen der IBA Emscher Park werden derartige Informationskampagnen vorbereitet, z. B. in Form einer ‚Route der Industriekultur‘. Aber auch eine Serie von vereinfachten, in ihrer Aussage pointierte Karten, soll das Ruhrgebiet besser lesbar und verständlich machen. Gleichzeitig sollen sie jeweils eine wichtige ‚plakative‘ Botschaft vermitteln. So zum Beispiel: „Orientierung ist einfach", „Die Ruhrachse ist so wichtig wie die Rheinachse", „Das neue Emscher Tal: Nach dem ‚blauen Himmel über der Ruhr' nun das ‚blaue Wasser mitten im Revier'", „Arbeit und Umwelt: Wir bauen das neue Emscher Tal – das schafft Arbeitsplätze bis weit ins nächste Jahrtausend!'", „Der Emscher Landschaftspark – die neue Ruhe und die neue Wildnis im Revier", „Der Mythos von Kohle und Stahl: Auf der Route der Industriekultur", „Künstliche Berge und technische Türme: Die Landmarken im Revier", „Netzwerk Innovation – die Kette der Technologiezentren und Hochschulen".

Die wesentlichen Aussagen sollen zusammengefaßt werden in einem ‚Karten-Gemälde', das mit der Vielzahl der unterschiedlichen, für das Ruhrgebiet so typischen kleinen Stadtteile und Siedlungsgemeinschaften – feinmaschig durchdrungen von Freiräumen – die besondere Form der Urbanität des Ruhrgebiets auch emotional vermittelt.

Stadtgestaltung, Kultur- und Sportpolitik: das Beispiel IBA Emscher Park

Bilder allein können wenig ausrichten. Der wesentliche Beitrag zur ‚Lesbarkeit' einer Stadtregion muß über den Prozeß der kleinen gestalterischen ‚Interventionen' und der Besetzung mit Bedeutungen laufen, denn Lesbarkeit bedeutet zuerst einmal – wie wir versucht haben herauszuarbeiten – bewußtes Wahrnehmen, Einprägen, Erinnern. Dieser Prozeß kann ganz unterschiedliche Formen annehmen:

– Von außen nicht wahrnehmbare Elemente können sichtbar und zugänglich und damit erlebbar gemacht werden.
– Bisher nicht bewußt wahrgenommene Elemente können durch ‚kulturelle Aufladung' einprägsam werden, d. h. sie können aus dem anästhetischen in den ästhetischen Bereich wandern.
– Bisher emotional negativ besetzte Elemente können durch Verbindung mit positiven Ereignissen umgedeutet werden.
– Sichtbar gemachte, positiv aufgeladene und umgedeutete Elemente können zu einer Sicht- und Erlebniskette verknüpft werden, d. h. plurale, ganz unterschiedliche Zeichen können verbunden werden zu einem regionsweiten Superzeichen.
– Informationskampagnen können diese exemplarischen Prozesse verbreiten und dazu anregen, die Region zu entdecken.

Die Potentiale für ein solches Lesbarmachen sind in jeder Zwischenstadt aufgrund unterschiedlicher Topographie, Geschichte, Landschaft und Wirtschaft verschieden und müssen jeweils gesondert aufgespürt werden. Im Ruhrgebiet hat die IBA Emscher Park solche Prozesse in Gang gesetzt, hierfür einige Beispiele:

Die sogenannte ‚Jahrhunderthalle‘ aus dem Jahr 1900 auf dem ehemaligen Krupp-Gelände in Bochum sollte wegen Funktionslosigkeit abgerissen werden. Diese Absicht wurde Schritt für Schritt kulturell unterlaufen, bis die Jahrhunderthalle zu einem Baudenkmal und zu einem wichtigen Veranstaltungsort geworden und damit gesichert war: Den Anfang machte Werner Durth mit seinen Kunststudenten aus Mainz, die im Gelände künstlerisch arbeiteten, die Ergebnisse in der Halle ausstellten und später in sehr schöner Form publizierten. Sie erreichten einen provisorischen öffentlichen Zugang und zogen das erste Mal eine interessierte Öffentlichkeit in den Bau.[110]

Die Spur wurde vertieft durch große Symphoniekonzerte der Bochumer Philharmoniker unter ihrem experimentierfreudigen Dirigenten Kloke und durch großes Tanztheater, beides erforderte eine Sicherung und Verfestigung des Zugangs. Inzwischen hat sich die Halle fest mit dem Erlebnis kultureller und sportlicher Veranstaltungen verbunden, sie wurde unter Verwendung des Betrags, der ursprünglich für den Abriß vorgesehen war, instandgesetzt und wird jetzt Mittelpunkt eines künstlerisch gestalteten Stadtparks neuen Typs.[111]

Ein vergleichbarer Prozeß der kulturellen Besetzung wurde für das ehemals zum Abriß bestimmte Hochofenwerk Duisburg-Meiderich eingeleitet. Große kulturelle Veranstaltungen (Musik, Theater, Multimedia) und sportliche Aktivitäten (Tauchen, Klettern) verbanden sich mit industriegeschichtlicher und pflanzenökologischer Erschließung, mit dem Ziel, durch behutsame Umnutzung und Umgestaltung der alten Industrieanlagen einen großen Volkspark zu schaffen.[112]

Der ebenfalls zum Abriß bestimmte riesige Gasometer in Oberhausen von über 100 m Höhe und mehr als 60 m im Durchmesser, der landläufig als ungeschlachtes Monstrum angesehen wurde, ist durch die Erschließung des einmaligen Innenraums für kulturelle Veranstaltungen und besonders mit der Ruhrgebietsgeschichtsausstellung ‚Feuer und Flamme‘ mit einem Schlage vom Symbol industriellen Niedergangs zu einem unübersehbaren Zeichen kultureller Erneuerung geworden.[113] Er wurde im Juni 1996 Schauplatz eines großen internationalen Kunstereignisses: ‚Ich Phoenix‘.[114]

Ein Beispiel aus der Landschaftsgestaltung: In einer zum Teil technisch deformierten, zum Teil erdgeschichtlich ‚natürlichen‘ Landschaft werden landwirtschaftliche Techniken eingesetzt, um z. B. große farbige, geometrisch geordnete Blütenfelder zu schaffen, um auf abgeernteten Feldern mit dem Pflug große grafische Zeichen zu setzen und mit den großen Preßstrohballen eigenartige künstlerische Zeichen aufzubauen. Die technisch deformierten Deponiefelder und die erdgeschichtlich ursprünglichen, natürlichen Elemente werden akzentuiert mit subtiler Gartenkunst und geometrischen Mustern.[115]

Mit Mitteln dieser Art könnten neue Kunstlandschaften zu Elementen der Eigenart der Region werden und dazu beitragen, durch anfangs ungewohnte „Verfremdungen" die Sehgewohnheiten zu verändern und auch die bisher verborgenen, weil unkonventionellen Schönheiten einer alten, landläufig als häßlich geltenden Industrielandschaft zu erkennen: Die an den Diskussionen mit den Künstlern beteiligten Bürger konnten diese Erfahrung der Transformation ihrer persönlichen Sehgewohnheiten ‚am eigenen Leibe' erleben. Auch Feste können als ein das Regionalbewußtsein förderndes Mittel eingesetzt werden. Das Symphonieorchester der Stadt Bochum hat im Jahr 1992 aus Anlaß des Jubiläums der Entdeckung Amerikas unter Leitung seines Dirigenten Kloke ein Musikfest besonderer Art veranstaltet mit dem Namen ‚aufbrecher amerika':[116] Besondere, früher als ‚verbotene Städte' unzugängliche, aber heute funktionslos gewordene Orte der zu Ende gehenden Epoche der Montanindustrie – Stahlwerke, Zechen, Hochofenkomplexe – wurden mit musikalischen Ereignissen besetzt, die zu einer Reise verknüpft wurden, bei der auch alte Zechenbahnen und Kanalschiffe dienstbar wurden. So entstand eine große musikalische Inszenierung einer vergangenen Welt. Diese Welt konnte von ihren Bewohnern früher nie erlebt werden, muß heute aber im neuen Erlebniszusammenhang zu einem wesentlichen Bestandteil der Kultur des Ruhrgebiets werden, wenn dies nicht seine historische Identität verlieren soll.

In allen diesen Fällen hat das Zusammenwirken von ökologisch ausgerichteter Freiraumplanung bzw. von Stadtentwicklungspolitik, Kultur und Sport zu einer positiven Umdeutung weithin sichtbarer alter industrieller Apparate und zerstörter Landschaften geführt und damit einen wichtigen Beitrag zur Erhaltung der Geschichte, zur Orientierung und Lesbarkeit regionaler Zusammenhänge geleistet.

Weitere Beispiele lassen sich nennen: Eine Berghalde wird im Prozeß der noch fortlaufenden Schüttungen künstlerisch bearbeitet,[117] eine andere wurde sogar mit einer stählernen Aussichtspyramide überhöht.[118] Damit werden die Halden als Orientierungs- und Aussichtspunkte wahrgenommen, die die Region über die Vogelschau erschließen und sie über die Sichtkette weiterer zeichenhaft gestalteter Berghalden lesbar machen.

Besonders gestaltete Landschaftselemente werden mit kulturellen und informativen Ereignissen verbunden – wie z. B. die Umgestaltung des Geländes der ehemaligen Zeche ‚Nordstern‘ in Gelsenkirchen mit Hilfe einer Bundesgartenschau[119] und der Ausbau des ‚Gehölzgartens Ripshorst‘ zu einem modernen Arboretum, das zudem noch mit einer selbst zeichenhaft gestalteten Brücke über den Rhein-Herne-Kanal erschlossen wird.[120] Diese neuen Landschaftselemente bilden große neue Verbindungs- und Orientierungszeichen in der Region.

Die Beispiele aus der IBA Emscher Park zeigen, wie wirksam ein Zusammenwirken von ökologisch orientierter Freiraumplanung und sozial ausgerichteter Stadtgestaltung mit Kultur und Sport eingesetzt werden kann, um eine ‚vergessene‘ Region für die Bewohner zu erschließen. Eine politische Zusammenfassung von Stadtentwicklung, Kultur und Sport in einem Ministerium, wie in Nordrhein-Westfalen, kann hierfür gute politische und administrative Ansätze bieten, die auf die regionale und kommunale Ebene ausstrahlen müssen: Die ganze Stadtregion muß als ein weitgefaßtes Feld metropolitaner Kultur begriffen und ausgerichtet werden, auf einen niemals abschließenden Prozeß der inneren Verwandlung und Qualifizierung.

Die IBA Emscher Park hat eine Grundlage zu einer neuen Form der Regionalplanung gelegt, die nicht mehr auf Wachstum angelegt ist, sondern auf Kreislaufwirtschaft und innere Qualifikation in Form stetiger innerer Transformation. Das geht überraschenderweise nicht ohne eine intensive kulturelle Durchdringung: Wenn man den Gedanken der Kreislaufwirtschaft zusammenbringt mit dem ursprünglichen, lateinischen Begriff der ‚Cultura‘ im Sinne von (Land)Bau, aber auch in der Bedeutung von ‚Pflegen, Ehren und Bewohnen‘, dann ist der Schritt zur Betrachtung der Stadtregion als einer Kulturlandschaft besonderer Art nicht mehr groß, einer Kulturlandschaft, in der alles ausnahmslos vom Menschen bebaut und gebaut ist. Eine solche Kulturlandschaft müßte – um im Bild einer Landbaukultur zu bleiben, die in der Erhaltung eines ökologischen Gleichgewichts über viele hundert Jahre eine hohe Kunst war – insgesamt als eine in vielfältigen symbiotischen Kreisläufen vernetzte, dichtbesiedelte Landschaft kultiviert werden, zu der gerade auch die Brachen als wichtige Zwischenzustände von Natur und Kultur gehören. Die gegenwärtig diskutierte Weiterentwicklung der ‚Baunutzungsverordnung‘ zu einer allgemeinen ‚Nutzungsverordnung‘, die auch Flächen ohne Gebäude umfaßt, ist eine wichtige Voraussetzung hierfür.[121]

Planung in einer konsequent auf Nachhaltigkeit und Kreislaufwirtschaft ausgerichteten Stadtregion hätte den Prozeß des Umgangs mit den Nutzungszyklen und damit auch mit den verschiedenen Formen von Brachen, deren Zwischennutzungen und Wieder-in-Wert-Setzung zum Inhalt.

Dieser Vorgang hat neben und häufig sogar noch vor funktional-ökonomischen Aspekten eine kulturell-künstlerische und eine ökologische Seite: Die skizzierten Beispiele aus der Emscher Region zeigen, daß häufig vor der ökonomisch-materiellen In-Wert-Setzung eine ökologische und eine künstlerische Besetzung und ,Umcodierung' stattfindet.

Anregungen für diesen Vorgang der Umcodierung finden sich in der modernen Kunst in vielfältiger Weise: z. B. das deutende Hervorheben und Sichtbarmachen von Alltagselementen durch Veränderung des Kontextes bzw. des Maßstabs, die Öffnung des künstlerischen Werkbegriffs auf offene, unabgeschlossene Prozesse, die Verbindung unterschiedlicher Kunstgattungen zu ,Installationen' etc.

Dies sind Beispiele für künstlerische Prozesse, die unsere Sicht der Welt verändert haben und die Verwandlung des Anästhetischen in das Ästhetische ständig vorantreiben.

Diese veränderte Sicht muß sich auch im Umgang mit der Zwischenstadt auswirken. Landschafts- und Stadtplanung müssen wieder eine konzeptionelle und gestalterische Einheit bilden. Sie müssen als Planungskultur in einen Diskurs mit Kunst und allgemeiner Kulturtheorie eintreten.[122] In diesem Sinne müssen sie selbst wieder zu Künsten werden und sich als wichtige Bestandteile einer metropolitanen Kultur verstehen, die die Zwischenstadt als ihr Wirkungsfeld erobert.

Das Beispiel IBA Emscher Park für eine kulturelle Besetzung der Zwischenstadt

Die Abbildungen zeigen Beispiele für die kulturelle Besetzung ehemaliger, bislang häufig negative Gefühle auslösender Industrieanlagen. Ihre neue kulturelle Bedeutung macht sie zu positiven Zeichen des Strukturwandels: Sie verkörpern gleichzeitig die besondere Geschichte der Region und verweisen mit ihren neuen Nutzungen auf die Zukunft.

Die Abbildungen zu Projekten der IBA Emscher Park sind zusammengestellt von der Abteilung Öffentlichkeitsarbeit, mein Dank gilt besonders Frau Sabine Radomski.

Landschaftspark Duisburg-Nord, ehemaliges Thyssen-Hüttenwerk Meiderich. Konzert in der offenen Giessereihalle. Foto IBA Emscher Park/Peter Liedtke

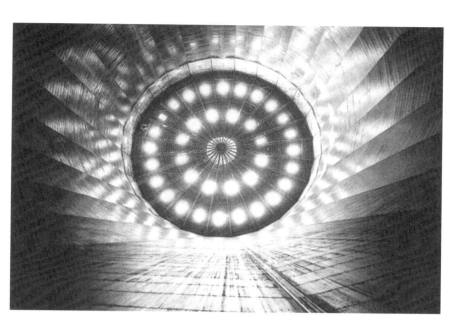

Gasometer Oberhausen, mit etwa 65 m Durchmesser und 120 m Höhe ist er heute wahrscheinlich der größte betretbare Innenraum in Deutschland. Unter und über dem mächtigen, früher auf dem Gas „schwimmenden" Deckel wird der nur durch die kleinen Oberlichter erhellte Raum für Ausstellungen, Musikdarbietungen, Licht- und Laser Versuche genutzt.
Ein Aufzug bringt die Besucher auf die Dachplattformen, die nach drei Seiten hin einen weiten Blick über die ehemalige, in der Umwandlung begriffene Industrielandschaft bieten. Foto oben von Manfred Vollmer, links von Thomas Brenner

Die zur Gänze unter Denkmalschutz gestellte Zeche Zollverein XII, erbaut 1928–32 von Schupp und Kremmer, wird nach Sicherung der baulichen Substanz als Kunst- und Kulturzentrum genutzt.
Foto Thomas Brenner

Die riesige Halle des Krupp Stahlwerks Bochum ist zur „Jahrhunderthalle" für Kunsttreffen, Kongresse, regionale Feste mutiert. Das Foto machte Stefan Ziese im März 1993

Land-Art mit Fledermaus-Zelten in Mechtenberg.
Foto Thomas Brenner

Die Halde an der Beckstraße in Bottrop ist nach Erdschüttung zum Ausflugsort „Emscherblick" geworden, bekrönt von einer gleichseitigen Stahlrohrpyramide: eine neue Landmarke nach dem langsamen Verschwinden der Fördertürme und Fabrikschlote.
Foto Thomas Brenner

„Wandel für Menschen" – Konferenz der Internationalen Bauausstellung Emscher Park in der Jahrhunderthalle Bochum, Mai 1994.
Foto Thomas Brenner

5 Perspektiven für eine neue Form von Regionalplanung

Zu Beginn dieses abschließenden Kapitels sei noch einmal die Aussage von Karl Ganser zur Emscher Region aus dem ‚Memorandum II' zitiert, nun aber in ihrer vollständigen Form, weil sich diese Aussagen allgemein auf die Zwischenstadt übertragen lassen: „Das 800 qkm große Siedlungsband im Zentrum des Ruhrgebiets ist gebaut. Diese Zwischenstadt, die weder unserem Bild von Stadt noch unserer Sehnsucht nach intakter Landschaft entspricht, läßt sich mit den schwachen Wachstumspotentialen der vor uns liegenden Zeit nicht mehr umbauen. Man muß sie als gegeben annehmen und die versteckten Qualitäten herauspräparieren. Man muß Ordnung schaffen und Bilder entwerfen, die diese verschlüsselte Landschaft lesbar machen. Daraus könnte sich ein neuer Typ von Regionalplan entwickeln."[123]

Wir wollen versuchen, einen solchen neuen Typ von Regionalplanung zu umreißen. Für die neue Aufgabe bedarf es einer veränderten Planungskultur. Als ein Zwischenfazit hatten wir im vierten Kapitel festgestellt, daß Stadt- und Landschaftsplanung sich konzeptionell vereinigen und wieder zu ‚Künsten' werden müssen: Die künstlerisch-architektonische Tradition des urban design im Städtebau muß sich verbinden mit der Tradition der Garten- und Landschaftskunst des Barock und der großen Landschaftsparks des 19. Jahrhunderts, und beide Traditionen müssen sich verbinden mit dem schon immer auf ‚Nachhaltigkeit' und Langfristigkeit angelegten Traditionen des Forst- und Agrarwesens.[124] *Der Freiraum der Landschaft wird zu dem eigentlichen Gestaltungsfeld, das die Identität, die Eigenart der Zwischenstadt bewahren und herstellen muß, das Bauen kann in seiner festen Typologie hierzu nur begrenzt beitragen.*

Diese verschiedenen Traditionen brauchen jedoch einen kreativen Schub durch gegenseitige Befruchtung, denn sie verharren derzeit in einer gegeneinander abgeschotteten konzeptionellen Erstarrung: Sie sind auf der einen Seite ebenso engbrüstig formal orientiert wie auf der anderen Seite naturwissenschaftlich-ökologistisch festgelegt, sie sind entweder auf vorindustrielle Stadt- bzw. Landschaftsbilder fixiert oder aber ohne jedes ästhetische Gespür. Es gibt zuwenig kreative Überlagerungen zwischen Ästhetik und Wissenschaft – es muß sich viel bewegen, damit das ganze Feld wieder geistig lebendig und kreativ wird!

Welche Folgerungen ergeben sich daraus für die praktische Regionalplanung? Die Methoden und Instrumente einer Regionalplanung für eine Region mit relativ geringem oder sogar ohne Wachstum müssen sich unterscheiden von einer Planungsmethodik, die im wesentlichen Wachstumszuwachs zu verteilen hatte. Eine Regionalplanung, die hauptsächlich qualitative Wandlungen, Umnutzungen und Uminterpretationen zu steuern hat, und das in einem Feld von Lebensräumen, die die einzelne Gemeinde weit übergreifen, muß den alten herkömmlichen Instrumentenkasten einerseits einschränken, andererseits erweitern auf Felder, die der Regionalplanung bisher fernlagen. Regionalplanung muß von einer vorwiegend restriktiven, verteilenden Tätigkeit zu einer aktiven und kreativen Sache werden, die einer eigenen politischen und finanziellen Basis bedarf, um die Region als zusammenhängenden Lebensraum qualifizieren zu können.[125]

Denkmodelle der Entwicklung der Zwischenstadt

Bevor wir uns den Handlungsfeldern und Instrumenten einer Regionalplanung für den Umgang mit ‚ausgewachsenen Zwischenstädten' zuwenden, soll skizziert werden, welche Entwicklungsmodelle denkbar sind. Der ehemalige Stadtbaurat von Frankfurt und Hannover und Präsident der Deutschen Akademie für Städtebau und Landesplanung, Hanns Adrian, hat zur Frage der Siedlungsstruktur vier prinzipiell unterschiedliche Modelle skizziert, die das Feld möglicher Entwicklungen gedanklich abstecken.[126]

„Modell 1: ‚Die bewahrte Stadt'
Alle Mittel und Instrumente werden eingesetzt, um die städtische Grundstruktur zu erhalten. Die Innenstadt ist baulich höchst attraktiv. Sie ist weitgehend Fußgängerbereich, durch Ringstraßen und Sammelgaragen aber mit dem Auto gut zu erreichen. Der ÖPNV ist flächendeckend in hoher Qualität ausgebaut. Mit großem planerischen Aufwand und sehr weitgehenden Eingriffen wird das Entstehen disperser Besiedlung und stadtferner Zentren verhindert." (Hanns Adrian)
 Eine solche Verhinderung dispersen Stadtwachstums wäre nur mit drakonischen, in unserer freiheitlich verfaßten Gesellschaft kaum durchzusetzenden und mit dem Grundgesetz demokratisch nicht legitimierbaren Eingriffen in die Selbstbestimmung der Gemeinden und der Menschen, in den Bodenmarkt, in die Verkehrs- und Transportwirtschaft und in die freie Wohnortwahl zu verwirklichen. Nur undemokratische Gesellschaften können gegenwärtig noch eine kompakte Stadt erzwingen!

„Modell 2: ‚Die Stadt der kooperierenden Zentren‘
Die Innenstadt bleibt wichtigster Einkaufsbereich, allerdings ergänzt durch in die Bebauung integrierte Fachmärkte und durch Einkaufszentren zur Versorgung der regionalen dispersen Besiedlung. Die Stadtmitte bleibt multifunktional. Sie wird weitgehend Fußgängerbereich und ist durch radial geführten ÖPNV erschlossen. Sie bleibt erreichbar für den Autoverkehr, der jedoch auf das Notwendige reduziert werden kann. Die Innenstadt wird bewußt zur Konkurrenzfähigkeit entwickelt: Ausweitungen unterschiedlich qualifizierter und teurer Lagen, gezieltes Stadtmarketing, Stärkung der Warenhäuser, Einfügung von integrierten Malls, enge Verklammerung der Innenstadt mit dichtbewohnten Gebieten." (Hanns Adrian)

Dieses Modell wird gegenwärtig von den meisten deutschen Städten verfolgt, stark beeinflußt vom kommunalpolitischen Druck des gefährdeten innerstädtischen Einzelhandels. Wie schon kurz angedeutet, führt dies aber häufig – von der Öffentlichkeit fast unbemerkt – zu einer Aushöhlung der historischen Substanz und damit zum Verlust jenes Charakters der Innenstadt, der sie kulturell und für das identitätsstiftende Wesen der Stadt so unersetzlich macht. Es findet eine schleichende Zerstörung des historischen Zentrums statt, bis zur Degenerierung der historischen Bauten zu Werbe- und Stimmungsfassaden des Einzelhandels.

„Modell 3: ‚Die ausgelaugte Stadt‘
Um die Stadt herum entstehen leistungsfähige, sehr große Einkaufszentren, die die Versorgung der Region und der Stadt weitgehend übernehmen. Die Innenstadt kann denkmalpflegerisch weitgehend erhalten werden und behält ihre touristische Attraktivität. Stadt und Region werden dauerhaft autoabhängig." (Hanns Adrian)

Diese Entwicklung können wir insbesondere in den ‚Neuen‘ Bundesländern beobachten, wo die großen Einkaufszentren am Rand der Plattensiedlungen und an den Autobahnen das schon zur Zeit der DDR systematisch betriebene Austrocknen der historischen Innenstädte mit anderen Mitteln fortsetzen. Hierzu stellt Hanns Adrian an anderer Stelle fest: „Vor allem im Osten ist das Fehlen eines bürgerlichen Stadtbewußtseins und einer örtlichen bürgerlichen Kapitalbasis eine der Ursachen für die Ausbreitung der ‚Entwickler und Investoren‘. Die Städte werden zu Geldanlagen. Mehr und mehr fehlt das früher sehr wichtige Regulativ der gesellschaftlichen Einbindung der Bauherren und Unternehmer."

Hier scheint eine Rückkehr zur Politik nach Modell 2 in vielen Fällen schon nicht mehr möglich zu sein. Bei aller Problematik könnte in der Entlastung der historischen Innenstädte vielleicht aber auch eine Chance zur Erhaltung ihrer Historizität und ihrer Entwicklung zu hochwertigen besonderen Wohngebieten liegen. Freilich ist es sehr zweifelhaft, ob und wie sich die peripheren neuen Einkaufszentren in Ostdeutschland überhaupt städtebaulich und landschaftlich in eine Zwischenstadt vernünftig integrieren lassen – und dies wäre wohl eine Voraussetzung für den Ausbau der historischen Innenstädte zu besonderen Wohngebieten.

„Modell 4: ‚Die Stadt der künstlichen Welten‘
Die Region wird durch ein System von spezialisierten, für ihre Funktion optimierten Zentren versorgt, die durch ein perfektes, flächendeckendes Verkehrsnetz erreichbar und verbunden sind: Einkaufszentren, Bürozentren, Landschaft werden zu Erholungszentren ‚gesteigert‘. Die alten Stadtkerne erhalten ebenfalls die Funktion von ‚Center‘. Es entstehen ihrer Bestimmung nach angepaßte, gemanagte Kunstwelten. Die historische Stadt besteht nur in örtlichen Inszenierungen weiter.“ (Hanns Adrian)
    Diese Entwicklung findet in ziemlich reiner Form in den USA statt, aber Ansätze hierzu gibt es auch in Mitteleuropa: Die Einkaufszentren reichern sich an mit Kinos und ‚Entertainment‘, sie inszenieren populäre kulturelle Veranstaltungen und verbinden sich mit künstlichen Erlebniswelten à la Disneyland, mit großen Erholungsparks, mit ‚Spaß-Bädern unter Palmen‘ und mit raffinierten technischen Spielwelten für Kinder und Jugendliche. Wann diese gegenwärtig boomende Entwicklung, die sehr große Flächen in Anspruch nimmt und sehr viel Autoverkehr erzeugt, von einer anderen Mode abgelöst oder überholt werden wird, ist noch nicht erkennbar: „Je elender die richtige Welt wird, um so größer die Chancen der monofunktionalen Kunstwelten.“ (Hanns Adrian)

Ich bin der Überzeugung, daß die Politik und das Instrumentarium räumlicher Planung in unserer Form von Gesellschaft zu schwach sind, um diese Art von ‚Kunstwelten‘ zu verhindern. Wenn einzelne Abwehrkämpfe erfolgreich waren – wie z. B. im Verhindern der Kunstwelt einer deutschen ‚Edmonton Mall‘ in Oberhausen – wird sogleich – nach Erschöpfung der öffentlich konzertierten Abwehr – die ‚Neue Mitte Oberhausen‘ nachgeschoben als zwar etwas kleineres, aber immer noch sehr großes Einkaufszentrum. Gegenwärtig bleibt wohl nicht viel anderes übrig, als beharrlich das Ziel einer engen Verbindung und Durchdringung des Alltagslebens mit Kultur und Landschaft zu verfolgen, mit Erlebnissen, die in die Erfahrungswelten des Alltagslebens integriert sind. Man muß darauf vertrauen, daß die Welle der

,Kunstwelten' auch wieder auslaufen wird. Ein Blick auf die USA zeigt, daß es auch dort Gegenbewegungen gibt, die man durchaus mit unserem Prinzip der ,Dezentralen Konzentration' vergleichen könnte. Dort heißen die Planungsziele *pedestrian pockets* mit *higher density* und *mixed use* als Kerne eines *transit oriented development*, verbunden durch *light railway systems* oder auch ,nur' durch besondere Autostraßen für Busse, bzw. für Autos mit mindestens 3 Insassen.[127]

Denkmodelle und Planungskonzepte sind notwendig, entscheidend für eine humanere Entwicklung der Zwischenstadt wird aber das Verhältnis der Menschen zu ihren Mitmenschen, zur kulturellen Qualität ihrer Stadt und zur Natur ihrer Umwelt sein. Ohne ein ,Beackern' des Feldes der Zwischenstadt in gesellschaftlicher, kultureller und ökologischer Hinsicht bleiben – davon bin ich überzeugt – alle technischen und ökonomischen Anstrengungen letztlich fruchtlos. Eine unabdingbare Voraussetzung für ein solches ,Beackern' ist eine neue politische und administrative Verfassung der Zwischenstadt.

Die Überfälligkeit von Verwaltungsreformen auf regionaler Ebene

Von einer politischen und administrativen Reform der Zwischenstadt ist die Wirklichkeit weit entfernt. Regionalplanung in Deutschland stagniert, intellektuell-wissenschaftlich, verwaltungsmäßig und vor allem politisch. Um nicht den Anschein einer allzu realitätsfernen akademischen Argumentation zu erwecken, halte ich mich im folgenden wieder an den alten Praktiker Hanns Adrian.[128]

„Verwaltungsreformen auf regionaler Ebene sind überfällig! Die heutigen regionalen Planungsverbände wurden in den 6oer und 7oer Jahren gegründet. Ihre Möglichkeiten, Entwicklungen zu steuern, beruhen auf dem Konsensprinzip.

Inzwischen sind die Konflikte zwischen Kernstädten und Peripherie so hart geworden, daß zu vielen Themen Einvernehmen nicht mehr zu erzielen ist." (Adrian)

Die Konflikte betreffen die Finanzierung regional bedeutender Einrichtungen, die Erhaltung und Pflege von landschaftlichen Freiflächen, die soziale Segregation zwischen Alter Stadt und Peripherie und den Auszug von Betrieben aus den Kernstädten ins Umland, mit meist negativen Folgen für die Kernstädte: Der Speckgürtel der Landgemeinden um die Kernstadt lebt gut damit, für die Zwischenstadt können sich die Konflikte zu einer Katastrophe ausweiten.

„Die Peripherie kann nur dann vor weiterer Zerstörung geschützt werden, wenn reformierte regionale Verbände Planungen auch gegen die einzelne Stadt oder Gemeinde durchsetzen können.

Bedenkt man, mit welchem Mut die preußischen Reformer vor fast 200 Jahren den Gemeinden Selbstverwaltung zugemutet haben, und ihnen das Recht gegeben haben, Macht auszuüben, dann ist es beschämend, wie das Thema ‚regionale Selbstverwaltung' ausgesessen wird. Wir brauchen eine Reform der regionalen Verwaltungen, die ihnen Koordinierungsmacht verleiht und die ihnen das Recht gibt, mit legitimierter Macht Konflikte zu bewältigen." (Adrian)

Regionalverwaltung in heutiger Zeit müßte zwar sicherlich einen anderen Charakter haben als z. B. die alte preußische Hoheitsverwaltung des 19. Jahrhunderts – sie müßte mehr auf Verfahren der Moderation, des Interessenausgleichs und der Verträge mit Privaten ausgerichtet werden als auf das Durchsetzen von hoheitlichen, zentralen Entscheidungen. Nichtsdestotrotz müßte sie mit gewichtiger Entscheidungsgewalt ausgestattet werden, und hierzu gehört ein eigenes Budget und eine eigene unmittelbare demokratische Legitimierung.

Die Verwirklichung einer wirksamen regionalen Selbstverwaltung und Entscheidungsmacht und eines eigenen Budgets wird insbesondere bei den wohlhabenden, von der Segregation profitierenden Gemeinden der Zwischenstadt auf Widerstand stoßen, deshalb müssen die einzelnen Schritte zur regionalen Selbstverwaltung gut überlegt werden:

„Ein erster Schritt könnte darin bestehen, den bestehenden Umlandverbänden in stärkerem Maße neben ihren Planungsaufgaben Implementierungsaufgaben zu übertragen. Der Kommunalverband Großraum Hannover (KGH) z. B. ist verantwortlich für den öffentlichen Personennahverkehr in der ganzen Region und für die Anlage und den Betrieb von Naherholungseinrichtungen. Die Verbände könnten Stück um Stück die Sorge für regional bedeutsame Einrichtungen übernehmen. Der KGH betreibt z. B. seit etwa einem Jahr den Hannoverschen Zoo und könnte durchaus für viele andere Einrichtungen verantwortlich werden." (Adrian)

Diesem Anfang müßte aber bald die breite politische Legitimation folgen, in Form der Einführung eines Regionalparlaments mit direkter Wahl. Die Region Stuttgart hat den Schritt zum Regionalparlament gewagt, die Entwicklung dort gilt es sorgfältig zu beobachten und auszuwerten.

„Schließlich könnte unter der Obhut der Regionalverbände eine wachsende Zahl von Zweckverbänden für viele Einzelaufgaben begründet werden, möglicherweise mit verschiedenem Flächenzuschnitt. Das könnte der Theorie Rechnung tragen, daß sich Einzugs- und Verflechtungsbereiche nicht mehr eindeutig bestimmen lassen, sondern daß es sich je nach Aufgabe um ‚oszillierende Felder' (Siebel) handelt." (Adrian)

Mit der Einführung eines Regionalparlaments ist ein wichtiger Schritt zur Gründung von echten Regionalstädten getan, mit einer zweistufigen Kommunalverwaltung: Die Region wählt einen Rat direkt, und damit einen ‚Regionsbürgermeister'. Die Machtverteilung zwischen Einzelgemeinde und Region muß je nach örtlicher und historischer Situation abgestimmt werden, auf jeden Fall muß die Regionalstadt Etatrecht haben. Sie wird Träger aller regional bedeutsamen Einrichtungen, übt die Planungshoheit aus (die sie teilweise delegieren kann), sie nimmt Implementierungsaufgaben wahr und muß die Aufgaben des übertragenen Wirkungskreises übernehmen, darunter Aufgaben der bisherigen Bezirksregierungen.

„Innerhalb der Region gibt es (entweder Gemeinden mit veränderten Zuständigkeiten, T. S.) oder Stadtbezirke mit direkt gewählten Stadtbezirksräten und Bezirksbürgermeistern, auf die möglichst viel delegiert wird. Diese Konstruktion hat Vorbilder in den Stadtstaaten." (Adrian)

Die Gründung von Regionalstädten ist dringlich, um sich verfestigende Fehlentwicklungen zu verhindern oder, wo möglich, auch rückgängig zu machen: „Die Besiedlung der regionalen Peripherien schreitet rascher fort als die Entwicklung der Kernstädte, denen es viel zu langsam gelingt, ihre Baulandreserven zu mobilisieren. Viele Leute werden deswegen an die Peripherie der Region vertrieben, weil die Städte an ihren Rändern suburbane Wohnmilieus nicht mehr zulassen. Die Peripherie ist in Gefahr, ihre Qualitäten zu verlieren und durch einen Betonring aus ungesteuerter Industrieansiedlung, Speditionen und Shopping-Center sich selbst zu ersticken." (Adrian) Regionalstädte müssen mit der Zeit eigenes Regionalbewußtsein entwickeln und begreifen, daß die strikte Trennung in Kernstadt und Peripherie nicht mehr gelten darf: „Die ‚Kernstädte' müssen in den Wettbewerb zur Flächenbesiedlung des Umlands mit eigenen attraktiven Angeboten einsteigen, und die ‚Peripherie' muß auch ‚städtische' Angebote machen." (Adrian) Vor allem aber sind beide für die Erhaltung und zeitgemäße Transformation der Landschaftsräume verantwortlich: „Für die großen Städte sind die Berührungszonen zwischen Stadt und Landschaft von unschätzbarem Wert. *In den nächsten Jahrzehnten wird dem Schutz und der Entwicklung der stadtumgebenden Landschaftsräume größte Bedeutung zukommen, vergleichbar mit der Aufgabe, die urbanen Viertel der Städte durch Sanierung vor dem Un-*

tergang zu retten. Die Qualität der Städte bemißt sich nicht zuletzt nach ihrer Einbettung in Landschaft." (Adrian)

Es ist eine neue Aufgabe, die nur durch die Integration der Land- und Forstwirtschaftspolitik in die Planung der Stadtregion zu bewältigen ist. Zwar gibt auch das Naturschutzrecht schon weitreichende Handhabungen, aber es ist zu konservativ ausgerichtet für eine Aufgabe, die eine Umgestaltung der Landschaft erfordert und nicht nur eine Flächensicherung. „Es gibt in zunehmendem Maße zwar regionale Planungen, die sich dieser Aufgabe annehmen: Es genügt aber nicht, die Flächen zu sichern. Die Aufgabe besteht darin, Landschaft (als Bestandteil der Zwischenstadt, T. S.) bewußt zu gestalten." (Adrian)

Eine genauere Analyse von vorhandenen Potentialen, die es nur plan- und zielgerichtet zu verknüpfen gälte, würde in vielen stadtnahen Landschaften große Chancen für eine Landschaftsgestaltung aufdecken, hierfür ein Beispiel aus Berlin: „Im Berliner Nordosten, z. B. im Bereich der ehemaligen Rieselfelder (ein Bereich für große Stadterweiterungen), hat eine ‚Landschaftskonferenz' aufgedeckt, daß in solchen für Großstädte typischen Lagen erstaunlich viele Behörden, Ämter, Stadtgüter, Vereine tätig sind und auch über Investitions- und Unterhaltsmittel verfügen. Alleine ihre Koordination könnte enorme Veränderungspotentiale erschließen." (Adrian)

In diesen neuen, in die Zwischenstadt integrierten Landschaftsformen muß es auch planmäßig Platz geben für Wohn- und Gewerbeformen, die sich in die klassische Stadt nicht einfügen lassen:

„Die besondere Attraktivität suburbaner Wohnmilieus liegt zu gutem Teil in den breiten Spielräumen, die sie dem Einzelnen zur Verwirklichung seiner Wohnträume lassen. Das betrifft die Schwarzwald-, Friesen-, Lederhosenhäuser ebenso wie die sich zu Schlössern entwickelnden Gartenlauben, wie alle die Häuser, die durch Selbsthilfe, Baustellenklau und Omas Erspartes zustandekommen. Suburbia ist Rückzugsgebiet für bedrohte aktive urbane Exoten. Diese Funktion ist in integrierten Lagen kaum substituierbar. Es erscheint dagegen im allgemeinen problematisch, typisch städtische, z. B. aus gründerzeitlichen Stadtstrukturen abgeleitete Siedlungsformen auf die Zwischenstadt zu übertragen, es gilt, für die Zwischenstadt typische, aus den dort vorhandenen Wohn- und Gewebemilieus neue Formen zu entwickeln." (Adrian)

Ein nach wie vor ungelöstes Problem ist der Verkehr, insbesondere die Erschließung der Stadt durch den öffentlichen Nahverkehr:

„An der Peripherie kann man mit Herzenslust Auto fahren. Oft muß man es sogar. So entsteht Autoland in Suburbia und durch öffentlichen Nahverkehr erschlossene Stadt nebeneinander. Töffiland und Öffiland sind immer weniger miteinander verbunden. Park-and-ride-Plätze, die eine Verbindung darstellen könnten, werden mit mehr oder weniger stichhaltigen Gründen bekämpft." (Adrian)

Konventionelle Busse und Bahnen sind für die Erschließung der Zwischenstadt nur ausnahmsweise geeignet, es müssen deswegen Zwischenformen zwischen privatem und öffentlichem Verkehr entwickelt werden.

„Das geht vermutlich ohne Einbeziehung des Individualverkehrs und seine enge Verknüpfung mit dem ÖPNV schon heute nicht mehr. Ebenso wichtig ist die Verknüpfung peripherer Siedlungsteile untereinander, z. B. durch engmaschige und bequeme Radwegenetze." (Adrian)

Bisher wurde die Zwischenstadt als eigenständiges Gebilde und wichtige Aufgabe verdrängt: als namenloses Gebilde ist sie kein ‚Begriff‘, politisch zerfällt sie in viele Einzelgemeinden und wird deswegen auch nicht als zusammengehöriges Politikfeld begriffen, und für die Landesplanung mit ihrem unerschütterlichen Glauben an die ordnende Wirksamkeit ihrer ‚Zentrale-Orte-Theorie‘ oder ihrer Theorie der ‚Dezentralen Konzentration‘ gilt der schöne Kategorische Imperativ von Christian Morgenstern: „Weil, so schloß er messerscharf, daß nicht sein kann, was nicht sein darf." Adrian hierzu: „Kein Zweifel, man muß die rasante Entwicklung der Peripherie unserer Stadtregionen auch im Vorderhirn zur Kenntnis nehmen. Die alten Instrumente der Raumplanung sind nicht mehr in der Lage, geordnete und nachhaltig akzeptable Verhältnisse herbeizuführen.

Neue Strategien sind erforderlich. Ihre wichtigsten Elemente:

– Eine regionale Verwaltungsreform, die die Entwicklung wieder steuerbar macht.
– Akzeptieren suburbaner Lebensformen als großstädtisches Element. Man muß ihnen Raum geben.
– Großräumiger und nachhaltiger Schutz und Entwicklung wichtiger Landschaft.
– Die Kernstädte dürfen sich nicht auf die Wirkung regionaler restriktiver Instrumente allein verlassen. Sie müssen sich aggressiv dem Wettbewerb stellen." (Adrian)

Stadt-Region Stuttgart

Der Raum Stuttgart zeigt die Entwicklung von Zwischenstadt besonders deutlich: Die verschiedenen Siedlungsfelder – fünf Landkreise mit 179 Kommunen – sind untereinander und mit der vielfältigen Landschaft zu einer Regionalstadt zusammengewachsen, deren einzelne Orte untereinander mit Auto oder Bahn in maximal einer halben Stunde erreichbar sind.

Die Regionalstadt zeigt eine ausgeprägte netzförmige Struktur und eine dezentrale kulturelle Vielfalt im Verbund mit der reizvoll gegliederten Landschaft. Damit hat sich der Raum Stuttgart zu einer polyzentralen Metropolregion entwickelt, mit elf Regionalstadtteilen von je 150 000 bis 200 000 Einwohnern, mit je eigenen Zentren und unterschiedlichen, sich ergänzenden „Begabungen".

Diese Regionalstadtteile könnten eine Grundlage für eine bürgernahe und zugleich leistungsstarke Verwaltung bilden, als Verwaltungsebene einer Regionalstadt mit eigener Verfassung.

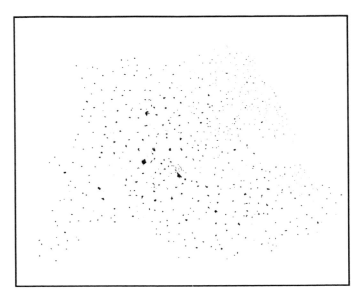

Stuttgart und Umgebung 1850

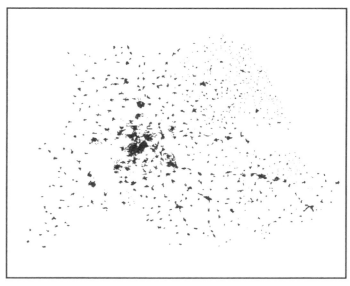

Stuttgart und mittlerer Neckarraum 1950

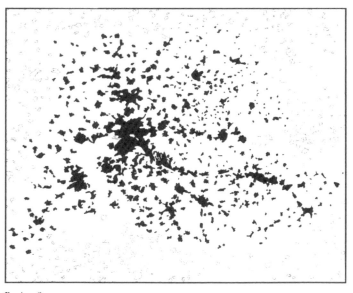

Region Stuttgart 1995

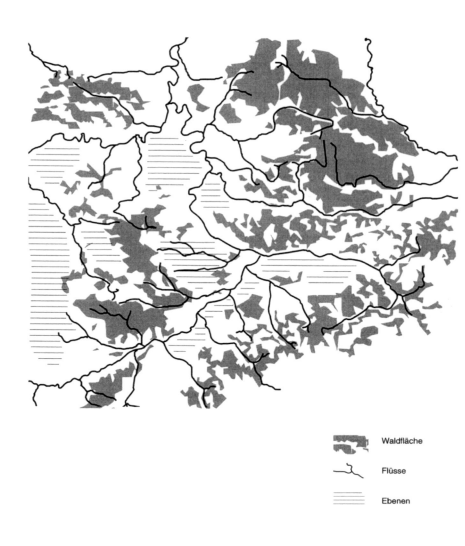

Waldfläche

Flüsse

Ebenen

Region Stuttgart. Topographische Vielfalt

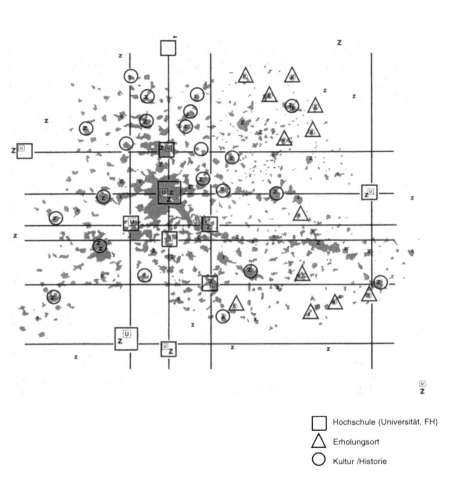

Hochschule (Universität, FH)

Erholungsort

Kultur /Historie

Region Stuttgart. Kulturelle Vielfalt

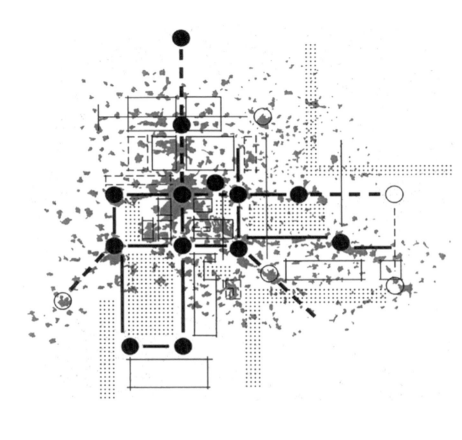

Siedlung

Landschaft

Entwicklungsschwerpunkt

Region Stuttgart. Netzstruktur

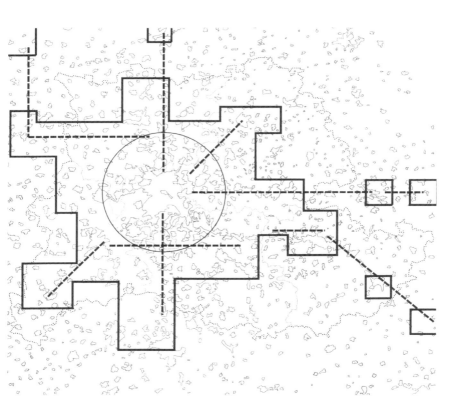

Erreichbarkeit:
25 min Auto
25-30 min Schiene

Region Stuttgart. Organisationsstruktur

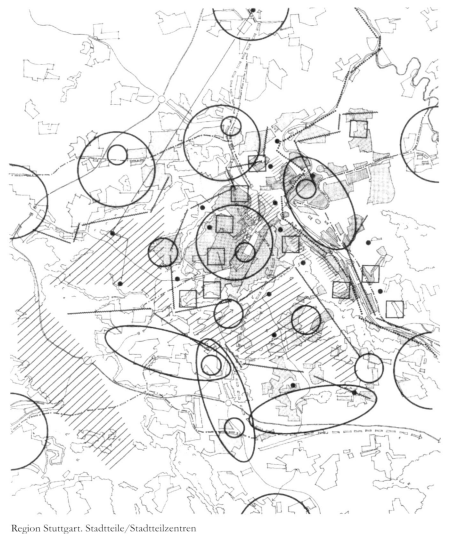

Region Stuttgart. Stadtteile/Stadtteilzentren

Die Forschungsstudie „Stadt Region Stuttgart" ist von Prof. Dr. Roland Wick, Stuttgart/Darmstadt erarbeitet und Bestandteil eines gemeinsamen Vortragsmanuskripts von Sieverts und Wick (Veröffentlichung vorgesehen).

Handlungsfelder und Instrumente

Es gibt zahlreiche Wege, Maßnahmen und Projekte, die Zwischenstadt mit den vorhandenen Finanzmitteln und auch ohne Wachstum zu qualifizieren, zu transformieren und in eine umfassende Kreislaufwirtschaft einzufügen. Ich halte die Qualifizierung der Zwischenstadt sogar für eine besonders dankbare politische Aufgabe, weil mit politischer Phantasie, Verfahrenskreativität und Förderung eines innovativen Milieus viel auszurichten ist.

Man könnte die Aufgaben einer neuen Regionalplanung im Maßstab der Zwischenstadt in fünf großen Handlungsfeldern zusammenfassen:

1. Transport und Kommunikation
2. Schutz, Pflege und Entwicklung
3. Transformation und Erweiterung
4. Orientierung und Information
5. Kultur und Sport

Das erste Handlungsfeld *Transport und Kommunikation* legt die instrumentelle Basis für Austausch, Funktion und Entwicklung der Zwischenstadt. Das Ziel dieses Handlungsfeldes müßte in der Verknüpfung unterschiedlicher Transport- und Kommunikationsformen bestehen, in einem System, in dem auch mit mittelgroßen, aber besser ausgelasteten Fahrzeugen zielgenau operiert werden kann. Zu einem solchen System gehören auch die technischen raumüberspringenden Medien auf der einen und Netze für den mit Muskelkraft betriebenen, vielleicht solarunterstützten ‚Langsamverkehr‘ auf der anderen Seite, weil sie zusammen mit dem motorisierten Verkehr einen Verbund bilden müssen, der motorisierten Verkehr minimiert und ‚Seßhaftigkeit‘ fördert.

Das zweite Handlungsfeld *Schutz und Entwicklung* umfaßt im wesentlichen die klassischen Bereiche des Landschafts- und des Denkmalschutzes. Es geht um die Wahrung des natürlichen und kulturellen Erbes und des Erlebnisses der zeitlichen Kontinuität im erdgeschichtlichen, biologischen, historischen und im ein bis zwei Generationen übergreifenden lebenszeitlichen Zusammenhang des Milieus. Deswegen müssen jeweils Schutz und Pflege im Sinne von Landschafts- und Denkmalschutz sowie behutsame Weiterentwicklung in einem ausgewogenen Verhältnis zueinander stehen, damit das Geschichts-Erlebnis der zeitlichen Tiefe nicht ‚stillgelegt‘ wird, sondern in seiner Dynamik erfaßbar und nach vorne, in die Zukunft, offen bleibt. Dazu gehört die Erhaltung der Gleichzeitigkeit des Ungleichzeitigen in den bebauten Bereichen ebenso wie in den Freiräumen.

Neben den schon ‚klassischen‘ Feldern des Landschafts- und Denkmalschutzes können weitere Bereiche in den Schutz- und Pflegegedanken einbezogen werden, wie z. B. der Milieuschutz, auch im Sinne des Erhaltens und der behutsamen Pflege von Bereichen verminderten kulturellen und ökonomischen Anpassungsdrucks, Bereiche, in denen die Zeit gewissermaßen, wie in einer Zeitlupe, langsamer läuft. In das Handlungsfeld *Schutz, Pflege und Entwicklung* ist gewissermaßen ein retardierendes, bremsendes Element eingebaut. Es arbeitet nach dem Prinzip des geringstmöglichen Eingriffs, denkt in den Maßstäben der verschiedenen biologischen Zeiträume sowie in den Zeiträumen von Geschichte und kann auch ökologische bzw. kulturelle Felder festlegen, in denen keine Planung greifen darf, sondern die sich selbst überlassen bleiben und sich selbst regulieren sollen. (Paradox des Plans: Planung des Nichtzuplanenden).

Es gibt einen wichtigen Überschneidungsbereich zwischen *Schutz, Pflege und Entwicklung* und dem dritten Handlungsfeld *Transformation und Erweiterung*. Es handelt sich um Bereiche, die einerseits vor aktiver Entwicklungsplanung geschützt werden sollen, andererseits aber gerade dadurch, daß in ihnen bestimmte Regelungen aufgehoben sind und insgesamt die Regelungsdichte vermindert ist, unter Umständen eine eigene starke Entwicklungsdynamik entfalten können. Ungeplante und ungewollte, aber höchst vitale und ‚urbane‘ Bereiche dieser anarchischen Art kann man hauptsächlich dort beobachten, wo z. B. rechtlich festgesetzte Straßendurchbrüche (oder andere Planungsrechtsfestsetzungen) zwar nicht durchgeführt, aber zum Teil über Jahrzehnte rechtskräftig blieben: Sie hatten einen Investitionsstop bei der betroffenen Bausubstanz zur Folge, und unter ‚Schutz und Schirm‘ des uneingelösten Plans konnten sich informelle, aber geduldete Aktivitäten vielfältiger Art entfalten, die sonst keine ökonomische Nische gefunden hätten. Eine bestimmte Form der Urbanität gedeiht – wie Rem Koolhaas festgestellt hat – anscheinend nur in der Illegalität! Dies sind Bereiche, in denen auf quasi anarchische Weise Neues ausprobiert, Entwicklungen angestoßen, Lebensstile erprobt werden können. Sie gehören deswegen sowohl zum Handlungsfeld *Schutz, Pflege und Entwicklung* als auch zum Handlungsfeld *Transformation und Erweiterung*.

Aber das eigentliche Feld von *Transformation und Erweiterung* ist natürlich der Bereich der einfachen und komplexen Projekte, mit denen neue Entwicklungen angestoßen werden und die auch als fokussierende Stabilisatoren und räumliche Anker in Form von Zentren bzw. Kanten die diffuse Stadt strukturieren. Dieser Bereich ist gekennzeichnet durch ein drängendes, schnell veränderndes Moment. Das Feld kann zusätzlich gekennzeichnet sein durchein Milieu des ,Zeitraffens', als ,Durchlauferhitzer' für den Transfer neuer Erkenntnisse, Fähigkeiten und Produkte in die Region, z. B. in der Form neuer Technologiezentren und zugeordneter Gewerbegebiete.

Quer zu beiden Handlungsfeldern steht das Handlungsfeld *Orientierung und Information*. Es ist zuständig für den dauerhaften Zusammenhalt der Zwischenstadt, für das Netz der Wege, Zeichen, Beleuchtung und Schilder: Quer über die verschiedenen Bereiche muß es für schöne Wege, gute Orientierung und ergänzende Informationen sorgen, ebenso wie für eine gute Information über die verschiedensten Medien.

Orientierung und Information überschneiden sich wiederum mit dem fünften Handlungsfeld *Kultur- und Sportereignisse:* Hier werden durch kulturelle Besetzungen und ,Aufladungen' sowie sportliche Ereignisse die Umdeutungen bestimmter emotional negativ oder neutral besetzter Bereiche in die Wege geleitet. Dieser Bereich ist auch verantwortlich für die ,Feier der Zeiten und der Orte' mit regelmäßigen, über das Jahr verteilten, unter Umständen den Standort wechselnden, regionalen Festen und Inszenierungen von Hochpunkten, in denen man die Zwischenstadt in einem übergreifenden Zusammenhang erleben kann.

Die Instrumente einer solchen gewandelten Regionalplanung lassen sich in drei große Gruppen einteilen, die sich von ,harten' zu ,weichen' Instrumenten abstufen. Die Instrumente decken sich nicht mit den Handlungsfeldern, im Gegenteil, sie überschneiden sich und stellen auch Verbindungen zwischen den Handlungsfeldern her.

1. *Planung und Betrieb regional bedeutsamer Infrastruktur,* wie z. B. öffentlicher Nahverkehr, Ver- und Entsorgung; regionale Kultureinrichtungen, wie z. B. Zoo, Theater und Oper, aber auch große Freiluft-Auditorien. Eine besonders wichtige Aufgabe ist die Entwicklung und Pflege neuer Regionalparks als weiträumig bewußt gestaltete Landschaften, mit ökologischer Landwirtschaft, mit neuen ,Wildnissen' und mit Entwicklung und Unterhalt von Fernwander- und Radwegen.

2. *Sicherung, Kontrolle, Gestaltung und Entwicklung regional bedeutsamer öffentlicher Räume, Bauten und Bereiche.* Dazu gehören die Sicherung, Planung und Gestaltung der

regional bedeutsamen Freiflächen und des öffentlichen Raumes, die zielgerichtete Koordination der laufenden Reparatur-, Umbau-, und Umnutzungsmaßnahmen bei regional bedeutsamen Elementen, die Ausweisung und Förderung regional bedeutsamer Erneuerungs- und Umnutzungsbereiche und nicht zuletzt die Initiierung und Förderung von Projekten besonderer regionaler Ausstrahlung, im Sinne des „Brückenbauens, Knotenstärkens und Netzeverdichtens", wie Peter Zlonicky es so griffig bezeichnet hat.

3. *Information, Kommunikation und Partizipation.* Zu den Aufgaben gehört das Erarbeiten von gut merkbaren Orientierungsdiagrammen, das Entwickeln von einfachen, auf dem PC anwendbaren Computerprogrammen zur ‚Erschließung' der Region, die Sensibilisierung für ungewohnte, verborgene Qualitäten mit Mitteln der öffentlichen visuellen Information (Plakat-Kampagnen etc.), die Kontakte zu Zeitungen, lokalen Radiosendern und Fernsehen für regelmäßige Regionalinformationen und das Angebot und die Organisation von Exkursionen, Seminaren, Werkstätten – vielleicht im Rahmen einer Regionalakademie – die Organisation von Entwurfswerkstätten und regional bedeutsamen kulturellen Ereignissen.

Alle drei Instrumentenfelder treffen sich bei den großen, regional bedeutsamen Maßnahmen: Kulturelle Maßnahmen mit dem Ziel symbolischer Umdeutungen von z. B. negativ besetzten Industriebrachen und Bedeutungsverstärkung in Form von Ausstellungen, kulturellen oder sportlichen Veranstaltungen werden gefolgt von Gestaltungsplanungen und können (müssen aber nicht) in der Übernahme auch der Betriebsverantwortung durch die neue Regionalverwaltung münden.

Gegenüber der herkömmlichen unterscheidet sich die neue Regionalplanung hauptsächlich durch einen viel stärkeren kulturellen Einsatz und den Zugriff auch auf scheinbar kleine, aber in ihrer flächigen und zeitlichen Summierung bedeutende regional wirksame Reparatur- und Umbaumaßnahmen:

So kann z. B. die Anlage eines Forstwirtschaftswegs unter Umständen durch geschickte Modifizierung und Anschlüsse gleichzeitig zum Teil eines Fernwanderwegs werden, oder die Reparatur bzw. Neuverlegung einer Leitung kann – nachdem die Straße ohnehin neu gepflastert werden muß – preiswerte Möglichkeiten der Umgestaltung einer regional bedeutsamen Straße bieten, oder die Stillegung eines Industriebetriebs kann plötzlich neue Gestaltungsmöglichkeiten eröffnen etc.

Regionalplanung könnte mit der Vision einer neuen Stadt-Kultur-Landschaft und mit einer veränderten administrativen und politischen Struktur eine Perspektive auf eine neue Planungskultur mit gestalterisch-kreativen Aufgaben eröffnen und damit zu einem attraktiven Gestaltungsfeld werden, das die politisch und fachlich besten Begabungen anziehen könnte.

Regionalplanung dieser Art, insbesondere wenn sie Betriebsverantwortung übernimmt, kann – dies kann gar nicht genug betont werden – im vollen Umfang aber nur wirksam werden, wenn sie eine eigene politische Macht- und Budgetbasis erhält. Nur damit kann auch das erforderliche regionale Selbstbewußtsein wachsen.

Offene Fragen

Im Vorwort habe ich auf das Dilemma hingewiesen, in das der Gedankengang unvermeidlich hineinführt, wenn die hier aufgeworfenen Fragen nicht von den Bürgern, der Politik, von Kultur und Wissenschaft und von den Planern aufgenommen und Schritt für Schritt beantwortet werden: Dann wird nur die Kritik an den herkömmlichen Begriffen, am Mythos der Bilder und an der Schwäche der Raumplanung wahrgenommen, *und nicht die sich mit der Kritik eröffnende große Gestaltungsperspektive.*

Gegenwärtig scheint politischer Optimismus nicht angebracht: Raumplanung und Stadtgestaltung rangieren ganz am Ende der politischen Tagesordnung wichtiger Fragen. Ökologische Probleme werden hinter kurzfristige ökonomische Ziele verdrängt. Der kulturelle Diskurs ist noch immer in den alten historischen Mustern befangen. Praxis und Wissenschaft der Raumplanung sind beide gleich unproduktiv. Die langfristigen wirtschaftlichen Aussichten verweisen eher auf eine bescheidenere Rolle Europas, mit insgesamt stark reduzierten Mitteln für Raumordnung und Städtebau.

Aber ich neige trotzdem zu der im Vorwort formulierten Hoffnung, daß die Gesellschaft für ihre ökologischen und sozialen Krisen planvolle Antworten auf rechtzeitig und in einen perspektivischen Zusammenhang gestellte Fragen finden wird. Wahrscheinlich freilich muß die Not dazu erst noch viel größer werden, bevor die Notwendigkeit solchen Handelns bewußt wird. Deswegen sind die folgenden Fragen mit der nötigen Skepsis zu verstehen. Ich ordne sie anhand der drei Begriffsfelder, die den Untertitel dieses Essays bilden: Die Stadt zwischen Ort und Welt, Raum und Zeit, Stadt und Land. Sie fassen das Themenfeld noch einmal zusammen.

Die Globalisierung der Wirtschaft schränkt die Handlungsmöglichkeiten der Nationalstaaten und auch der Städte und Gemeinden stark ein, die finanziellen Spielräume hängen weitgehend von weltwirtschaftlichen Konstellationen und dem Finanzverhalten der ,Konzern-Multis' ab. Ein Wiederauferstehen des alten europäischen Interventionsstaates ist zumindest vorerst nicht zu erwarten, statt dessen werden Stadtverträge, Public-Private-Partnerships und Interessenausgleich durch Moderationsverfahren größere Bedeutung gewinnen.

Die kommunalen Gebietskörperschaften müssen deswegen nach neuen Wegen und Feldern der Selbstverwaltung suchen, um gleichzeitig mit dem Kampf um internationale Wettbewerbsfähigkeit den sozialen Frieden und die kulturelle Identität zu erhalten.

Wie aber können das örtliche Milieu, die kleinen örtlichen und regionalen Wirtschaftskreisläufe, die soziale und kulturelle Bindung an den Ort und an örtliche Gemeinschaften komplementär zur Internationalisierung gestärkt werden? Kann man sich darauf verlassen, daß auf längere Sicht mit der Globalisierung auch die örtlichen Kreisläufe gestärkt werden? Wie können Städte überhaupt wirkungsvoll dazu beitragen, die soziale Entwurzelung ökonomisch ausgegrenzter Gruppen zu verhindern? Welche Arten von öffentlichem Raum, welche Kommunikationsstrukturen, welche örtlichen Netze müssen aufgebaut werden, um die ökonomisch und sozial auseinander driftenden Bevölkerungsgruppen zusammenzuhalten? Wie kann z. B. ganz praktisch dafür gesorgt werden, daß freifinanzierter und sozialer Wohnungsbau weiterhin gemischt werden können? Wie kann das örtlich Besondere gegenüber dem international Gleichmachenden und Gleichgültigen verteidigt werden, ohne in spießige Kleinbürgerlichkeit zu verfallen? Kurz gesagt: Wie können die Städte den Spagat, die Zerreißprobe zwischen internationaler Wettbewerbsfähigkeit und Erhaltung örtlicher bzw. regionaler sozialer und kultureller Eigenart aushalten?

Die Zwischenstadt zwischen Raum und Zeit

„Im Moment ist ja das Schlimme, daß es nur noch Zeit oder Geschwindigkeit oder Verlauf von Zeit gibt, aber keinen Raum mehr. Man muß jetzt Räume schaffen und besetzen gegen diese Beschleunigung." (Heiner Müller, 1995)[129] Die Zeichen stehen in der Tat auf Beschleunigung und Enträumlichung unserer alltäglichen Lebensverhältnisse: Einzelne isolierte Lebens- und Arbeitsinseln werden durch möglichst schnelle Verkehrsmittel funktional verknüpft, die häßliche Schneisen durch ein unwirtliches ‚Niemandsland' benutzen und ihrerseits verknüpft sind mit transitorischen, flüchtigen ‚Nicht-Orten'. Nicht mehr die räumlichen Entfernungen, sondern der Zeitaufwand der Verknüpfungen bzw. die Kosten des Informationstransfers bestimmen die funktionalen Strukturen: Der neue Transrapid wird z. B. bestimmte Teile von Hamburg und Schwerin zeitlich näher an das Berliner Westend heranrücken, als es heute manche Stadtteile in Berlin selbst sind. Es entstehen ganz neue Zeit-Raum-Karten, die kaum noch etwas mit der alten Topographie und Geschichte zu tun haben. Diese Karten gelten freilich überwiegend für die in das Weltwirtschaftsgefüge eingebundenen Menschen; der andere größere Teil lebt nach wie vor überwiegend ortsgebunden. Außerdem ist für das neue Raum-Zeitgefüge ein hoher ökologischer Preis in Form von Energieaufwand und Landschaftszerschneidungen zu zahlen.

Gibt es aber überhaupt ein politisches oder ökonomisches Interesse von Gewicht, über eine Erhöhung des ‚Raumwiderstands' (insbesondere für das Auto) das Örtliche als eine Stadt der kurzen Wege und damit den Fußgänger- und Radfahrer gleichzeitig zu fördern mit örtlichen und regionalen Wirtschaftsverflechtungen? Geht nicht die Wirtschaftspolitik der Europäischen Union mit ihrer Verkehrspolitik ausschließlich in die Gegenrichtung? Kurz gesagt: Wie kann der Raum der realen Sinneserfahrung und der konkreten sozialen Kontakte, der öffentliche Raum als Bühne, Werkstatt und Heimat gegenüber der Dominanz schneller Raumüberwindung, gemessen in abstrakter Zeit und Information, verteidigt werden?

Die Zwischenstadt zwischen Stadt und Landschaft

Die Stadt verflicht sich mit der Landschaft, der alte Gegensatz zwischen Stadt und Land hat sich schon weitgehend in Richtung eines Stadt-Land-Kontinuums aufgelöst. Daran ändert auch die Kritik an der ‚Zersiedlung' und das Planungsprinzip der ‚Dezentralen Konzentration' fast nichts: „Stichworte wie Landschaftsverbrauch, Siedlungsbrei, Speckgürtel, etc., verweisen auch auf Folgen inadäquater Wahrnehmungsmuster, die, verbunden mit ausschließlich funktionalistischen Planungskonzepten [...] keine positive Gestaltungskraft entfaltet haben."[130]

Wo aber gibt es erfolgversprechende Ansätze, die hochsubventionierte Landwirtschaftspolitik in den Dienst der Gestaltung der Zwischenstadt zu stellen? Sind Gebietskörperschaften überhaupt in der Lage, die Aufgabe einer umfassenden Gestaltung der Stadt-Land-Verflechtungen als soziales und kulturelles Kontinuum zu begreifen und die Kraft aufzubringen, diese Aufgabe zu einem politischen Thema zu machen? Wer wird sie hierbei von Bund und Land aus unterstützen? Wie sieht es mit Bürgerbewegungen auf diesem Feld aus?

Zum Schluß ein optimistischer Traum: Könnte nicht die Vision einer neuen Stadt-Kultur-Landschaft unter dem Druck ökologischer Probleme, als Mittel in der interregionalen Konkurrenz und als langfristige und sinnvolle Arbeitsbeschaffungsmaßnahme, zu einem Thema werden, das ähnlich populär und politisch breit unterstützt würde wie seinerzeit vor einer Generation die Erhaltung und Erneuerung der historischen Stadtkerne?

Region Stuttgart. Engmaschige Durchdringung von Waldflächen und Siedlungsflächen. Dargestellt sind auch die Wasserläufe und – waagerecht gestrichelt – die Ebenen

Anmerkungen

1   Die Konzepte zur Auflösung der kompakten Großstadt haben eine längere Ideengeschichte: Schon Ebenezer Howard betrachtet in ‚Garden Cities of Tomorrow' (dt.: Gartenstädte in Sicht, Jena 1907) die ‚Kleine Gartenstadt' als ein ‚Arbeitsmodell', dem dann, nach gesammelten Erfahrungen, ‚eine Gruppe von Gartenstädten' folgen soll, um schließlich auf dieser Erfahrungsgrundlage „einen vollständigen Neuaufbau Londons" vornehmen zu können. (Deutsche Ausgabe, S. 178). Bruno Taut zeichnet mit expressionistischem Pathos die ‚Zertrümmerung der Steinernen Stadt' und schreibt in die Skizze: „Laßt sie zusammenfallen, die gebauten Gemeinheiten ...", um in floralen Siedlungsformen Visionen einer neuen Symbiose von Mensch und Natur, Baustruktur und Landschaft zu entwerfen (in: Bruno Taut, Die Auflösung der Städte oder Die Erde eine gute Wohnung, Hagen 1920, S. 1). Aus der Großstadtkritik des 19. Jahrhunderts führen über Gartenstadt- und Lebensreformbewegung, über die Manifeste und Programme des Umbruchs 1919 verschiedene Wege zum Leitbild der Stadtlandschaft, das um 1940 formuliert wird und dem Wiederaufbau nach 1945 zur Orientierung wird: Generationen von Planern sehnten die Auflösung der ‚Städtischen Siedlungsmasse' herbei, die durch ‚Gliederung und Auflockerung' mit der Landschaft weiträumig verwachsen sollte. Die Wiederkehr der Sehnsucht nach der Alten Stadt wird Anfang der siebziger Jahre (Denkmalschutzjahr 1975) zur Gegenbewegung der nächsten Generation gegen den Wiederaufbau und die Moderne. (Hierzu ausführlich, vergl. Durth/Gutschow: Träume in Trümmern, Stadtplanung 1940–1950, Taschenbuchausgabe 1993, S. 214, Kapitel: Leitbilder im Städtebau).

2   Vergl. Martin Warnke: Natur nach dem Fall der Mauern, Goethe-Zitat aus den ‚Wahlverwandtschaften' (1807) (in Dialektik 2/1994, Zur Ästhetik des Territoriums).

3   Vergl. Rainer Mackensen: Ist Stadtentwicklung planbar? Vortrag zur Verabschiedung von Reinhart Breit, TU Berlin 1996 (Vortragsmanuskript, unveröffentlicht). Andreas Kagermeier: Jenseits von Suburbia – Tendenzen der Siedlungsentwicklung in der Region München aus verkehrsgeographischer Sicht (in: Mitteilungen der Geographischen Gesellschaft in München, Neunundsiebzigster Band 1994, Hrsg. Reinhard Poesler und Konrad Rögner). Bundesforschungsanstalt für Landeskunde und Raumforschung: ‚Nachhaltige Stadtentwicklung – Herausforderung an einen ressourcenschonenden und umweltverträglichen Städtebau (Bonn-Bad Godesberg, Februar 1996).

4   Vergl. Robert Fishman: Bourgois Utopias, The Rise and Fall of Suburbia (Basic Books, New York 1987), Robert Fishman: Die befreite Metropolis: Amerikas Neue Stadt (Arch + Heft 109/110, Dezember 1991), Witold Rybczynski: City Life – Urban Expectations in a New World (Scribner, New York 1995), Richard Louw: America II – The book that Captures Americans in Creating the Future (Penguin Books, New York 1985).

5   Beispiele für gegenwärtige Planungen größerer Stadterweiterungen in Deutschland und Österreich finden sich in: Klaus Gudzent und Thomas Sieverts: Platz für neue Wohnungen, städtebauliche Herausforderungen bei Stadterweiterungen der Zukunft (Informationsforum für Städtebauliche Entwicklungsmaßnahmen in NRW, Düsseldorf 1995). Auch DISP, Juli 1995, S. 43–52.

6   Olof Wärneryd: Urban Corridors in an Urbanized Archipelago (University of Lund, 1995).

7   Vergl. Eckard Ribbeck: Von der Peripherie zum Zentrum? – Verstädterung in Asien, Afrika, Lateinamerika (Deutsches Architektenblatt DAB 12/95, S. 2330). Jürgen Österreich: Elendsquartiere und Wachstumspole (Deutscher Gemeindeverlag und Kohlhammer Verlag, Köln, Stuttgart 1980); hier besonders S. 95: Überleben in ökonomischen Nischen, Abschnitt: Hoher Grad der Raumnutzung.

8   Ministerium für Stadtentwicklung, Kultur und Sport des Landes Nordrhein-Westfalen: Memorandum
    II zu Inhalt und Organisation der Internationalen Bauausstellung Emscher Park, S. 9 (Düsseldorf
    1995).

9   Vergl. Peter G. Rowe: Making a Middle Landscape (MIT-Press, Cambridge/Mass. 1991). Klaus
    Humpert, Sibylle Becker, Klaus Brenner: Entwicklung großstädtischer Agglomerationen (in: Pro-
    zeß und Form ‚natürlicher Konstruktionen‘, Hrsg. Klaus Teichmann und Joachim Wilke, Ernst und
    Sohn, Berlin 1996, S. 182).

10 Vergl. Frank Lloyd Wright: When Democracy Builds (University of Chicago Press, Chicago 1945).
    Gerd de Bruyn: Die Diktatur der Philanthropen (Bauweltfundamente, Vieweg-Verlag 1996).
    Ludwig Hilberseimer: Entfaltung einer Planungsidee (Bauweltfundamente, Berlin-Frankfurt-Wien
    1963).

11 Vergl. Pierre Frankenhauser: Fraktales Stadtwachstum (Arch + Heft 109/110, Dezember 1991). Klaus
    Humpert, Sibylle Becker, Klaus Brenner: Entwicklung großstädtischer Agglomerationen (vergl.
    Anm. 9).

12 Vergl. Mackensen (Anm. 3).

13 Vergl. Ribbeck (Anm. 7).

14 Vergl. Rainer Leppenies: Das Ende der Überheblichkeit (in: DIE ZEIT 48, 24. November 1995, S. 62).

15 Vergl. z. B. Andreas Feldtkeller: Die zweckentfremdete Stadt – Wider die Zerstörung des öffentlichen
    Raums (Frankfurt/New York 1995). Dieter Hoftmann-Axthelm: Die dritte Stadt (Suhrkamp,
    Frankfurt 1995). Fritz Neumeyer: Im Zauberland der Peripherie: Das Verschwinden der Stadt in
    der Landschaft (in: Die verstädterte Landschaft, S. 31, Herausg. Westfälischer Kunstverein Münster,
    Aries Verlag, München 1995). Günther Moewes: Die Stadt, die Arbeit und die Entropie (Jahrbuch
    für Architektur, S. 29–45, Frankfurt 1995). Henning Kahmann: Was geändert werden muß, damit
    sich wirklich etwas ändert (TU Braunschweig, Institut für Städtebau und Landschaftsplanung, un-
    veröffentlichtes Manuskript). Andreas Brandt und Rudolf Böttcher: Bauten und Projekte (Ernst
    und Sohn, Berlin 1995), hierin S. 46: Projekt für eine Stadt mit 200.000 Einwohnern in Karow und
    Blankenburg bei Berlin.

16 Planungsstudie für die Stadt Bonn.

17 Die Quasi-Privatisierung der Zeil ist schon lange ein öffentliches Diskussionsthema: Seit einem Wett-
    bewerb im Jahre 1970 wird die Überdachung der Zeil diskutiert, um ihr den Charakter eines Shop-
    ping-Centers zu geben, der Vorschlag wurde zuletzt 1994 noch einmal zur Diskussion gestellt (vgl.
    Frankfurter Rundschau 30. 11. 1994). Die Vereinigung der Einzelhändler der Zeil, „Zeil aktiv“, for-
    dert, die Zeil von auffälligen Trinkern, Bettlern und Stadtstreichern freizuhalten, wie das in privat-
    rechtlich organisierten Shopping-Centern ja ebenfalls die Regel ist. Die Stadt kommt diesen Forde-
    rungen nach einem eigenen Ordnungsdienst nach, der auffällige Subjekte aufgreift und fortschafft,
    und erwartet eine tätige Mithilfe und finanzielle Beteiligung der Geschäftsleute (vgl. F. R. vom 14.
    und 15. 6. 1996 und FAZ vom 23. 5. 1995).

18 Vergl. Magistrat der Stadt Kassel, Dezernent für Planen und Bauen Uli Hellweg: Wie baut man eine
    Stadt? Wege zur Unterneustadt (Kassel 1994).

19 Vergl. Rem Koolhaas: Generic Cities (in: S, M, L, XL, OMA mit Bruce Man, 010 Publishers, Rotter-
    dam 1995).

20 Die Urbanitätsdiskussion wurde ausgelöst durch den Vortrag ‚Urbanität‘ von Edgar Salin auf der
    11. Hauptversammlung des Deutschen Städtetages in Augsburg vom 1. – 3. Juni 1961, veröffentlicht
    in: Erneuerung unserer Städte, hrsg. vom Deutschen Städtetag (Verlag W. Kohlhammer, Stuttgart/
    Köln 1960). Salin betont die sozialen, kulturellen und politischen Dimensionen von Urbanität. Der
    Begriff kommt in Mode, wird ins Technische gewendet und zehn Jahre später protestiert Salin ge-
    gen den Mißbrauch als Schlagwort: „Die Urbanität ist tot, und es ist Lug und Trug zu meinen, daß

sie sich wieder schaffen ließe, wenn das Zeitalter der Massen andauert und wenn den Massen entsprechend Hochhäuser gebaut und Verkehrslinien gezogen werden ... Urbanität ist eine Lebensform, die heute nicht und nirgendwo gedeihen kann." (E. Salin: Von der Urbanität zur ‚Urbanistik' (in: Kyklos, Band 23, 1970). Nach der ‚Urbanität durch Dichte' dann ‚Urbanität als Rollenspiel' in städtischer Interaktion (zur Kritik vergl. Werner Durth: Die Inszenierung der Alltagswelt, Braunschweig, Wiesbaden 1977). Zu Tendenzen der achtziger Jahre vergl. H. Häußermann, W. Siebel: Neue Urbanität (Frankfurt/Main 1987). Vergl. auch: Richard Sennett: Rise and Fall of Public Man.

21   Vergl. Susanne Hauser: Urbane Wahrnehmungsformen – vom Überleben alter Muster, hier besonders 3. Kapitel: Inszenierung alter Muster und neue Einkaufslust (in: Stadt und Mensch zwischen Chaos und Ordnung, Hrsg. Dirk Roller, Verlag Peter Lang, Frankfurt/Main 1996).

22   Das Elbschwanenbüchlein. Zum Andenken an Johann Rist, kaiserl. Pfalzgrafen zu Wedel, geb. 8. März 1607, gest. 31. August 1667. Mit Auszügen aus seinen Schriften, von Albert Rode (Hamburg 1907).

23   Vergl. Werner Durth: Die Inszenierung der Alltagswelt, zur Kritik der Stadtgestaltung (Braunschweig 1977). Susanne Hauser: Vergl. Anm. 21.

24   Vergl. Der öffentliche Raum als Bühne (Friedrich-Ebert-Stiftung, Bonn 1994).

25   Vergl. Häußermann/Siebel: Die Festivalisierung der Politik und die Unsichtbarkeit der Städte (in: Arno Brandt u. a.: Das Expo-Projekt, Weltausstellung und die Stadt der Zukunft, Hannover 1991). Vergl. Thomas Sieverts: Städtebau in Zeiten städtischen Nutzungswandels – Perspektiven für den öffentlichen Raum (in: SIA Schweizer Ingenieur und Architekt, 108. Jahrg. November 1990). Thomas Sieverts: Die Gestaltung des öffentlichen Raums (in: Die Stadt – Ort der Gegensätze, Demokratische Gemeinde (Sondernummer), Bonn März 1996).

26   Zum sozio-ökonomischen und sozio-kulturellen ‚System Tokyo': Michael Wegener: Urban Planning in Tokyo – A European Perspective (Universität Dortmund, o. J.).

27   Vergl. Christopher Alexander: A City Is Not a Tree (in: Architectural Forum, New York, April/Mai 1965, S. 58–62).

28   Vergl. Günther Moewes: Die Stadt, die Arbeit und die Entropie (Jahrbuch für Architektur, Frankfurt 1995).

29   Vergl. Ullrich Hatzfeld, Stefan Kruse: Reale Planung in Traumwelten – Freizeitgroßanlagen als wachsendes Planungsproblem (in: PlanerIn, SRL-Mitteilungen 3/95, S. 22).

30   Vergl. Imke Bonin: Wohn-Dichte Zwei Komma Null (Schriftenreihe des Fachbereichs Architektur Nr. 22, Universität Gesamthochschule Kassel 1995).

31   Vergl. Jane Jacobs: The Death and Life of Great American Cities (Random House, New York 1961); deutsch: Tod und Leben großer amerikanischer Städte (Bauweltfundamente Nr. 4, 4. Aufl. 1993).

32   Vergl. Empirica (Jürgen Aring, Ulrich Pfeiffer, Andrea Opitz, Bernhard Faller): Von der Regionalplanung zur regionalen Entwicklungsplanung (Gutachten, Bonn November 1995).

33   Vergl. Thomas Sieverts: Von der parasitären zur symbiotischen Stadt – zu einer neuen Charta des Städtebaus (in: Wohn-Stadt, Herausg. Martin Wentz, S. 29–33, Campus Verlag, Frankfurt 1993).

34   Vergl. Katharina Feldhusen, Daniel Gut und Christian Moczala: Nulloption – Stadtplanung ohne Bauen, am Beispiel der Wohnungssituation in Frankfurt (Fachgruppe Stadt, Fachbereich Architektur, TH Darmstadt 1990). Delev Ipsen: Das Überleben der Städte – Ökologische Perspektiven der Lebensqualität (in: Universitas, Januar 1996).

35   Vergl. Ribbeck, Anm. 7.

36   Vergl. Dieter Hoffmann-Axthelm: Die Dritte Stadt (Suhrkamp Verlag, Frankfurt 1995).

37   Vergl. Ludovica Scarpa: Gemeinwohl und lokale Macht, Honoratioren und Armenwesen in der Berliner Luisenvorstadt im 19. Jahrhundert. Zitat von Hobrecht zur sozialen Mischung, S. 233 ff. (München, New Providence, London, Paris 1995).

38 Vergl. Jane Jacobs, Anm. 31.
39 Vergl. Hatzfeld u. a., Anm. 29.
40 Vergl. William A. Mitchel: City of Bits – Space, Place and the Infobahn, S. 46, Recombinant Architecture (MIT-Press, Cambridge Mass. 1995).
41 Vergl. Daniel Cohn-Bendit/Frank Herterich: Differenz und Kommune (in: Planungskulturen, Hrsg. Martin Wentz, Campus Verlag, Frankfurt 1992). Frank Herterich: Planung für eine multikulturelle Stadt? (in: Risiko Stadt? – Perspektiven der Urbanität, Hrsg. Ullrich Schwarz, unter Mitwirkung von Dirk Meyhöfer, S. 193 (Hamburg 1994). Die Datenbasis für beide Aufsätze war von 1987, neuere Daten von etwa 1993 werden in der Neuausgabe des Frankfurter Sozialatlasses zu finden sein.
42 Vergl. Karl Ganser: Die ökologische, ökonomische und sozialverträgliche Stadt – eine Utopie? (Vortrag zum ‚Forum Bauen‘ in Münster/Westf., Februar 1996, Veröffentlichung vorgesehen).
43 Vergl. Thomas Sieverts, Anm. 33.
44 Vergl. Thomas Sieverts: Neue Aufgaben für den Städtebau im alten Europa – Voraussetzungen, Prinzipien, Beispiele (in: Zukunftsaufgaben der Stadtplanung, Hrsg. T. Sieverts, Werner Verlag, Düsseldorf 1990).
45 Vergl. Herbert Sukopp (Herausg.): Stadtökologie, das Beispiel Berlin (Dietrich Renner Verlag, Berlin 1990). Dirk Maxeiner, Michael Miersch: Im Dickicht der Städte (in: DIE ZEIT Nr. 18, 26. April 1996).
46 Vergl. Susanne Hauser: Repräsentation der Natur- und Umweltmodelle (Zeitschrift für Semiotik, Band 18, Heft 1, 1996).
47 Vergl. Klaus Neumann/Thomas Sieverts: Das Meßdorfer Feld, konzeptionelle Ansätze für eine langfristige und ökologisch orientierte Sicherung und Weiterentwicklung (Planungsgutachten für die Stadt Bonn, Mai 1995).
48 Vergl. Hansjörg Küster: Geschichte der Landschaft in Mitteleuropa (C. H. Beck-Verlag, München 1995).
49 Vergl. Klaus Neumann, Anm. 47.
50 Wilhelm Ripl und Christian Hildmann (1997): Ökosysteme als thermodynamische Notwendigkeit. In: O. Fränzle, F. Müller, W. Schröder: Handbuch der Umweltwissenschaften, Landsberg.
51 Vergl. Thomas Sieverts (Hrsg.): Perspektiven künftiger Siedlungsentwicklung (T. H. D. Schriftenreihe Wissenschaft und Technik 50, Darmstadt 1989).
52 Vergl. Martin Buchholz: Biofeedback – Aspekte einer nachhaltigen Stadtentwicklung (unveröffentl. Manuskript, TU Berlin, Institut für Landschaftsarchitektur, Berlin 1995).
53 Vergl. Thomas Sieverts: Chancen des alltäglichen Umbaus – Städtebauliche Aspekte der Recycling-Diskussion (in: Deutsches Architektenblatt DAB 8/1993, SW 241).
54 Vergl. Klaus Neumann, Anm. 47.
55 Vergl. Karl Ganser, Anm. 8.
56 Susanne Hauser: Garbage, Waste and Boundaries. In: Jeff Bernard et al. (Hrg.) Welt der Zeichen, Welt der Dinge, World of Signs, World of Things, Wien 1977, OGS, S. 73–86.
57 Vergl. Karl Ganser: Landschaftstypen im Emscher Raum: Zur Frage ihrer Schutzwürdigkeit (in: Natur und Landschaft Heft 10/1995: Naturschutz in der Industrielandschaft).
58 Vergl. Kevin Lynch: The Image of the City (MIT-Press, Cambridge/Mass. 1960).
59 Alain Touraine: Die Stadt – Ein überholter Entwurf? (in: Die Stadt, Ort der Gegensätze, Sondernummer von Demokratische Gemeinde, die Monatszeitschrift für Kommunalpolitik, Bonn März 1996).
60 Vergl. André Gorz: Kritik der ökonomischen Vernunft – Sinnfragen am Ende der Arbeitsgesellschaft (Rotbuch-Verlag, Berlin 1989).
61 Zur Pluralisierung der Lebenstile vergl. Ulrich Beck: Jenseits von Stand und Klasse? (in: Kreckel (Hrsg.): Soziale Ungleichheiten, Göttingen 1983). Ulrich Beck und Elisabeth Beck-Gernsheim

(Hrsg.): Riskante Freiheiten. Individualisierung in modernen Gesellschaften (Frankfurt/Main, 1994). Vom Begriff ‚Bastelbiografien' spricht Ronald Hitzler in ‚Kleine Lebenswelten – ein Beitrag zum Verstehen von Kultur' (Opladen 1988).

62 Vergl. Richard Sennett: Etwas ist faul in der Stadt (in: DIE ZEIT Nr. 5, 1996).

63 Vergl. Detlev Ipsen: Das Überleben der Städte – Ökologische Perspektiven der Lebensqualität (in: Universitas, Januar 1996).

64 Evan McKenzie, University of Illinois/Chicago, zitiert bei Witold Rybczynski: City Life, Urban Expectations in a New World, S. 182 (Scribner, New York 1995).

65 Vergl. Gunnar Törnqvist: On Arenas and Systems (in: Space and Time in Geography, Essays Dedicated to Torsten Hägerstrand, University of Lund 1981).

66 Vergl. als grundlegenden Text zur Geschichte und Philosophie der Auseinanderentwicklung der Sphäre der Arbeit und der Sphäre der Interaktion: Jürgen Habermas: System und Lebenswelt (in: Theorie des kommunikativen Handelns), Bd. 2: Zur Kritik der funktionalistischen Vernunft ... (Suhrkamp, Frankfurt/Main 1981). Zum Verhältnis von technischem Fortschritt und sozialer Lebenswelt vergl. auch die früheren Arbeiten von Jürgen Habermas, etwa ‚Technik und Wissenschaft als Ideologie' (Frankfurt/Main 1968).

67 Vergl. Marc Augé: Orte und Nicht-Orte. Vorüberlegungen zu einer Ethnographie der Einsamkeit (Fischer Verlag, Frankfurt/M. 1996); Helge Drafz: Heimatlos und unterwegs. Vom Ende des Regionalismus (in: Scheidewege Jg. 25, 1995/6).

68 Vergl. Ullrich Hatzfeld, Anm. 29.

69 Vergl. Torsten Hägerstrand: What about People in Regional Science? (Regional Science Association, Papers, Volume XXIV, 1970). Ders.: Space, Time and Human Conditions (in: Dynamic Allocation of Urban Space, Herausg. A. Karlqvist, L. Lundqvist, F. Snickers, Sax House, Westmead, Hants, England 1975). Ders.: Time-Geography: Focus on the Corporeality of Man, Society and Environment (in: The Science and Praxis of Complexity, The United Nations University, Tokyo 1985).

70 Vergl. Alain Touraine, Anm. 59.

71 Vergl. Torsten Hägerstrand, Anm. 69.

72 Tora Friberg: Everyday Life – Woman's Adaptive Strategies in Time and Space (The Swedish Council for Building Research, Stockholm 1993).

73 Göderitz, Rainer, Hoffmann: Die gegliederte und aufgelockerte Stadt (Verlag Wasmuth, Tübingen 1957).

74 Vergl. Hartmut I. und Helga Zeiher: Orte und Zeiten der Kinder (Juventa-Verlag, Weinheim und München 1994).

75 Vergl. Olof Wärneryd: Urban Corridors in an Urbanized Archipelago (University of Lund 1995).

76 Vergl. Karl Ganser, Anm. 42.

77 Vergl. Olof Wärneryd, Anm. 75.

78 Hartmut Häussermann, Walter Siebel: Soziologie des Wohnens. Eine Einführung im Wandel und Ausdifferenzierung des Wohnens, Juventus Verlag, Weinheim 1996.

79 Vergl. I. I. T. M. Geerards: The Spatial Organization of Integral Chain Management (Vortragsmanuskript, unveröffentlicht, ohne Jahresangabe). Thomas Sieverts und Karl Ganser: Vom Aufbaustab Speer zur Internationalen Bauausstellung und darüber hinaus (in: Bauplatz Zukunft, Dispute über die Entwicklung von Industrieregionen, Hrsg. Rolf Kreibich, Arno S. Schmid, Walter Siebel, Thomas Sieverts und Peter Zlonicky, Klartext Verlag, Frankfurt/M. 1994).

80 Vergl. Karl Ganser, Anm. 42.

81 Walter Kahlenborn, Meinolf Dierkes, Camilla Krebs-Gnath, Sophie Mützel, Klaus W. Zimmermann: Berlin – Zukunft aus eigener Kraft, ein Leitbild für den Wirtschaftsstandort Berlin (FAB-Verlag, Berlin 1995).

82 Zum Zusammenspiel von Kultur, Literatur, Werbung und Bodenspekulation vergl. Mike Davis: City of Quartz – Ausgrabungen der Zukunft in Los Angeles (Berlin/Göttingen 1994).

83 Fritz Neumeyer: Im Zauberland der Peripherie: Das Verschwinden der Stadt in der Landschaft (in: Die verstädterte Landschaft, Herausg. vom Westfälischen Kunstverein Münster, Aries-Verlag, München 1995).

84 W. I. Neutelings: Erkundung des Wunderlandes. Eine Fahrt durch die Peripherie der Niederlande (in: Die verstädterte Landschaft, vergl. Anm. 83).

85 Pierluigi Nicolin: Notizen zu Peripherie – Metropole – Loslösung (in: archithese 6/92, S. 57).

86 Zitiert von Susanne Hauser in ihrer Arbeit: Abfall und Gestaltung – Zur Ästhetik aufgegebener Industrieareale (unveröffentlichtes Manuskript, Berlin März 1996).

87 Vergl. Susanne Hauser, Anm. 86.

88 Wolfgang Welsch: Zur Aktualität ästhetischen Denkens (in: Ästhetisches Denken, Reclam-Verlag, Stuttgart, 3. Aufl. 1993).

89 Wolfgang Welsch: Perspektiven für das Design der Zukunft (in: Ästhetisches Denken, vergl. Anm. 88).

90 Vergl. Ulrich Beck: Die offene Stadt (in: Deutsches Architektenblatt DAB, S. 362–365, März 1996).

91 Stichwort ,John Cage' (in: The New Grove Dictionary of Music and Musicians, London 1980, Band 3, S. 601).

92 Vergl. Pascal Amphoux: Aux écoutes de la ville, la qualité sonore des espaces publics européens. Méthode d'analyse comparative, enquête sur trois villes suisses (mit deutscher Zusammenfassung), (Schweizerischer Nationalfonds zur Förderung der Wissenschaftlichen Forschung, Programm Stadt und Verkehr, 1995). Anregende Beispiele (mit CD) finden sich in: Isabelle Faust, Detlev Ipsen, Justin Winkler, Hans U. Werner (Herausg.): Klangwege (Gesamthochschule Kassel 1995).

93 Frank Lloyd Wright: When Democracy Builds (University of Chicago Press, Chicago 1945).

94 Werke von Kevin Lynch, alle MIT-Press Cambridge/Mass., USA: The Image of the City (1960), Site-Planning (1962/71), View from the Road (mit Appleyard und Myer, 1966), What Time is this Place? (1972), Managing the Sense of a Region (1976), A Theory of Good City Form (1981), City-Sense and City-Design, Writings and Projects (Herausg. T Banerjee und M. Southworth, 1990).

95 Christopher Tunnard, Boris Pushkarev: Man-Made America – Chaos or Control? An Inquiry into Selected Problems of Design in the Urbanized Landscape (Yale University Press, New Haven 1963).

96 Werke von Christopher Alexander: Notes on the Synthesis of Form (Harvard University Press, Cambridge/Mass., 1964); mit Murray Silverstein, Schlomo Angel, Sara Ishikawa, Denny Abrams: The Oregon Experiment (Oxford University Press, New York 1975); A Timeless Way of Building (Oxford University Press, New York 1979); mit Sara Ishikawa, Murray Silverstein: A Pattern Language (Oxford University Press, New York 1977); mit Hajo Neis, Artemis Aminou, Ingrid King: A New Theory of Urban Design (Oxford University Press, New York 1987).

97 Robert Venturi, Denise Scott-Brown, Steven Izenour: Learning from Las Vegas (MIT-Press, Cambridge/Mass., 1972).

98 Colin Rowe und Fred Koetter: Collage City (MIT-Press, Cmabridge/Mass. 1978). Zitat von Bernhard Hoesli im Nachwort zu seiner Übersetzung 1984, S. 237.

99 Peter G. Rowe: Making a Middle Landscape (MIT-Press, Cambridge/Mass. 1991).

100 Peter Calthorpe: The Next American Metropolis (Princeton Architectural Press, New York 1993).

101 Rem Koolhaas: S, M, L, XL (OMA, mit Bruce Man, O10 Publishers, Rotterdam 1995).

102 Vergl. Walter Kahlenborn, Meinolf Dierkes u. a., Anm. 81.

103 Vergl. Gerhard Schneider: Kognitive Karten und Kartierung: Orientierungsbezogene Umweltrepräsentation (in: Kruse, Graumann, Lantermann (Hrsg.): Ökologische Psychologie, München 1990), S. 268.

104 Vergl. das Kapitel ,Perception' in der Encyclopaedia Britannica, (Macropaedia).

105 Vergl. Stephan Willinger: Die narrative Stadtanalyse – Eine experimentelle Planungsmethode (in: Raumplanung, Heft 71, Dezember 1995).

106 Interessenten wenden sich an ‚StattReisen Berlin e. V.‘ (Berlin und Potsdam zu Fuß, Stadt-Erkundungen) Malplaquetstr. 5, 13347 Berlin-Wedding).

107 Vergl. Amos Rapoport und R. Kantor: Komplexität und Ambivalenz in der Umweltgestaltung (in: Stadtbauwelt Nr. 26, 1970). Übersetzung von: Complexity and Ambiguity in Environmental Design (AIP-Journal July 1967).

108 Vergl. Stichwort ‚Musikpsychologie‘ im Kapitel „Gehör“ (in: MGG, Die Musik in Geschichte und Gegenwart, Bärenreiter und Metzler-Verlag, 1995) und Stichwort ‚Gedächtnis‘ (in: Riemann Musik-Lexikon, Sachteil, S. 319).

109 Vergl. das Kapitel ‚Perception‘, Anm. 104.

110 Jahrhunderthalle Bochum.

111 André Heller – Konzept z. Z. in Vorbereitung, noch keine Veröffentlichung. Themenpark.

112 Duisburg-Meiderich. Vergl. Martin Linne: Vom Konzept zur Realisierung – Landschaftspark Duisburg-Nord. In: Garten + Landschaft, 7/1994, S. 20–24.

113 Gasometer Oberhausen. Vergl. Ulrich Borsdorf (Hrsg.): Feuer amp; Flamme. 200 Jahre Ruhrgebiet. Essen: Klartext-Verlag 1994.

114 ‚Ich Phoenix‘. Ein Kunstereignis mit Beiträgen von Ingo Bartsch, Christoph Blase, Karl Ganser, Kai-Uwe Hemken, Uwe Rüth und Rolf Wedewer. Essen: Klartext-Verlag 1996.

115 Mechtenberg-Blühereignis. Vergl. Kommunalverband Ruhrgebiet (Hrsg.): Der Landschaftspark Mechtenberg. Ein Modellprojekt des Kommunalverbandes Ruhrgebiet im Rahem der Internationalen Bauausstellung Emscher Park. Essen 1994.

116 ‚aufbrechen amerika‘, Musikfestival in Nordrhein-Westfalen 1992/93, veranstaltet von der Stadt Bochum und den Bochumer Symphonikern in Zusammenarbeit mit dem Kultusministerium NRW. Der Katalog, Bochum 1992.

117 Schurenbach-Halde, künstlerisch angeleitete Schüttung. Vergl. Triennale Ruhr GmbH (Hrsg.): Landmarken – Zeichen des Wandels. Unveröff. Manuskript.

118 Bottrop – Aussichts-Stahlpyramide. Vergl. „Der Halde die Krone aufgesetzt“, in: Emscher Park Informationen, Nr. 45, 11/1995, S. 1–3, hrsg. von der IBA Emscher Park.

119 Bundesgartenschau Nordstern. Vergl. Bundesgartenschau 1997 Gelsenkirchen GmbH (Hrsg.): BUGA 97. Gelsenkirchen 1995.

120 Gehölzgarten Riphorst. Vergl. IBA Emscher Park (Hrsg.): Projekte der IBA Emscher Park in Oberhausen. Gelsenkirchen 1996.

121 Vergl. Vorschläge der Planerverbände zur Novellierung des Baugesetzbuches (c/o Bund Deutscher Architekten, Bonn Mai 1995).

122 Vergl. Thomas Sieverts: Kunst und Architektur: ‚Schöne Zutat, Gesamtkunstwerk oder etwas Drittes‘ und die Entgegnung von Gert Selle: Kunst – das Salz in der Suppe des Gesamtkunstwerks Planung? (in: Bauplatz Zukunft – Dispute über die Entwicklung von Industrieregionen, vergl. Anm. 79).

123 Vergl. Karl Ganser, Anm. 8.

124 Vergl. Kevin Lynch: Managing the Sense of a Region (Cambridge/Mass. 1976).

125 Vergl. Thomas Sieverts und Karl Ganser: ‚Vom Aufbaustab Speer zur Internationalen Bauausstellung Emscher Park und darüber hinaus‘ (Vergl. Anm. 61).

126 Hanns Adrian: Stadt und Region, Konzentration oder Dekonzentration? In: Informationszentrum Beton (Hrsg): Stadtstrukturen – Status quo und Modelle für die Zukunft, Düsseldorf 1997.

127 Vergl. Peter Calthorpe: The Next American Metropolis (Princeton Architectural Press, New York 1993).

128 Vergl. Hanns Adrian, Anm. 126.
129 Heiner Müller zitiert nach Eckard Siepmann (Werkbundarchiv, Berlin 1996).
130 J. Pietsch: Stadt Landschaften – neue Wahrnehmungsformen für Ballungsräume (unveröffentl.
    Manuskript, Institut für Stadtökologie an der T. U. Hamburg-Harburg, April 1996).

Die Stadt in der Zweiten Moderne –
Nachwort zur zweiten Auflage

Das fünfte Kapitel und damit die erste Auflage dieses Buches endet mit offenen Fragen. Mehrere meiner Studenten nahmen sie zum Anlaß, im Rahmen ihrer Prüfungsvorbereitungen eine eigene Standortbestimmung für ihre zukünftige Stellung im Berufsfeld der Stadtplanung zu erarbeiten. Häufig wurden Arbeiten von Ulrich Beck und Anthony Giddens als Belege herangezogen, ein Zeichen dafür, daß Studenten wieder über den Tellerand der eigenen Disziplin schauen. In der Tat tragen die mit dem Begriff Zweite Moderne arbeitenden Zeitdiagnosen der beiden Soziologen dazu bei, *Zwischenstadt* als planerisches Handlungsfeld produktiv zu deuten.

Die in ihren verschiedenen Schriften[1] in den letzten Jahren entwickelten Schlüsselbegriffe – im wesentlichen ökologische und zivilisatorische Risiken als Nebenfolgen der Modernisierung, Globalisierung, Individualisierung, Veränderung der Arbeitswelt und posttraditionale Gesellschaft – lassen sich produktiv auf die Situation der Stadtplanung anwenden.

Ulrich Beck sieht in den – ungewollten – Nebenfolgen der Modernisierung die wesentlichen Faktoren für Struktur und Verlauf der Zweiten Moderne. Tatsächlich läßt sich die gegenwärtige Praxis der Stadtplanung kaum zutreffender als von den Nebenfolgen der Modernisierung beherrscht beschreiben. Hierfür nur einige bezeichnende Beispiele aus den Bereichen Verkehrsplanung, Landschaftsschutz und Wirtschaftsförderung.

Beim Bau neuer Verkehrsanlagen, etwa für Lärmschutz, Stadtkernentlastung und PKW-Stellflächen, geht es fast nur noch um die Beseitigung von schädlichen Nebenfolgen der einstmals als Voraussetzungen für die Entfaltung von Wirtschaft und Gesellschaft gebauten Verkehrsbauwerke, und diese Anlagen zur Bekämpfung von Nebenfolgen verursachen wiederum eine Kette weiterer Nebenfolgen.

Die für die Erhaltung der natürlichen Lebensgrundlagen erdachte Eingriffs-Ausgleichsregelung verfolgt keine eigenständigen Gestaltungsziele, sondern dient nur dem mühsam hingerechneten ökologischen Ausgleich der Nebenfolgen des Bauens; konsequent angewendet, führt ein solcher Weg zu einer unguten Teilung in ökologisch tote Bauflächen und ökologisch aufgepäppelte Landschaftsflächen, mit entsprechenden neuen – unbeabsichtigten – Nebenfolgen.[2]

Die Bemühungen um den Schutz des traditionellen Einzelhandels in den historischen Innenstädten vor den Nebenfolgen der Konkurrenz der Einzelhandelszentren vor den Toren der Stadt führt zu einer zwar zeitlich verzögerten aber anscheinend unaufhaltsamen Angleichung der Innenstädte an die Struktur der Einkaufszentren und damit zu der verheerenden Nebenfolge einer schleichenden Aushöhlung und Zerstörung der historischen Stadtkerne. Die wenigen Beispiele zeigen: Städtebau und Raumplanung sind defensiv geworden, sie versuchen, alte Strukturen mit untauglichen Mitteln zu verteidigen und klammern sich an alte Bilder, ohne zu merken, daß die Traditionen selbst so hohl geworden sind, daß sie unaufhaltsam zerbrechen. Antony Giddens zeigt überaus anschaulich,[3] daß wir mit der Zweiten Moderne in ein Zeitalter gekommen sind, in dem Gesellschaft und Stadt ohne stützende historische Traditionen leben müssen. Auch dies läßt sich am Beispiel der Stadt anschaulich belegen: Der Rückgriff der Postmoderne auf die Baugeschichte und die sogenannte Kritische Rekonstruktion der alten Städte wirken bereits nach wenigen Jahren abgestanden; die alten Traditionen und Rituale einer kulturell noch halbwegs homogenen Stadtgesellschaft lösen sich auf in kulturell unverbundene und unverbindliche Einzelelemente, die sich auch durch einen übergreifenden „masterplan" im Sinne traditionsreicher Stadt-Baukunst nicht mehr zusammenfügen lassen.

Beck und Giddens zeigen anschaulich, wie die unaufhaltsame ökonomische Globalisierung im Zusammenspiel mit den weltumspannenden Medien zur Auflösung lokaler, an den Ort gebundener Kulturen und damit zur Entwertung von Ort und Raum als emotional und symbolisch aufgeladenen Grundfesten einer sich zusammengehörig fühlenden Stadtgesellschaft beiträgt. Mit der Globalisierung wird zugleich, von außen wie von innen, die Macht der Gebietskörperschaften von Land, Stadt und Gemeinde ausgehöhlt, die Stadtentwicklung aktiv steuern zu können: Zu dem hilflosen Ausgesetztsein gegenüber einer global agierenden Wirtschaft tritt im Zerfall von Klassen, Schichten und traditionellen Familien die Auflösung der alten Solidargemeinschaft der Stadt. Zurück bleiben Bewohner, die mehr oder weniger isoliert zu einer individuell oft kurzfristig neu zu entscheidenden Lebenspraxis gezwungen sind,[4] sowie Gebietskörperschaften, deren Probleme im Umgriff der Gemeindegrenze nicht mehr zu lösen sind.

Die Individualisierung der Lebensformen als Folge der Auflösung kollektiver Bindungen hat Gewinner und Verlierer, dies tritt besonders in der Veränderung der Arbeitswelt in Erscheinung. Die Auflösung der fordistischen Arbeitswelt und der durch sie normierten Lebensstile, der massive Verlust an einfachen industriellen Arbeitsplätzen mit langfristig gesicherter Beschäftigung treibt alle weniger Qualifizierten, die mit den neuen Informationstechnologien nicht umgehen können, in die – oft auswegslose – Arbeitslosigkeit, bzw. in kurzfristige und schlecht bezahlte Gelegenheitsjobs.

Die Stadtgesellschaft wird fast nur noch durch das gemeinsame Risiko der Abhängigkeit von einer hochkomplexen und verwundbaren Technik zusammengehalten: Lärm, Luftverschmutzung und Verkehrsstau treffen Arm und Reich zugleich, wenn auch nicht gleichermaßen.[5]

Der die alte europäische Stadt konstituierende Gegensatz von Stadt und Natur löst sich auf, mit einer Tendenz zur technisch bedingten Gleichmacherei und der Ausbreitung geschichtsloser „Nicht-Orte" rund um die Welt.[6] Diese Entwicklung scheint – nicht nur nach der Zeitdiagnose der Zweiten Moderne – unumkehrbar, auch wenn niemand ihre konkrete zukünftige gesellschaftliche und räumliche Ausformung vorauszusagen vermag.

Wie kann Stadtplanung angesichts dieser strukturellen Probleme und Unsicherheiten aus ihrer gegenwärtig resignativen und auf die Verteidigung verbrauchter Stadttradition beschränkten Position herausfinden?

Weder ein Festhalten in den alten, in der hohen Zeit des nationalen Industriestaates entwickelten Steuerungsinstrumente des Staatsinterventionismus ist möglich – diese Instrumente führen mangels des goldenen Zügels und veränderter Problemstrukturen immer weniger zum Ziel –, noch ist einer weiteren Deregulierung das Wort zu reden, die das Heil darin sieht, die Stadt dem freien Spiel eines intelligenten, weil aufgeklärten Marktes ungehemmt auszusetzen. Denn alle Überlegungen zu richtigen, auch die ökologische bzw. kulturelle Knappheit von Natur- und Kulturgütern wiedergebenden Preisen bleiben in unserem politischen Klima ein praxis- und politikfernes wirtschaftswissenschaftliches Theoriespiel. Vorerst erscheint es ausgeschlossen zu sein, Ökonomie und Ökologie in einem gemeinsamen Markt-system zu vereinen. Auch das Heil im modernen Management zu suchen, ist trügerisch: Die mancherorts betriebene Umwandlung der traditionellen Stadtverwaltung in ein nach betriebswirtschaftlichen Maßstäben organisiertes Stadtmanagement für das „Unternehmen Stadt" führt häufig zu einer Beschneidung demokratischer Kontrolle. Darunter leiden die Reste noch vorhandenen Bürgerstolzes und Gemeinsinns: Wenn Stadtbewohner sich nur noch als Kunden einer Dienstleistungsverwaltung sehen, die ihren individuellen Interessen zu dienen hat, und auch seit den Reformen des Freiherrn von Stein erkämpfte wichtige kommunale Kernaufgaben privatisiert werden, geht auch noch der letzte Ansatz einer politisch zu legitimierenden partizipatorischen Planung und damit letztlich auch die Identifikation mit dem Gemeinwesen Stadt verloren.

Was also ist zu tun? Voraussetzung für eine Umorientierung der Stadtplanung ist es, nicht nur intellektuell einzusehen, sondern auch als Arbeitsgrundlage anzuerkennen, daß die Stadt sich im Verlauf der Zweiten Moderne tiefgreifend transformiert, und daß auch nach Augenschein äußerlich unveränderte Stadtbilder, Räume und Stadtlandschaften einen radikalen Bedeutungswandel durchmachen. Es ist zugegebenermaßen eine unheimliche Erfahrung, daß viele – und gerade auch gravierende – Probleme sich noch in den vertrauten Bildern von Stadt und Land zu verstecken scheinen, und daß nur ein Dahinterschauen, ein Hinterfragen und ein Nachbohren die Transformation in Umrissen erkennen läßt.

Stadtplanung hat in dieser Situation drei Optionen:

- Weitermachen wie bisher und darauf vertrauen, daß der Druck der Probleme und die neue Realität das traditionelle Planungsverständnis von innen heraus verändern werden, weil das bestehende Planungssystem biegsam genug ist, sich auch mit alten Strukturen neuen Aufgaben anpassen zu können. Diese konservative Auffassung hat im außerordentlich starken Beharrungs- und Selbsterhaltungstrieb der bestehenden politischen und administrativen Systeme ihre Basis.
- Eine grundlegende Reform anstreben, mit Aufbau neuer politischer und administrativer Regionalinstanzen, in der Absicht, entsprechend tiefgreifende Veränderungen hauptsächlich in der kommunalen Selbstverwaltung, aber auch in bezug auf Kreise, Regierungspräsidien und Ministerien vorzunehmen. Gegenwärtig scheint es uns jedoch noch nicht so schlecht zu gehen, daß sich eine Verwaltungsreform des erforderlichen Ausmaßes politisch durchsetzen ließe.
- Es gibt aber noch eine dritte Option: Nicht das Heil in einer alten oder neuen Verwaltungsstruktur zu suchen, sondern sich mit wacher Wahrnehmung der Ungewißheit über die zukünftige Entwicklung auszusetzen, sich der Unsicherheit der zu treffenden Entscheidungen zu stellen und offen zu sein für neue Ansätze. Das bedeutet zu versuchen, Teilantworten auf Einzelprobleme zu finden, und darauf zu vertrauen, daß hieraus Neues entsteht. Eine solche Haltung darf man aber nur einnehmen, wenn man Ziele und Visionen hat, die Hoffnungen auf positive Veränderungen bieten und Peilmarken am Horizont setzen, die eine Richtung vorgeben.[7]

Mit einer solchen Einstellung eröffnen sich neue Chancen, jenseits der resignativen Verteidigung des Status quo schrittweise neue Ziele und Aufgaben zu verfolgen, die wieder eine gesellschaftliche und politische Dimension haben und sich zu neuen, interessanten Arbeitsfeldern fügen werden.

Bevor einige neue Aufgabenfelder dieser Art skizzenhaft umrissen werden, sei kurz der Frage nachgegangen, ob es trotz aller Globalisierungstendenzen so etwas wie eine besondere europäische Stadtplanungskultur geben kann und geben sollte.

Die europäische Tradition der Stadtplanung hat wichtige Wurzeln einerseits in den progressiven linken Reformbewegungen zur Verbesserung der Lebensbedingungen der Arbeiterklasse, andererseits in konservativen Ansätzen wie beispielsweise der Arts- and Crafts- bzw. der Heimatschutzbewegung, zu der von Anfang an neben dem Denkmalschutz auch der Schutz der Kulturlandschaft gehörte. Europäische Stadtplanung hat sich sowohl im links-progressiven wie im rechts-konservativen Flügel immer verstanden als Gegengewicht zu den gesellschafts- und kulturzerstörenden Kräften ungezügelter Industrialisierung. Diese Traditionslinien des europäischen Städtebaus ziehen sich bis heute durch, etwa im öffentlich geförderten Wohnungsbau, im Denkmalschutz und in der starken Landschaftsschutz- und Ökologiebewegung. Diese Grundfärbungen des europäischen Städtebaus müssen gegenüber einer naiven Fortschrittsgläubigkeit als besonderer Beitrag Europas zur Kultivierung der Verstädterung der Welt erhalten und weiterentwickelt werden. Das hat nichts zu tun mit restaurativ gestimmten Planwerken nach Berliner Muster, sondern vielmehr mit einem politisch-kulturellen Grundverständnis, das nicht an eine bestimmte Form der Stadt gebunden ist.

Die gegenwärtige Diskussion beschränkt sich noch viel zu stark auf die Stadtform. Hier die kompakte europäische Stadt, dort der aufgelöste amerikanische urban sprawl. Diese Diskussion halte ich für unfruchtbar, weil sie von den eigentlichen Problemen ablenkt. Dagegen kann ein Vergleich der politischen Ziele und der stadtplanerischen Verfahren produktiv sein. In gesellschaftspolitischer Hinsicht muß uns die amerikanische Stadt eine Warnung sein, die großräumige soziale und ökonomische Segregation und die ästhetische Verwüstung mit allen Mitteln zu verhindern.[8] In Hinsicht auf städtebauliche Verfahren muß die traditionelle obrigkeitsgeprägte europäische Stadtplanung jedoch bestimmte Elemente der amerikanischen Stadtplanung adaptieren, die ihrer wirtschaftsliberalen Herkunft nach auf private Unternehmerinitiative ausgerichtet sind. Hier haben wir gegenwärtig eine ungute Lage. In der Realität hat der Developer-Städtebau in Europa in den letzten

Jahren zwar außerordentlich an Bedeutung gewonnen. Die „europäische" Planerkultur aber lehnt das „Developer-Milieu" als unmoralisch und unkultiviert ab. Das „amerikanische" Developer-Milieu hingegen nimmt auch in Europa Planer und Architekten kaum noch zur Kenntnis. Beide stehen sich mit wechselseitigen Berührungsängsten und deutlichen Vorurteilen gegenüber. Sie müssen zusammengeführt werden und in einen intensiven Dialog eintreten, mit dem Ziel, aus „Obrigkeitsplanung" und „Unternehmer"-Städtebau etwas Drittes mit dem Ziel einer „Qualitätsvereinbarung" zur Entwicklung der Städte und Regionen in Europa zu schaffen. Dieses Dritte als Begründung einer neuen Tradition müßte auch als eine Art Städtebaucharta auf europäischer Ebene beschlossen werden: Europäische Stadtplanungskulturen – und nicht nur US-amerikanische und asiatische Städtebaumuster – könnten und sollten einen spezifischen, selbstbewußten Beitrag zur unaufhaltsamen Verstädterung der Welt leisten. Dazu ist es aber erforderlich, aus der engen nationalprovinziellen Nabelschau herauszukommen und auch die deutsche und europäische Stadtentwicklung in einer weltweiten Perspektive zu sehen. Nur in einer solchen Perspektive kann es gelingen, international verbindliche Prinzipien und Regeln zu entwickeln, die eine ökologisch und kulturell zerstörerische, rein ökonomisch ausgefochtene Städtekonkurrenz zu bändigen vermögen.

Welche spezifischen Planungsaufgaben wären besonders vordringlich?
Die vielleicht größte professionelle und politische Herausforderung besteht in der Kultivierung der „Stadtentwicklung ohne Stadt", wie Wolfgang Christ die Zwischenstadt anschaulich nennt.[9] Zugleich bezeichnet er deren kritische Merkmale in besonders griffiger Weise, ich nehme seine Begriffe und setze sie etwas anders zusammen: „Der Raum bleibt auf der Strecke" und „Teile der Stadt verschwinden im Netz". „Autistische Zentren" in der „Leere des Durchgangsraumes" führen zur „Leere in den alten Zentren". „Außerhalb der alten Stadt herrscht Funktionalismus pur" ohne „Gestaltanspruch", mit einer „Wegwerfmentalität" in einem „Raum ohne Eigenschaften", innerhalb der alten Stadt dominieren Kulissen als brüchige Symbolträger eines Stadtmythos, der unter der Überlast konzentrierter Sentimentalität zusammenbricht.
   Die Kultivierung der Räume der Zwischenstadt als vermittelnde Instanz zwischen den isolierten Einzelelementen selbst und der historischen Stadt, mit dem Aufbau städtebaulicher und landschaftlicher „Wertstrukturen" in einem bisher nur ökonomischen Wirkkräften überlassenen Stadtfeld wäre eine lohnende, typisch eu-

ropäische Aufgabe und zugleich ein global wichtiger Beitrag zur räumlichen Bändigung und Kultivierung einer entfesselten Wirtschaft. Es geht um das allmähliche Hervorbringen einer neuen europäischen Stadtkulturlandschaft, durchaus in produktiver Fortführung der Tradition der alten Heimat- und Landschaftsschutzbewegung. Aufbauend auf dieser Tradition müssen Begriff und Bild einer neuen Kulturlandschaft fortschreitender Verstädterung entwickelt werden.

Nicht minder herausfordernd als die Kultivierung der verheerenden räumlichen Auswirkungen einer global entfesselten Wirtschaft ist die Schaffung neuer Arten von Lebensräumen für Bevölkerungsgruppen, die die Globalisierung der Wirtschaft als ökonomisch „unverwertbar" übrigläßt.

Der drohende Verlust von Heimatorten als ortsgebunden und ganzheitlich erfahrener Lebenswelt ist besonders für diejenigen Teile der Bevölkerung schlimm, die auf solche lokalen Lebenswelten angewiesen sind, und das sind nicht nur – wie bisher in der alten Industriegesellschaft – Kinder und Jugendliche mit ihren Eltern, sowie alte und kranke, in ihrer Mobilität behinderte Menschen, sondern alle aus der arbeitsteilig organisierten Erwerbswelt herausfallenden Menschen. Wenn diese Menschen überhaupt noch darauf zählen können, in ihren Wohnungen bleiben zu können, müssen sie häufig mit den großen Wohnanlagen des sozialen Wohnungsbaus der Nachkriegszeit vorlieb nehmen. An diesen Wohngebieten läßt sich der Verlust besonders deutlich zeigen, denn diese Stadtgebiete – konzipiert als Wohnanlagen für eine blühende, seinerzeit gut verdienende und ziemlich homogene Industriegesellschaft aus Facharbeitern und Angestellten ohne Arbeitslosigkeit mit klar formulierter Arbeitsteilung auf stabilem Wohlstandssockel – sind inzwischen häufig zu einer Ansammlung vergleichsweise preiswerter Wohngelegenheiten für arme, sozial und kulturell heterogene Bevölkerungsgruppen ohne berufliche und gesellschaftliche Perspektiven verkommen. Diese Wohnanlagen haben dazu noch in den letzten Jahrzehnten nach und nach auch noch ihre kleinteilige Infrastruktur mit Kneipe, Kino und Eckladen verloren. Übriggeblieben sind amputierte Stadtteile, denen ihr Elend freilich äußerlich bis heute noch kaum anzusehen ist, die aber den sozialen Sprengstoff von morgen bilden werden.

In Anknüpfung an Ziele der Arbeiterbewegung und ihren Kampf um humane Wohnverhältnisse ist es eine besondere europäische Aufgabe, aus diesem städtebaulichen Erbe wieder ganzheitliche Lebensfelder zu machen und neue Arten von Räumen zur Entfaltung eines selbstbestimmten Lebens unter erheblich eingeschränkten ökonomischen Bedingungen zu schaffen; Lebensfelder, in denen sich zwar bescheidene und kleinteilige, dafür aber von der Globalisierung weitgehend unabhängige lokale Ökonomien entwickeln können.

Die Stadt in der Zweiten Moderne kommt um eine Kultivierung der räumlichen Auswirkungen der globalisierten Wirtschaft und eine Reparatur der sozial-räumlichen Nebenfolgen der Moderne nicht herum, wenn die reiche Tradition einer mehr als tausendjährigen Geschichte europäischer Städtebautradition nicht aufgegeben werden soll.

Im Zusammenhang mit der Schaffung neuer Lebensfelder und einer Kultivierung der Landschaft fortschreitender Verstädterung steht die Aufgabe, den historischen Stadtkernen als besonderen, nicht reproduzierbaren Stadtteilen von höchster symbolischer Bedeutung neue Funktionen zu geben und sie nicht allein einem kriselnden Einzelhandel zu überlassen.

Aber auch die Systeme der großen Verkehrswege mit den Knoten der Bahnhöfe, Tankstellen, Raststätten, Einkaufszentren und Verteileranlagen, die mit ihrer billigen Wegwerfarchitektur die Wahrnehmung der Zwischenstadt in weiten Bereichen beherrschen, müssen endlich als große Gestaltungsaufgabe begriffen werden.

Im Zeitalter der elektronischen, digitalisierten Medien, die die Welt nur am Bildschirm zeigen, und in einer übermächtigen, nur noch instrumentell wahrgenommenen anästhetischen Realität müssen sinnlich und emotional erfahrbare und begreifbare Gegenwelten geschaffen werden, die dauerhafte Zuwendung und Pflege verdienen.

Städtebau in Europa muß dabei in Zukunft aus Gründen der Erhaltung der natürlichen Lebensgrundlagen im wesentlichen mit der gebauten Substanz auskommen, die schon vorhanden ist: Es dürfen keine neuen, bisher unbebauten Böden in Anspruch genommen werden, und neue Nutzungen müssen weitgehend in bestehender Bausubstanz Platz finden. Beides ist möglich, weil viel mehr alte Industrie- und Militärflächen freiwerden als neu gebraucht werden, und weil wir insgesamt die vorhandenen Gebäude unzureichend nutzen.

Es geht darum, für eine politische Anerkennung dieser Aufgaben zu kämpfen, nach politischen, gesellschaftlichen und kulturellen Bündnissen zu suchen und die derzeitige resignative Haltung zu überwinden. Die Reparaturaufgaben müssen sozusagen „transzendiert" werden, um zu neuen politischen, kulturellen und gesellschaftlichen Vorstellungen und Zielen für die Stadt in der Zweiten Moderne zu gelangen, die nicht aufgesetzt utopischer Natur sind, sondern aus den in der

Alltagspraxis erfahrenen Bedingungen und Grenzen politischer Möglichkeiten heraus entwickelt werden.

„Politisch werden heißt [...], sich verändernde, durch noch so große Anstrengungen nicht mehr umkehrbare Prozesse nicht als Bedrohung zu sehen, sondern als Chance, den Horizont des eigenen Denkens und der eigenen Aktivität neu zu denken. Gesucht und gebraucht wird die Bereitschaft von Architekten und Stadtplanern, sich von Auftragnehmern [...] zu streitbaren Akteuren zu entwickeln, zu Entwerfern mit gesellschaftlichem Horizont."[10]

Bonn, im November 1997   *Thomas Sieverts*

Anmerkungen

1   Vgl. Ulrich Beck, Risikogesellschaft, Frankfurt, Suhrkamp 1986; Anthony Giddens, Jenseits von Links und Rechts, die Zukunft radikaler Demokratie, Frankfurt, Suhrkamp 1996; Ulrich Beck, Anthony Giddens, Scott Lash, Reflexive Modernisierung. Eine Kontroverse, Frankfurt, Suhrkamp 1996

2   Vgl. Klaus Neumann, Thomas Sieverts, Vom bösen Bauen und der guten Natur, in: DISP Dokumente und Informationen Schweizer Planer, Heft 128, Januar 1997

3   Vgl. Anthony Giddens, Leben in einer posttraditionalen Gesellschaft, in: Beck/Giddens/Lash, a. a. O, S. 113–194

4   Vgl. Ulrich Beck (Hg.), Kinder der Freiheit, Frankfurt, Suhrkamp 1996

5   Vgl. Anm. 1

6   Vgl. Marc Augé, Orte und Nicht-Orte. Vorüberlegungen zu einer Ethnologie der Einsamkeit, Frankfurt am Main 1994

7   Vgl. Thomas Sieverts, Karl Ganser, Vom Aufbaustab Speer zur Internationalen Bauausstellung Emscher Park und darüber hinaus, in: Bauplatz Zukunft – Dispute über die Entwicklung von Industrieregionen, Essen 1994

8   Vgl. Peter Neitzke, Carl Steckeweh, Reinhard Wustlich (Hg.), CENTRUM. Jahrbuch Architektur und Stadt 1997–1998, Kapitel Exit Downtown, Wiesbaden 1997, Vieweg

9   Vgl. Wolfgang Christ, Wertstrukturen in der Stadtplanung, in: Deutsches Architektenblatt 9/97, S. 1244–1245

10 Vgl. Peter Neitzke, Nachgefragt: Wann werden Architekten politisch?, in: Baumeister, Oktober 1997

Vom Umgang mit Unbestimmtheit im Städtebau
Nachwort zur dritten Auflage

Im Nachwort zur zweiten Auflage habe ich versucht, die Zwischenstadt in einen Zusammenhang mit Globalisierungstheorien zu stellen, eine europäische Perspektive des Städtebaus zu umreißen und wesentliche stadtplanerische Handlungsfelder zu benennen.[1] Es endet mit der Aufforderung, als entwerfender Architekt und Städtebauer politisch zu denken und zu handeln.

Hier möchte ich der Frage nachgehen, was es heute für das Handwerk des städtebaulichen Entwerfens bedeuten könnte, politisch zu denken und zu handeln, wenn man das ‚Politischwerden‘ nicht nur als unerläßlichen Hintergrund, Antrieb und Maßstab für ein gesellschaftlich verantwortliches Planen versteht, sondern als integralen Bestandteil des entwerfenden Denkens selbst zu entwickeln versucht. Die alten Ansätze aus den sechziger und siebziger Jahren, die das Ziel des Politischen des Städtebaus im wesentlichen über die aktive Teilnahme der Betroffenen am Entwurfsprozeß und über aktive Aneignung des Stadtraums verfolgt haben, gelten zwar prinzipiell immer noch, auch wenn die ursprünglich mit Partizipation verbundenen Hoffnungen nicht eingelöst werden konnten. Denn in der Bürgerbeteiligung setzen sich in der Regel nicht die schwächeren, zu schützenden Bürger durch, sondern die starken, ohnehin privilegierten Interessen.

Das Handwerk des städtebaulichen Entwerfens blieb bei diesen Ansätzen freilich meist ziemlich konventionell, ja, es wurde bisweilen – um es für Laien handhabbar zu machen – arg simplifiziert. Das Entwerfen als eine bestimmte Form des professionell geprägten kreativen Denkens, des gedanklichen und gleichzeitig zeichnerisch-bildhaften Auskundschaftens neuer Welten kam dabei in der Regel zu kurz.

Das lag wohl auch daran, daß sich das städtebauliche Entwerfen in einem wohldefinierten konzeptionellen Rahmen abspielte, der sich auf eine verläßliche programmatische Basis von definierten Bedürfnissen beziehen zu können glaubte. In jenen Zeiten des ‚Politischwerdens‘, die meine Generation geprägt haben, war man sich noch ziemlich sicher, die Entwicklung der Stadt und die Bedürfnisse der Menschen voraussagen zu können, wenn man nur genügend forschen und analysieren würde. Städtebauliches Entwerfen zeigte eine Tendenz zu einer Art von ‚Ableitungs-Städtebau‘, der jeden Entwurfsschritt aus einem analytischen Befund abzuleiten suchte: je umfangreicher die Analyse, desto besser die Planung! Die Hoffnung auf analytisch gewonnene Sicherheit hat sich gründlich aufgelöst, und diese Auflösung ist inzwischen auch erkenntnistheoretisch gut begründet. Unsere gegenwärtige Auffassung von Stadtentwicklung wird geprägt vom Begriff der Unbestimmtheit.

Die Gründe hierfür in Stichworten: die prinzipielle Nichtprognostizierbarkeit der Entwicklung hochkomplexer Systeme;[2] die Unvorhersehbarkeit des Verhältnisses von angezielten Wirkungen und unerwünschten Nebenerfolgen im Zusammenwirken unterschiedlicher technisch-sozialer Systeme; die mit dem Wohlstand steigende Sättigung existentieller Basisbedürfnisse, mit der Folge freierer, kaum prognostizierbarer ‚Anlagemöglichkeiten‘ von Zeit und Geld.

Forschung kann diese Art der Unbestimmtheit aus prinzipiellen Gründen nicht beseitigen, denn es gehört ja gerade zu den unauflösbaren Paradoxien, daß trotz immer weiterer Durchdringung der Gesellschaft mit auf Forschung beruhenden komplex-rationalen Systemen die prinzipielle Unsicherheit der Prognostizierbarkeit des Gesamtsystems nicht abnimmt. Stadtforschung ist trotzdem weiter nötig und unverzichtbar: Auch sie kann die prinzipielle Unsicherheit zwar nicht beseitigen, bis zu einem gewissen Grade aber eingrenzen.

In dieser Situation der Stadtentwicklung muß das ‚Politischwerden‘ des städtebaulichen Entwerfens neu bestimmt werden. Es geht nicht mehr primär um die analytische Ableitung von klaren, definierbaren Bedürfnissen und Programmen, sondern um das Aufzeigen neuer gesellschaftlicher und kultureller Chancen, neuer, auch politisch attraktiver Möglichkeiten in Form von Spielräumen und von Gestaltungsangeboten. Dabei stellt sich sofort die prinzipielle Frage nach der Art der politischen Spielräume und Gestaltungsangebote: In wessen Interesse sollen sie genutzt werden? Nennen wir als angemessenes politisches Ziel und Maßstab des planerischen Handelns ‚soziale Gerechtigkeit‘. Doch was bedeutet das heute? Wie schon bemerkt, reichen Hinweise auf den ‚Bürgerwillen‘ zur Beantwortung nicht aus, der soziale Nutzen, das ‚cui bono‘ muß komplexer durchdacht werden, weil es einfache Alternativen nicht mehr gibt: jede hat ihre unerwünschten Nebenfolgen. Es muß deswegen ein breites Spektrum sozio-ökonomischer Konstellationen geprüft werden, um im Feld prinzipieller Unbestimmtheit einen Entwurfsweg zu finden, der robust genug erscheint, unterschiedlichen Formen sozialer Gerechtigkeit zu entsprechen. Politisch werden ist anstrengend geworden!

Die folgenden Beobachtungen und Gedanken beruhen zum einen auf Erfahrungen der Arbeit mit programmatischer Unbestimmtheit, wie ich sie während meiner Arbeit für die IBA Emscher Park erlebt habe, zum anderen auf der Arbeit mit begabten Studenten. Im akademischen Experimentierfeld der Universität können methodisch neue Entwurfsansätze leichter erprobt und veranschaulicht werden. Deshalb beziehe ich mich in erster Linie auf Studentenarbeiten, immer aber im Hinblick auf die Praxis.

Studenten erproben im entwerfenden Umgang mit Zwischenstadt einige neue methodische Entwurfsansätze, die auf die veränderte politische Lage kreativ zu reagieren versuchen. Analysen werden nicht mehr nach gängigen Mustern, sondern eher experimentell in verschiedenen Untersuchungsfeldern gleichzeitig angelegt und gewinnen eher den Charakter allgemeiner Explorationen. Die Frage nach dem Umgang mit Unbestimmtheit rückt in den Vordergrund des Entwurfsinteresses. Dabei wird der Begriff der Unbestimmtheit in räumlicher und zeitlicher Hinsicht entwurflich bearbeitet. Es geht um eine Deutung der Gestalt von nur schwach bestimmten Strukturen im kaum zentrierten Feld der Zwischenstadt und um Szenarien, die zeigen, wie diese Strukturen sich mit der Zeit anschaulich entwickeln könnten.[5] Dieses Verhalten ist durchaus praxisnah, denn beispielsweise für viele der neu entstandenen Brachflächen gibt es keine bestimmbare Nachfrage, und es ist auch offen, ob es je eine geben wird. Hier werden auch in der Praxis ganz deutlich Grenzen der funktionalen Ableitung und Begründung von Planung sichtbar.

In dieser Situation der Unbestimmtheit ist zuerst einmal ein kreativer Umgang mit nicht auflösbaren Widersprüchen gefordert:

Die Entwicklung ist zwar unbestimmt, verlangt wird jedoch perspektivisches Handeln, so, als ob es ein Ziel gebe.

Die Systemwelt der Globalisierung tendiert zu beliebig verschiebbaren gleichsam ,reisefertigen' Strukturen (Ernst Bloch); erwünscht für die Lebenswelt ist jedoch die Schaffung kulturell und topographisch verwurzelter Orte. Die Politik trifft häufig – in der Regel aus Unkenntnis komplexer Zusammenhänge – leichtfertig Entscheidungen, die zukünftige Generationen binden; notwendig dagegen ist jedoch ein maximales Maß an Offenheit.

Die tastenden Antworten begabter Studenten auf diese Situation im entwerfenden Umgang mit Zwischenstadt lassen sich versuchsweise wie folgt charakterisieren: *Entwerfen mit Bildern und bildhaften Prozessen*. Hier bewegen sich die Entwurfsansätze zwischen dem Erfinden politisch aktivierender, stark atmosphärischer Bilder und dem Entwerfen gestaltschaffender Prozesse ökonomischer, kultureller und politischer Natur.

Entwerfen mit *Gestaltgerüsten und Gestaltkernen,* mit dem Qualifizieren offener Entwicklungsfelder. Der Umgang mit Unbestimmtheit wird hier mit eher ‚klassischen' städtebaulichen Entwurfsmitteln eingegrenzt. Netze des öffentlichen Raums werden verknüpft mit ‚Oasen' stabiler Gestaltkerne – beides zusammen bildet offene Entwicklungsfelder.

Entwerfen in den Dimensionen von Natur und Zeit: Bei diesem Entwurfsansatz kommen neue, erst der gegenwärtigen Studentengeneration selbstverständlich werdende Erfahrungen ins Spiel: Das Kennenlernen der technisch überformten Industrie- und Militärbrachen, von denen die Natur in kurzer Zeit wieder Besitz ergriffen hat, und bei denen unentschieden bleibt, ob man sie eher dem Reich der Technik oder dem der Natur zurechnen sollte, regt dazu an, auch neue Gebäudestrukturen gleichermaßen als Bauwerke für menschlich-kulturelle Funktionen wie als reichhaltige Biotope zu konzipieren und zugleich deren mögliche Transformationen in der Zeit mit zu entwerfen – Transformationssimulationen, die sich in einem breiten Spektrum anschaulicher Alternativen mit dem Computer durchspielen lassen.

Diesen unterschiedlichen Ansätzen gemeinsam ist eine positive Besetzung von Unbestimmtheit, die sich ausdrückt in der aktiven Annahme von Unbestimmtheit als offener Raum von Hoffnung. Unbestimmtheit wird als ‚Herausforderung' begriffen, als Abenteuer der Stadtentwicklung, als Raum, der sich zwar nicht bestimmen und festlegen läßt, aber schon durch die Projektion einer aktivierbaren Vorstellung vorgeprägt und in eine bestimmte ‚Neigung' gebracht werden kann: läßt er sich schon nicht funktional ‚bestimmen', so kann man ihm doch eine positive ‚Stimmung' geben, um ihn als offenen Möglichkeitsraum zu begreifen.

Dazu gehört auch der Mut zu vorläufigen Lösungen, zum revidierbaren Versuch der ‚Bricolage'[4] schrittweise vorgehender Gestaltung, ohne Festlegung einer Gesamtkonzeption, aber auch zu einem Entwerfen von unabgeschlossenen einfachen ‚Anfangs-Ganzheiten', die sich mit Zeit zu im einzelnen unvorhersehbaren, jedenfalls aber viel komplexeren und reichhaltigeren Ganzheiten auswachsen können – eine Entwurfsmethode, wie sie Christopher Alexander mit Heijo Neis in *A New Theory of Urban Design* entwickelt hat.[5]

Jede dieser mehr oder weniger tastenden Entwurfsmethoden hat eine eigene politische Dimension, die die Art des Entwerfens prägt. Gemeinsam ist ihnen jedoch die große Bedeutung von Bilder; sei es in der Form der anregenden Metapher, des verführerischen Images oder des ‚Abbildes' von ersehnter Atmosphäre. Bilder scheinen besonders gut geeignet, Unbestimmtheit zu bannen und Anhalt zu geben für das Entwerfen im Ungewissen. Bilder treten gleichsam an die Stelle des nicht vorhandenen konkreten Begründens und der noch offenen Funktionsbestimmung.

Hier liegt freilich auch das grundsätzliche Problem der neuen Rolle der schönen Bilder im städtebaulichen Entwerfen, verstärkt durch die fast unbegrenzten Bilderzeugungs- und Bildmanipulationsmöglichkeiten, die Computer bieten. Hier kann auf einfache Weise eine täuschende, in sich schlüssig erscheinende Bildweltordnung aufgebaut werden, die nur zu leicht für die Wirklichkeit selbst genommen wird und vor der Berührung mit Krisen sichert: Der Schritt zur Welt der Warenwerbung und zur Selbsttäuschung mit politischer Rhetorik ist dann nicht mehr groß.

Aber diese ständig vorhandene Gefahr schafft die Macht der Bilder nicht aus der Welt. Der Verführung zum Aufbau einer von der harten, konfliktreichen Realität abgekoppelten Scheinwelt kann man nur entgehen, indem man sich der Realität stellt und sich ohne dazwischengesetzte Bilder unmittelbar ins wirkliche Leben ‚einmischt‘.

Nur in der unablässigen Gegenüberstellung von Bild und Realität kann das Ästhetische der Bilder eine nicht verschleiernde politische Kraft entfalten.

Der Entwurf aktivierender Bilder – Karl Ganser hat einmal von der ‚Verführung durch Schönheit‘, gesprochen – entzündet sich am deutlichsten am gestalterischen Umgang mit Brachflächen ohne funktional-ökonomische Nachfrage, die zudem häufig als ehemals ‚verbotene‘ Stätten der Industrie im Unbekannten geblieben waren und damit zu den ‚blinden Flecken‘ der Stadt gehörten. Sie eignen sich deswegen besonders gut für die erfinderische Bildprojektion.

Der Entwurf von Bildern, genauer von Atmosphären, aktiviert die Phantasie und besetzt die Leere der Vorstellung mit einem ‚Hoffnungsraum‘. Realisiert, entstehen offene, atmosphärreiche Bühnen, die zur Bespielung, Aneignung und Inbesitznahme anregen, als Voraussetzung für weitere, sich unter Umständen verfestigende Entwicklungen. Diese Art des Entwerfens ist durchaus verwandt mit der Szenographie, es wird befördert und erleichtert durch die vielfältigen Möglichkeiten der digitalen Bilderzeugung und Bildmanipulation.

Wach und politisch kritisch eingesetzt, ein sehr kreativer Ansatz: ‚Form follows fiction‘ (wobei fiction im angelsächsischen Sinn verstanden wird als kreative Phantasie). Bilder dieser Art können auch als in weiten Grenzen unterschiedlich ausfüllbare politische Zielkorridore begriffen werden, die an Stelle der nicht mehr einsetzbaren ‚punktgenauen‘ Eingriffs- und Steuerungsmöglichkeiten treten.

Vom Entwerfen aktivierender Bilder ist es nur ein Schritt zum Entwerfen eines ‚Films‘, einer Geschichte vorgestellter politischer, ökonomischer und kultureller Abläufe, aus denen Stadtstrukturen und Gestaltelemente hervorgehen.[6] Ein solches städtebauliches Entwerfen setzt die Vorstellung und Konstruktion eines Adressaten voraus, von konkret gedachten Abläufen im Raum über eine längere Zeit. Diese Art des Entwerfens verlangt darum, über die rein räumliche Phantasie und Vorstellungskraft hinaus, auch politisch – gesellschaftliche Phantasie und Verfahrenserfindungen. Damit ist diese Art des Entwerfens ganz offensichtlich politischer Natur – gilt es doch, gesellschaftliche Prozesse kultureller und ökonomischer Natur mitzuentwerfen und zu ‚behausen‘, in denen unterschiedliche Interessen und Machtverhältnisse, aber auch Institutionen und Verfahren, wie etwa Verträge über Qualitätsvereinbarungen, mitgedacht werden müssen.

Auch hier sind die Gefahren offensichtlich: Nicht nur Studenten, sondern auch Architekten und Planer neigen dazu, sich ihre Adressaten ideal ‚zurechtzuwünschen‘ und sich illusionäre Vorstellungen von Politik und Gesellschaft zu machen. Hier hilft nur die nicht nachlassende und anstrengende reflektierende Realitätserfahrung – dann aber kann dieser Ansatz das komplexe Entwurfsdenken sehr befördern: ein wichtiger Schritt auf dem Wege zu einer politisch begriffenen Professionalität, die das Entwerfen nicht mit der Ablieferung des fertigen Werks beendet, sondern weiter kreative Verantwortung in der Begleitung des ‚Lebens‘ des Werkes übernimmt.

Atmosphärehaltige Bilder und gestaltschaffende Prozesse führen von sich allein noch nicht zu räumlichen Verortungen und Strukturen: Hier greifen die einander komplementär ergänzenden Ansätze der ‚Netze und Knoten‘ beziehungsweise der ‚Gestaltkerne und offenen Felder‘. Beide Entwurfsansätze eignen sich in besonderer Weise zum Entwerfen im regionalstädtischen Maßstab der Zwischenstadt: Mit den Netzen und ihren Knoten läßt sich Zwischenstadt ‚einfangen und vermessen‘. Das Netz ist nicht hierarchisch, es läßt sich topologisch verformen und als hochgradig unbestimmtes System in weiten Grenzen unterschiedlich belasten. Die unterschiedlichen Netzqualitäten und ‚Knotenbegabungen‘ lassen sich in einem beweglichen, für Veränderungen offenen Gleichgewicht gestalten und funktional spezialisieren. Das Netz ist deswegen zu Recht zugleich eine griffige moderne Metapher für die zeitgemäße Stadt und für zeitgemäße Politik, in der an die Stelle starrer Machtblöcke bewegliche, laufend neu interagierende Kräfte und Gewichte getreten sind.

Netz und Knoten lassen sich als Gerüst der Zwischenstadt gestalterisch so behandeln, daß es für den Nutzer lesbar wird, etwa durch eine signalhafte, spezifische Ausformung der Knoten als ‚Interchange-Points' und eine Differenzierung der Netzstrecken, je nach Topographie und Funktion. Im Netz kommen wenigstens teilweise Systemwelt und Lebenswelt zeitweise beziehungsweise abschnittsweise zur Deckung: beispielsweise die Transport- und Energiebänder mit dem Erlebnis und der Aufenthaltsqualität der Knoten.

Auch hierin stecken ganz offensichtlich Gefahren: Diese Entwurfsrichtung tendiert dazu, die räumlich notwendigerweise zusammengehörenden Lebenswelten im Netz verschwinden zu lassen und der technischen Kommunikation ein einseitiges Gewicht zu geben. Zu kurz kommen dabei leicht die Bedürfnisse der Mehrheit des nicat motorisierten Teils der Gesellschaft. Aber der Entwurfsansatz läßt sich auch auf die Entfaltung von Langsamkeit und den Schutz von ‚Rückzug' anwenden, etwa in der Ausbildung eines zusammenhängenden Wegenetzes für nicht motorisierten ‚Langsamverkehr'.

Die letztere Entwurfsrichtung wird komplementär ergänzt durch den Ansatz, mit langlebigen, bedeutenden und stabilen ‚Gestaltkernen' als ‚Oasen großer Architektur' und offenen, eher transistorischen Stadtfeldern zu arbeiten. Diese Entwurfsmethode versucht eine Synthese aus Kernen stabiler Permanenz und weiten Feldern weitgehender Unbestimmtheit. Unbestimmtheit bedeutet hier aber nicht gestalterische Neutralität, sondern eine atmosphärisch gestimmte, durch Spielregeln bestimmte und durch den Grad an ‚Natürlichkeit' beziehungsweise ‚Künstlichkeit' definierte und eingegrenzte Entwicklungsoffenheit. Hier tritt der politische Charakter des städtebaulichen Entwurfs als ‚Ziel-' oder ‚Entwicklungskorridor' besonders deutlich hervor, eines Entwicklungskorridors, der durch Qualitätsvereinbarungen vorgeprägt ist.[7]

Das Entwerfen mit ‚Natur und Zeit' überlagert die vorgenannten Entwurfsansätze.

Insbesondere im entwerferischen Umgang mit von der Natur überwucherten Industriebrachen wird praktisch erfahren, daß es den alten Gegensatz zwischen Natur und Kultur, zwischen Landschaft und Stadt nicht mehr gibt, und daß der Kreislauf vom Bauen über Nutzungen zu Brachen sich vielfach auf nur ein bis zwei Generationen verkürzt hat. Derartige Erfahrungen führen zu Experimenten in der Entwicklung von Baugebieten, die zugleich hochwertige Biotope sind, in denen die Landschaft gebaut und das Gebaute Anteile von Landschaftsqualitäten hat – als ein

Kontinuum von technisch kontrollierten Naturanteilen bis zu weitgehend der Natur ‚frei‘ überlassenen Bereichen. Der alte Gegensatz von Technik und Natur wird ‚aufgehoben‘ in einem Dritten, das beide Qualitäten hat.

Die Erfahrung mit Stadtbrachen und das Denken in unterschiedlichen Naturanteilen einer gebauten Stadtwelt führt von selbst zum Denken in zeitlichen Veränderungen in Form von zeitlichen Zäsuren und Kreisläufen. Diese Denkfiguren umfassen gleichermaßen das Denken in kulturellen und ökonomischen Nutzungszyklen wie in Dimensionen einer Entwicklungsökologie, in der auch durch das Bauen neue ökologische Chancen für Artenvielfalt geschaffen werden. Die noch unserer Gesetzgebung zugrunde liegende Dichotomie von ‚Bösen Bauen‘ und ‚Guter Natur‘ wird tendenziell aufgehoben, als ein Schritt in Richtung auf eine symbiotische Stadt.

Die Entwurfsergebnisse dieser Denkansätze sind zu vorläufig, als daß eine Bewertung möglich wäre. Sie sind aber insofern politisch kreativ, als sie einen neuen, grundlegenden Weg aus der Sackgasse des bisherigen Eingriffs-Ausgleichs-Denkens skizzieren, das noch von einem unaufhebbaren Gegensatz zwischen Bauen und Natur ausgeht.[8]

Die hier vorgestellten Entwurfsansätze beginnen schon den akademischen Bereich der Universität zu verlassen: etwa bei Gestaltung von Brachflächen im Ruhrgebiet, in Überlegungen zum Regionalpark Rhein-Main und in Vorarbeiten zu einer ‚IBA Fürst-Pückler-Land‘ in der Lausitz. Zusammengenommen und überlagert, kann diese Art des städtebaulichen Entwerfen für eine Politik genutzt werden, die die prinzipielle Unbestimmtheit der Stadtentwicklung ernst nimmt, die fehlerfreundlich und revisionsfähig bleibt und neue Wege zur Nachhaltigkeit weist.

In der Offenheit liegt freilich auch zugleich die Schwäche: Die Entwurfsansätze entfernen sich häufig von der harten sozialen Realität. Sie sperren sich gegen rechtsförmige Festlegungen, delegierbare Verfahren und technische Kalkulierbarkeit. Sie verlangen auch nach anderen Formen der Partizipation in Richtung von Bürgerwerkstätten, die sich nicht nur mit Tageskonflikten, sondern auch mit Langfristfragen auseinandersetzen. Deswegen müssen Planer zugleich an der Weiterentwicklung der ‚harten‘ Instrumente arbeiten, um sie der gewandelten Realität anzupassen.

Diese Entwurfsansätze aber entsprechen der gegenwärtigen Situation der Stadtentwicklung, in der das Handlungsfeld der Stadtplanung nicht mehr vollständig als ‚von außen‘ vorgegebene Aufgabe definiert werden kann, in der die Entwerfer vielmehr daran mitwirken müssen, ihre Aufgaben selber zu formulieren, um sie in die

Gesellschaft einbringen zu können. Das verlangt – um es abschließend noch einmal zu wiederholen – die ‚Parallelaktion‘ des Sich-aktiv-Einmischens in die Politik der Stadt ebenso wie die professionelle Weiterentwicklung von neuen städtebaulichen Entwurfsmethoden und deren Umsetzungsinstrumenten.

Bonn, im März 1999   *Thomas Sieverts*

Anmerkungen

1   Vgl. Thomas Sieverts: Die Stadt in der Zweiten Moderne, eine europäische Perspektive. In: Bundesamt für Bauwesen und Raumordnung (Hg.), Informationen zur Raumplanung, Heft 7/8 1998, S. 455–473
2   Vgl. Gerhard Gamm: Flucht aus der Kategorie, Positivierung des Unbestimmten als Ausgang aus der Moderne, Frankfurt am Main 1994 (Suhrkamp); Gerhard Gamm: Anthropomorphia inversa. Über die Medialisierung von Mensch und Technik. In: Lettre International 89, Sommer 1998
3   Vgl. Jochachim Schöffel, Thomas Sieverts (Hg.): Zukunft Rhein-Main: Die Gestaltung einer regionalen Lebenswelt (Forschung und Entwurf in Städtebau und Architektur 4/1999); Wilhelm, Wiegand, Sieverts (Hg.), SFBOHH – Städtebau im Zeitalter der Globalisierung. Das transatlantische Entwurfsstudio USA 4 (Forschung und Entwurf in Städtebau und Architektur 5/1999). Beide Veröffentlichungen: Fachgruppe Stadt, Fachbereich Architektur, T. U. D., El Lissitzky Str. 1, 64287 Darmstadt
4   Vgl. Wolfgang Christ: Zur Gestalt und Gestaltung künftiger Siedlungsräume. Bricolage statt Plan Voisin. In: Bundesamt für Bauwesen und Raumordnung (Hg.): Stadt-Landschaft (Informationen zur Raumentwicklung, Heft 7/8 1998), S. 475–482
5   Christopher Alexander, Hajo Neis, Artemis Aminou, Ingrid King: A New Theory of Urban Design (Oxford University Press), New York 1987
6   Vgl. Thomas Sieverts: Bild und Berechnung im Städtebau. In: Information und Imagination, München 1973
7   Vgl. Wolfgang Christ (vgl. Anm. 3)
8   Vgl. Klaus Neumann, Thomas Sieverts: Vom bösen Bauen und der guten Natur. In: DISP Dokumente und Informationen zur schweizerischen Orts- Regional- und Landesplanung, ORL-Institut, ETH Zürich, Heft 128, Januar 1997